AF334240

Ternura, la revolución pendiente

Esbozos pastorales para una
teología de la ternura

EDITORIAL CLIE
C/ Ferrocarril, 8
08232 VILADECAVALLS
(Barcelona) ESPAÑA
E-mail: clie@clie.es
http://www.clie.es

TERNURA, LA REVOLUCIÓN PENDIENTE
ISBN: 978-84-17131-86-9
Déposito legal: B 15519-2018
Teología Cristiana
General
Referencia: 225095

CONTENIDO

PRESENTACIÓN

En América Latina y el Caribe, los niños y las niñas claman ante el Señor por una sociedad y un continente más justo y solidario. Ese clamor llega al cielo y debería también ser escuchado en la tierra. Para esto requerimos corazones sensibles que escuchen las voces de los más pequeños y sean sensibles con sus problemas más sentidos, entre ellos el de la violencia que tanto les afecta. Igual que el viejo profeta Oseas, nuestra respuesta también debería estar motivada por la ternura y la compasión; el profeta respondió: «¿Acaso te abandonaré?» (Oseas 11.8).

En este libro se escuchan las voces de un grupo de mujeres y hombres que, desde su identidad de fe cristiana (católica y evangélica), han sido sensibles a las voces de la niñez latinoamericana y caribeña y se sienten impulsados por su fe a responder ante el sufrimiento. En los diez capítulos que componen este libro se articula una respuesta interdisciplinaria basada en la ternura como respuesta a la violencia e injusticia que padecen los niños y las niñas.

La violencia está presente dentro y fuera de las comunidades de fe; afecta la vida de los niños y niñas y hiere el corazón del Señor. Es una violencia que se ha trasferido de generación en generación, y esto desde hace más de 500 años. ¿Cómo interrumpir esa «espiral de violencia» y abrirnos a nuevas formas de convivencia más tiernas, justas y equitativas? Esta obra intenta responder esa pregunta teniendo como punto de partida las convicciones de la fe cristiana y procurando que quienes nos consideramos seguidores de Jesús seamos promotores de su amor y su ternura misericordiosa.

El libro inicia con el capítulo escrito por Harold Segura, *Director de Fe y Desarrollo de World Vision América Latina,* que expone algunas líneas generales de la teología de la ternura (teología en la cual habrá que profundizar mucho más y mejor en los años siguientes) y sus relaciones con los conceptos bíblicos de misericordia y amor. Dios es tierno y misericordioso, se nos recuerda en ese capítulo introductorio y, por lo tanto, esos atributos del Señor nos sirven como modelo de vida, sobre todo en el trato hacia los niños y niñas. De Dios mismo parte nuestra inspiración para la crianza tierna y amorosa.

Esa crianza con ternura es un camino pastoral y profético que busca sanar las heridas de la violencia y que, a su vez, denuncia las estructuras injustas y opresoras que perpetúan la violencia interpersonal y sistémica. La interrupción del ciclo de la violencia comienza con sanar nuestro propio corazón. Por eso los capítulos 2, 3 y 4 nos acercan a la dimensión restauradora de la ternura. Clara Martínez, psicóloga colombiana, presenta desde el enfoque de la logoterapia el lugar sanador de la memoria y esta como camino para la superación de experiencias adversas sufridas durante la niñez. Boris Tobar, educador universitario del Ecuador, muestra las posibilidades que existen de comprender las dimensiones sanadoras de la misericordia como un camino de restauración humana y como lugar desde el cual se podrían resignificar las experiencias adversas de la niñez. Por su parte, Mónica Ramírez, teóloga guatemalteca, cierra esta primera sección demostrando, con el auxilio de la Biblia y la teología cristiana, de qué manera la doctrina de la redención tiene aplicaciones para la transformación de personas que han experimentado experiencias adversas en su niñez.

En la segunda sección, el libro explora la dimensión educativa o formativa de la ternura, porque la ternura se aprende, y es más posible cuando el corazón ha sido restaurado. Cuando las personas han sido restauradas están en mejores condiciones para aprender nuevas formas de relacionarse con las niñas y niños a partir de la ternura. Viviana Machuca, teóloga e investigadora social colombiana, ahonda en las causas históricas del maltrato y la violencia infantil y muestra cómo la cultura patriarcal incide en los comportamientos de violencia y maltrato hacia la niñez. Ofelia Ortega, teóloga cubana, ofrece un panorama bíblico de la ternura en el Primer Testamento (también conocido como el Antiguo Testamento). Y Francisco Mena, educador y biblista costarricense, hace un riguroso recorrido por el Segundo Testamento para mostrar de qué manera y con qué particularidades se presenta la ternura en esos textos.

La tercera y última sección del libro trata la dimensión transformadora y profética de la ternura. Esta dimensión es indispensable porque la crianza con ternura no podría ser una revolución si no denuncia las estructuras económicas y políticas fallidas del sistema capitalista neoliberal, que agudiza la brecha entre ricos y pobres. Para el actual sistema económico, el bienestar de los mercados parece estar primero que la vida de los niños y niñas. América Latina y el Caribe, además de ser una de las regiones más violentas del planeta, es también una de las más injustas e inequitativas (al mismo tiempo y de manera paradójica es el continente estadísticamente más cristiano de todos). Por esto, los tres últimos capítulos denuncian el contexto de violencia estructural que dificulta la vivencia de la ternura y anuncian las buenas nuevas del reino de justicia y amor. Dan González, teólogo mexicano, escribe acerca de la ternura como una fuerza insurgente que procura la trasformación de las estructuras sociales porque allí donde hay ternura hay sed de justicia. Después, el teólogo brasileño Manfred Grellert, exvicepresidente de World Vision para América Latina y el Caribe y su hija, la médica pediatra Anna Grellert, brasileña-estadounidense, escriben acerca de la globalización de la ternura como propuesta profética y alternativa de una nueva cultura. Al final, el libro presenta uno de los capítulos más recomendados, escrito por el sacerdote peruano Alejandro Cussiánovich, también conocido como el padre de la pedagogía de la ternura. Él nos presenta, con lujo de detalles y sesudos argumentos bíblicos, teológicos y sociales, que la pedagogía es la revolución pendiente que juntos y juntas debemos encarar.

El anuncio profético de la crianza con ternura es un camino de restauración, formación y transformación. Ese camino no se hace solo, se hace uniendo esfuerzos y acompañándonos unos a otros, sin dejar a nadie atrás. Este libro no es más que una invitación para que juntos seamos parte de este peregrinaje de amor y justicia y construyamos una América Latina más justa, tierna y solidaria con los niños y niñas. Es una invitación a construir la revolución de la ternura, esa revolución pendiente que se abriga en el corazón de Dios. Bien dice el salmista que: «El Señor es tierno y compasivo; es paciente y todo amor» (Salmos 103:8 Dios Habla Hoy*).

Dra. Anna Grellert
Rev. Harold Segura

---

* Dios Habla Hoy (DHH). © 1996 Sociedades Bíblicas Unidas. Cuando se vuelva a citar esta versión, se usará solo la sigla DHH junto a la referencia bibliográfica de la cita de la Biblia.

A LA MEDIACIÓN PEDAGÓGICA

> *—Adrián, ¿qué es para ti la ternura?*
> *—El amor.*
> *—¿Me das un ejemplo de ternura?*
> *—Mucho cariño y amor.*
> *—¿Qué dibujitos harías para ilustrar la ternura?*
> *—Mmmm, una manita, un osito y todo…*
> (Adrián, cinco años)

La mediación pedagógica de este libro sobre teología y ternura es una invitación a recuperar la capacidad de sentir. Así como en el epígrafe Adrián usó un elemento concreto como la mano para ilustrar la ternura, le insto a ver esta mediación como una *Ruta para sentir*. Ya que la ternura se experimenta de maneras concretas en nuestro cuerpo, mediante nuestros sentidos, esta propuesta de mediación pedagógica promueve el camino corporal del tacto y de la piel, así como el de las entrañas, como medio para experimentar la ternura, para, luego, transmitirla, y siempre desde una relación de vínculos transformadores.

Es, además, un recordatorio de que el nivel de razonamiento de los niños y las niñas antes de los doce años es concreto, directo y lineal. Si hablamos de ternura, no nos queda más remedio que encarnarla en nuestro cuerpo, para que ellos y ellas la comprendan desde el suyo.

Los sentidos, que constituyen una fiesta de estímulos para los niños y las niñas, son el sendero por el que las personas adultas debemos retornar, si en verdad queremos construir, desde la ternura, cualquier proceso formativo. Ya de por sí Jesús nos indicó que, si queremos conocer el reino de Dios, debemos ser como los niños y las niñas. Así que, recordar lo que se siente con un abrazo, una alzada, un beso, una caricia en el cabello o las mejillas, o ser tomado de la mano es un requisito para que nos internemos en esta dimensión del amor.

El afecto físico es una condición necesaria para construir la sensación de seguridad, la cual resulta vital para el desarrollo integral de toda persona, de manera especial en la infancia temprana. Se ha demostrado científicamente que el afecto con ternura, solo a nivel físico, promueven el crecimiento, el desarrollo del sistema inmunológico, mejora el estado de ánimo y hasta estimula el buen desempeño escolar, entre otras evidencias físicas. Así que la ternura resulta necesaria no solo para el sano desarrollo del aspecto emocional, sino también para el del físico, cognitivo y espiritual. Así explica Maturana sobre lo imprescindible del cuerpo en la encarnación de la ternura, cuando afirma que por «el dominio de aquellas conductas o disposición corporal a través de la cual el otro surge como otro legítimo en coexistencia con uno mismo» (Maturana, 2004).

La ternura es, incluso, la forma en que experimentamos y expresamos la vida misma, habla mucho de nuestra satisfacción personal y de nuestra conciencia del sentido mismo de existencia. Cuanto más nos guste la vida y disfrutemos de ella, de lo que somos, hacemos y de las personas que nos rodean, probablemente tendremos más sensibilidad y más disposición de dar afecto con ternura.

Precisamente de esto trata esta mediación que hemos denominado *Ruta para sentir*; de que por medio de algunas sugerencias metodológicas podamos disfrutar de la tarea formativa que cumplimos con nuestros pequeños y pequeñas, y de que en nuestras actividades pedagógicas logremos proyectar ese regocijo mediante la ternura para con quienes desempeñamos nuestra labor.

Pero, antes de pasar a la Ruta, se proponen primero dos pasos previos con ideas fundamentales sobre la ternura: señalar su importancia en los procesos educativos y las implicaciones que ella tiene no solo a nivel pedagógico sino también personal.

Iniciar la Ruta implica primero recorrer un camino de adentro hacia afuera, empezando por nuestra propia persona y, luego, por nuestra relación con las demás personas.

Para nuestro camino interior

Despertar la vocación al amor…

La pedagogía de la ternura es despertar esa vocación al amor que a través de la historia distintos investigadores han descrito sobre la conducta humana. Es dejarnos contagiar por esa forma que tienen los niños y las niñas de sentir el mundo, y devolverles esa vocación al amor con acciones y lenguajes cotidianos de cariño y cuidado.

Romper esquemas tradicionales…

Educar con la pedagogía de la ternura es, además, un acto de amor en sí mismo. Es romper con el esquema tradicional racional e irrumpir con los afectos y los sentidos. Es reconocer que las personas no solo son cerebros que hay que llenar con ideas, sino también corazones desbordantes de sentimientos, los cuales podemos abonar con ternura.

Reconocernos como seres afectivos…

Cada quien debe reconocerse no solo como figura con distinto estatus al de los demás en un mismo espacio, sino como un ser deseoso de ternura y capaz también de darla, sin miedo a mostrar los sentimientos propios. Así, como comunidad de fe, podremos propiciar con la ternura ese intercambio de propósitos de vida y de certezas de plena realización personal, incluso colectiva.

Al encuentro de la otra persona

Buscar la conexión…
Nuestra vinculación con los niños y las niñas, nacida de nuestro interés, como personas adultas, de conocer y crear un lenguaje y una conexión con ellos, les generará condiciones de seguridad y estabilidad afectiva. Ambas condiciones les permitirán reducir sus resistencias emocionales, o necesidades defensivas, que traen muchos de nuestros niños y niñas, y adolescentes, debido a sus historias de vida. Generar un entorno de ternura es proveer seguridad, la necesidad más básica de la niñez.

Ética del cuidado…
Leonardo Boff, conocido teólogo latinoamericano, nos habla de una ética del cuidado que debemos tener con toda forma de vida. Él nos explica que el cuidado es una manera de preservar la vida, pues con él enseñamos a conocer y a amar las cosas. El cuidado no solo tiene que ver con la protección sino también con el deseo de vincularse con todo. Con esta invitación a trabajar en nuestras iglesias con la niñez desde la pedagogía de la ternura, se procura señalar que la vinculación plena con los niños y las niñas es una condición necesaria previa a la ternura. Esta vinculación se establece con su lenguaje, sus fantasías, sus mundos internos lúdicos, llenos de color y desbordantes de sensaciones.

Ternura para el desarrollo…
Esta ternura que se procura en los procesos formativos de nuestras iglesias puede brindar condiciones óptimas para el desarrollo integral

de cada niño y niña. El amor, la seguridad, el reconocimiento y la afectividad son elementos que nutren los procesos evolutivos de la niñez, tanto físicos como emocionales. Y también influyen a largo plazo en su personalidad, formando jóvenes amorosos y adultos con tendencia a la ternura.

Humanizar...

Optar por la ternura es humanizar procesos de crianza y formación que tradicionalmente han seguido las líneas de producción a gran escala. En dichos procesos se estandarizan de forma rasa las dinámicas, con lo que se invisibiliza la diversidad y particularidad de las personas, y su capacidad de cambiar, de ser espontáneas y de transformarse.

Encarnar la ternura de Dios

La ternura que usted y yo, como personas adultas, les demos a los niños y niñas es la forma en que ellos y ellas van a ir comprendiendo el amor de Dios. Somos la manifestación concreta de ese ser abstracto del cual les hablamos, y al cual les invitamos a amar y a que se sepan amados y amadas por él.

La *Ruta para sentir*

Empezar a lenguajear con ternura

El lenguaje no consiste solo en palabras, sino en gestos, en formas de expresarnos con el cuerpo o con signos concretos o con símbolos abstractos; toda forma de comunicarnos de todas las maneras posibles es el lenguaje. Lenguajear, como señala Maturana, es la forma en que, mediante el lenguaje, nos construimos y reconstruimos.

Tenemos que revisar nuestras palabras, las formas como nos referimos a ellos y a ellas, la manera en que nos les acercamos, en que nuestro cuerpo les habla... Todo esto, que nos parece a veces insignificante, en la realidad de las interacciones con los niños y las niñas, es para ellos y ellas evidencia concreta y cotidiana que les comunica, sin lugar a dudas y de forma contundente, mensajes que les quedan grabados.

Les recreamos el mundo, nos recreamos y les recreamos su vida a partir de las palabras y del trato que les damos. El lenguaje moldea la forma en que se comprende el mundo, así que la ternura debe iniciar por revisar nuestro lenguaje, y descubrir si en este lenguaje llevamos la ternura impresa en cada palabra y en cada gesto.

Cuando planifiquemos y llevemos a cabo los encuentros formativos de nuestras iglesias, debemos revisar la forma en que hablamos, en cómo elaboramos los materiales, la decoración, o lo que les damos a leer. Cuando hablemos en el culto o la misa, revisemos nuestra mirada, gestos físicos y los espacios en que les enseñamos la Palabra, y cómo les escuchamos… Todo lo que comuniquemos debe llevar el sello del amor, del respeto, del reconocimiento del otro como igual, del afecto; en fin, de la ternura encarnada.

Ponernos en su mirada

Eso quiere decir que para que nos miren a los ojos nunca tengan que ver hacia arriba, no solo físicamente sino en cuanto a la relación afectiva y formativa. La horizontalidad es requisito para experimentar la ternura. El que nos sintamos en su mundo, en su nivel y en igualdad de valor y posición, en todos los procesos provee un puente directo para que fluya la ternura. La jerarquía y los roles en los procesos formativos obstaculizan la vivencia de la ternura, pues colocan a las personas en condiciones de distancias y de interacciones con barreras emocionales, de poder, de obediencia, de normas y de racionalidades que invisibilizan la humanidad, la particularidad y el amor.

Más que controlar, es sentir con el otro lo que provee acompañamiento. Más que exigir la atención y el obligar mediante el poder, es escuchar lo que construye el diálogo. Dar ternura es mirar frente a frente a ese otro u otra que fui, que soy y seré. Recordar que los niños y las niñas también nos enseñan y que eliminar esa sed de estatus y jerarquía, que caracteriza a las personas adultas, nos ayudará a crear el vínculo de la ternura.

En sus miradas se encuentra la conexión a ese universo propio de ellos, lleno de fantasía y juegos. Es al mirar ese universo cuando la ternura brotará, mientras ellos contemplan con los ojos abiertos y dispuestos a aprender.

Siempre, en cada actividad que planifiquemos, en cada encuentro en el que participemos, debemos dar un lugar importante a la voz de las niñas y los niños, sentarnos a su lado, a su nivel, agacharnos si es el caso, mirarlos de frente es básico si queremos dar ternura. Cara a cara, como iguales, escuchándolos y respaldándolos para que su mirada y sus palabras se valoren al igual que las de las personas adultas.

Encarnar la ternura

Tenemos que empezar por recordar que tenemos un cuerpo, luego, que este siente, y, entonces, entender que este necesita moverse, necesita afecto y seguridad.

Encarnar la ternura significa también volver a ser como niños y niñas, como nos lo enseñó Jesús. Significa vivir de la ilusión, de la inocencia y de admirar todo lo que les rodea. Es revivir el cuerpo, la capacidad de disfrutar, experimentar las sensaciones más cotidianas, recuperar la capacidad de asombro, fortalecer el vínculo del cuerpo con lo que nos rodea, especialmente con las demás personas. Todo eso nos ayuda a recuperar nuestra capacidad de sentir a fin de vivenciar la ternura.

Si no recuperamos nuestro cuerpo no podremos encarnar la ternura. Necesitamos apropiarnos de nuestro cuerpo y de la capacidad de dar y recibir afecto para poder concretar la ternura en nuestras relaciones. Si recuperamos la capacidad de sentir y aprendemos a celebrar nuestros sentidos, comprenderemos mejor a la infancia, nos meteremos con más facilidad en el mundo de los niños y las niñas. Y no solo eso, sabremos enseñar la ternura con nuestro ejemplo, mediante el disfrute del afecto y la promoción de la ternura en todas las relaciones interpersonales.

Sin esta capacidad física de sentir y disfrutar el afecto no podemos explicitar el amor mediante la ternura. Es fundamental experimentar el amor de maneras concretas en todas las relaciones y en las actividades que se programen en todos los procesos formativos o pastorales. Es en lo concreto que los niños y las niñas adquieren el sentido de las cosas.

Encarnar la ternura en nuestro propio cuerpo nos permite tomar conciencia de las necesidades e inquietudes de nuestros niños y niñas durante los encuentros en la iglesia. Ya que no son solo cerebros y ojos lo que se nos acercan, sino cuerpos llenos de energía y sensaciones, el abordaje que hagamos en la planificación de las actividades —incluso en los discursos y las temáticas para la preparación de personas responsables de esta población— debe ser holístico. Debemos tomar en cuenta no solo los objetivos por alcanzar en el aprendizaje, sino también aquellos por alcanzar en la dinámica de interrelaciones y de participación. Así aseguraremos la vivencia de la ternura en los procesos.

Seguir al maestro de la ternura

Como creyentes y seguidores de Jesús apreciamos sus enseñanzas y las valoramos como mensaje de vida y de amor. Quizá los textos en los que más se evidencia que él es un maestro de la ternura son aquellos en los que se hace referencia a la forma en que tocaba a las personas para sanarlas o para protegerlas. Y para nuestro interés en este libro, lo más representativo de su ternura lo leemos en los textos en los que demanda cuidado y especial trato a los niños y las niñas.

En ese momento histórico en el que las niñas, los niños y adolescentes no eran más que objetos, Jesús, con su amor a las personas desfavorecidas, inició su revolución de amor. Hablamos de revolución porque la ternura constituye en sí una revolución en medio de una cultura con altos grados de estructura racional, con dinámicas de poder y violencia.

Jesús acogió amorosamente a quien lo buscaba, a la persona que estuviera enferma, abandonada, bajo el severo juicio social y religioso, incluso si estuviera muerta. Y no solo la acogía, también le daba afecto físico; él siempre tocaba o se dejaba tocar (como algunos relatos nos muestran), con caricias, con el soplo de su aliento, hablando de frente, protegiendo.

Jesús mismo amonestó a sus discípulos porque ellos no habían entendido bien su revolución de amor, pues todavía no se habían percatado del lugar tan importante que ocupan los niños y las niñas en el Reino. Así que, en nuestros lugares de trabajo pastoral o formativo, debemos reflejar esa ternura de Jesús; debemos hablar, mirar, tocar y proteger como él; dejemos que él ame a través de nosotros.

Sus enseñanzas así como sus actos reivindicaban de manera constante la dignidad y la trascendencia espiritual humanas. Él logró una ruptura total entre él y el paradigma legitimado de la violencia. Su vida encarnó la más absoluta empatía para con las personas vulnerabilizadas, pues su revolución de amor no se quedó solo en un discurso evangélico, sino que también con su amor sanador tocó con su propio cuerpo a las personas que luchaban contra el dolor y la enfermedad.

Son numerosos los textos que exponen a Jesús conmoviéndose profundamente ante la angustia humana y actuando para remediar dicha situación. «Jesús, conmovido, les tocó los ojos, y al punto los ciegos recobraron la vista y se fueron tras él» (Mateo 20.34). La ternura es un acto de justicia ante estas situaciones de dolor humano. El contacto físico amoroso de Jesús es un hecho que está presente a lo largo de los evangelios; por eso hemos dado a Jesús el título de «el maestro de la ternura».

Siento, luego pienso; juego, luego actúo

Sentipensar, término creado por Saturnino de la Torre (1997), en sus aulas de Creatividad en la Universidad de Barcelona (De la Torre, 2001), es

> el proceso mediante el cual ponemos a trabajar conjuntamente el pensamiento y el sentimiento […], es la fusión de dos formas de interpretar la realidad, a partir de la reflexión y el impacto emocional, hasta converger en un mismo acto de conocimiento que es la acción de sentir y pensar. (De la Torre, como lo cita Núñez, 2014, p.51)

El mundo adulto es racional, mientras que el mundo de los niños y las niñas es emocional, las personas adultas actúan y los niños y las niñas juegan. No se trata de que las personas adultas no sentimos o jugamos ni que los niños y las niñas no piensan o no actúan; sino que nuestro proceder predominante va en esa línea así como el de ellos y ellas.

De ahí la demanda de sentir y luego pensar, pues le daremos vuelta a la tendencia, trataremos de ponernos los zapatos de los niños y las niñas; y, antes de aplicar la racionalidad para todo y de vivir la experiencia solo en el plano racional, seremos niñas y niños, y veremos todo con el corazón; y antes de actuar, jugaremos primero.

Que todo proceso, actividad y lenguaje pasen primero por nuestros sentimientos; y que, antes de hacer cualquier cosa, juguemos primero. Jugar es una forma de probar, tantear, ensayar la realidad antes de hacer razonamientos con ella. Modificamos la realidad desde la fantasía, la inventamos desde la creatividad, la vivenciamos en el cuerpo… Primero pasa por nuestros sentidos y por la imaginación antes de racionalizarla.

Comprender estos procesos lúdicos y sensoriales resulta fundamental para nuestro trabajo con los niños, niñas y adolescentes. Pues estas personas viven del presente, de lo que se pueda disfrutar con el cuerpo, de lo que se pueda moldear, transformar y jugar. Necesitan mover sus cuerpos, reír, recibir estímulos de manera constante; necesitan la interacción frecuente entre pares, actividades que los divierte, el arte, el sentido del humor y más.

Conocer estas necesidades es primordial cuando planificamos actividades o encuentros para niños y niñas en la iglesia. Debemos actuar conscientes de que requieren jugar antes que pensar o hacer; sentir antes que analizar cualquier cosa. La tarea de meternos en su mundo es una tarea difícil, pues significa la deconstrucción del mundo adulto «maduro», que con tanto celo protegemos e idealizamos.

Primero, sentir con todos nuestros sentidos; luego, externar las emociones; y, después, pensar; todo esto implica un «razonamiento» alimentado con sensaciones y emociones. Estas últimas constituyen el motor de la acción. Este «sentipensar» es, en esencia, el motor del aprendizaje que resaltaba Piaget, el padre de la educación.

La invitación que resta en este apartado es a que recuperemos la fantasía. Que toquemos, olamos, veamos, saboreemos, oigamos, riamos… Que hagamos todo lo que nos vincule con el cuerpo, con la capacidad de disfrutar y con lo reconfortante que es el afecto físico. Que nos reencantemos con la vida y con las personas para que brote la ternura por sí misma.

No olvidemos que las emociones, las motivaciones y el placer de hacer las cosas son lo que nos impulsa a la acción. Independientemente de la edad, ese impulso que nos activa, recorre toda nuestra vida. Por eso, en este apartado se introduce el concepto de *conmoción*, la acción generada por la emoción; el movimiento físico que proviene de la emoción. Se trata de esas acciones con sentimientos que transforman el entorno.

Cada actividad, cada acción que hagamos o promovamos en los distintos grupos de la iglesia debería ser una «conmoción», un movimiento que provenga del corazón, alimentado por la ternura y la relación de amor con las personas.

Hacia la ruta de este libro, la mediación

El presente libro, así como procura ayudarnos a profundizar más en la espesura de la ternura, pretende también ayudarnos a quitarnos los zapatos (elemento que se interpone entre nuestro cuerpo y la tierra), pues el suelo en que pisamos es sagrado. Por eso mismo, nos despojaremos de la razón para adentrarnos en el mundo de los sentidos, para lograr quedar así al nivel de los maestros y maestras (la niñez). Empezaremos por sentir.

Sentir. Será como escanear con el corazón cada capítulo, y dejar que el texto nos toque el corazón y el cuerpo. No solo miraremos las palabras de cada autor o autora, sino que nos abriremos a las emociones y sensaciones que estas nos generen, a fin de alimentar el proceso que sigue. Los insumos serán el cúmulo de emociones, sensaciones y fantasías que consigan despertar en nosotros, para así vivenciar el proceso como lo harían los niños y las niñas. En la ruta se incluyen pistas que nos ayudan a efectuar ese «*insight*» (visión interna, percepción, entendimiento), que nos lleva hacia adentro de nosotras y de nosotros mismos, de nuestros cuerpos y emociones

Pensar. Se plantea como el canal por el que conocemos todas estas emociones y sensaciones; es la construcción del lenguaje para comunicar este proceso interno. Es poner en contexto pedagógico la totalidad del cúmulo de emociones y sensaciones internas que nos preparan para el proceso que sigue, el momento en que todo se concreta.

Actuar. Trata de concretar la acción, en el sentido de encarnar en la realidad lo que hay dentro; y construir con eso condiciones para que las personas puedan, por medio de nosotros y nosotras, vivenciar la ternura. Actuar de modo que consiga gestionar, de todas las maneras posibles, el uso y la promoción de la ternura en cualquier estructura, práctica y discurso.

Desde World Vision se propone que, mediante este libro sobre teología y ternura, se implemente el proyecto de impactar en tres dimensiones a nivel pastoral: restauradora, formativa y transformadora. Desde la mediación pedagógica se invita al lector, como gestor del mensaje cristiano de esperanza, a que procure, desde la construcción teológica de los discursos y las prácticas pastorales, estas tres dimensiones en que se quiere que se vivencie la ternura.

¿Pedagógicamente qué significan estas tres dimensiones? Pues bien, vamos a tratar de hacer camino al andar e inventar cuáles podrían ser las posibles pistas para que estas dimensiones puedan encarnarse en la realidad desde la praxis formativa pastoral.

Dimensión restauradora de la ternura

Debemos señalar que, a nivel pedagógico, se propone construir experiencias mediante las cuales los niños, las niñas y adolescentes logren hacer tal lectura de su vida que consigan ya no ser víctimas sino personas vencedoras, que superan las experiencias de violencia y de dolor, y continúan en la lucha por un trato tierno y en el ejercicio de su fe en un Dios de ternura. Los textos, los discursos, las reflexiones, actividades, incluso el afecto físico, deben apuntar en ese sentido. Toda experiencia pedagógica debe apoyar desde la fe todo proceso de perdón, de confianza, de autoestima, de resiliencia, de lucha, de esperanza, de cualquier acción que promueva en las personas menores de edad insumos que les ayuden a recuperar todo lo que han perdido a causa de las experiencias de maltrato que han vivido, en especial, la capacidad de dar y recibir ternura en todas su formas.

Pero, antes de pensar cuáles son los procesos óptimos para esta población, primero hay que responder a la invitación que cada reflexión y cuestionamiento de este libro nos plantea como personas adultas. Es la invitación a internarnos en nuestra propia persona para descubrir y luego sanar las heridas que las experiencias de vida hayan dejado en nuestro corazón y que nos impiden una relación sanadora con nuestros niños, niñas y adolescentes. Si no restauramos nuestra propia vida, corremos el riesgo de reproducir en nuestras relaciones trazas de ese dolor o enojo.

La dimensión formativa de la ternura

En esta dimensión nuestra misión es acompañar a cada persona en su proceso de mirar dentro de sí misma, y proveerle, además, todo lo que le permita desarrollar las actitudes y aptitudes que la ayudarán a superar por sí misma su historia de maltrato. Pero también consiste en equiparla con las herramientas que requiere para enfrentar en el presente o en el futuro cualquier situación negativa, sin que pierda de vista su valor ni desista de su fe. Al contrario, que vea en su fe en Jesucristo uno de los recursos que le permitan construir su felicidad. Cada actividad o lectura que se haga de la fe debe ser un medio para que las personas menores de edad encuentren ideas, experiencias, conocimiento y ejemplos de actitudes, capacidades, aptitudes y valores con los que se sientan identificadas en sus situaciones, y vean las distintas opciones para salir de su condición de maltrato.

Esta dimensión debe equipar también a la persona adulta con herramientas personales para que sepa identificar la violencia y el maltrato en su propia vida, a fin de que inicie el proceso de deconstrucción de todas las prácticas, actitudes y valores patriarcales, de poder y adultocentrismo. Con el fin de lograr un proceso liberador, esta dimensión formativa implica romper con los paradigmas tradicionales que hemos interiorizado y que estamos en inminente amenaza de transmitir en nuestras relaciones si no trabajamos en derribarlos.

La dimensión transformadora de la ternura

La ternura no es solo afecto y palabras de aliento, sino también un compromiso de cada creyente a que esta se instaure en todos los procesos y estructuras desde cada individuo hasta la comunidad de la iglesia y el mundo. Necesitamos revisar los discursos, las prácticas y las vivencias de la fe en los que la ternura se haya anulado, e incorporarla desde las voces de los niños, las niñas y adolescentes.

Desde esta propuesta se visualiza esta dimensión como una voz profética, como la de Juan en medio del desierto. Ahí, en medio de la injusticia, la voz de los que no han tenido voz resuena como un eco de esperanza de lo que viene, aquello que trae sanación y posibilidades de liberación y fe.

Para lograr estas tres dimensiones no podemos dejar de lado los tres principios que nos propone World Vision Oficina Regional para América Latina y El Caribe: relacional, mentoría, condiciones estructurales de garantía.

Principio relacional. Es la conciencia de que las dinámicas de los encuentros de las distintas personas y los vínculos que se construyen en esas interacciones son los que posibilitan que la ternura presente estas tres dimensiones. No consiste solo en lo que podamos enseñar a los niños y niñas, sino en el trato cotidiano que podamos encarnar para ellos y ellas en acciones concretas.

Es aprender de los niños y las niñas cómo relacionarnos en sus términos. Es encariñarnos y disfrutar esa ternura que muchas veces nos parece tan natural en ellos y ellas. Es experimentarla con los maestros y maestras de la ternura, para asumirla en nuestra vida a fin de encarnarla.

Principio de mentoría. Trata del acompañamiento que requieren los niños, las niñas y adolescentes, de manera personalizada, dedicada, que se basa, en primera instancia, en el respeto y la comprensión de sus procesos biológicos e intelectuales, y, luego, en el ejercicio de la ternura desinteresada. Es una guía paralela, no una encima o delante, sino más bien al lado, de modo que se le permita a los niños, niñas y adolescentes caminar a su ritmo, mirar el mundo desde sus propios, sin imposiciones, pero sí con susurros de amor al oído.

Principio de condiciones estructurales de garantía. Las estructuras sociales, económicas y políticas tienen que resultar afectadas por practicar nuestra fe. La ternura con que tratamos a los niños, las niñas y adolescentes debe ser el fundamento para un cambio real en prácticas y discursos, incluso políticas. La sociedad y todas sus instituciones y agrupaciones civiles y religiosas deben fomentar el trato con ternura a su niñez y adolescencia, en la búsqueda por asegurar una mejor humanidad.

Al final de todo esto, la propuesta de la mediación es ser puente entre cada uno de los aportes de los distintos textos y la práctica pastoral y formativa en todas las iglesias. En sí, es la aventura de sentir y fantasear cada idea, cada palabra de los autores y autoras, para poder encarnar la ternura en nuestra cotidianidad individual, como personas adultas, y colectivamente, como iglesia.

Referencias

Maturana, H. (2004). *Transformación en la convivencia* (p. 219). Santiago: Edotorial Comunicaciones Noreste

Núñez, C. (2014). *Creatividad: El aura del futuro*. Argentina: Departamento de Ediciones y Publicaciones de la Facultad de Ciencias Sociales de la Universidad de San Juan.

Capítulo I

UNA TERNURA INMENSA QUE HUMANICE LA FE Y REDIMA LA VIDA: ESBOZOS PASTORALES PARA UNA TEOLOGÍA BÍBLICA DE LA TERNURA

Harold Segura

Como escuchase un llanto, me paré en el repecho
y me acerqué a la puerta del rancho del camino.
Un niño de ojos dulces me miró desde el lecho
¡y una ternura inmensa me embriagó como un vino!
GABRIELA MISTRAL

La *teología cristiana de la ternura* es una reflexión creyente que, como tal, se hace desde la fe y cuyo tema se propone comprender a partir de la tradición judeocristiana, el compromiso con la vida y el seguimiento de Jesús. Es un esfuerzo por concebir la ternura desde la perspectiva del Dios de la vida en medio de sociedades caracterizadas por la deshumanización y carentes de afecto, justicia y misericordia.

En este ejercicio teológico, la *ternura* se entiende[1], en primer lugar, como un género de *comunicación humana* por la que no solo se es-

____

1 En las definiciones de ternura se sigue el Marco Conceptual adoptado por *World Vision* y publicado en: Grellert, 2016.

tablecen vínculos con palabras, sino también con expresiones de afecto, como caricias, miradas, sonrisas y otras formas de transmitir amor. En segundo lugar, se entiende como una *práctica de convivencia* incluyente y solidaria con la que se acoge a todas las personas por igual porque se les reconoce su dignidad y valor. Y, en tercer lugar, también se entiende como un *vínculo de relaciones humanas* que ayuda al crecimiento de la afectividad, la confianza y la seguridad, para que las personas «desarrollen la capacidad de afrontar las dificultades que surjan a través de la vida». La ternura es una forma de relacionarnos, de convivir y de construir una sociedad más justa y solidaria. Es «una revolución cultural que anima el florecer humano y social […] que se cultiva desde relaciones de amor, cuidado de la vida en todas sus expresiones y reivindicación política del derecho al cuidado libre de violencia y pleno de amor» (Grellert, 2016).

La primacía de la realidad

Esta última implicación social y política de la ternura es un eje primordial del quehacer teológico, porque a la teología le interesa anunciar al Dios de la vida, y luchar para que esa vida sea plena *aquí y ahora…* y no solo después de la muerte. José Míguez Bonino, ilustre teólogo argentino, consideraba que la primera pregunta que debería plantearse la teología es si «hay vida antes de la muerte» (Míguez, 1990, p. 65), y no la pregunta celestial acerca de cómo es la vida después de la muerte. ¡Ahí, donde reina la muerte, debe resplandecer la vida!

Una de las expresiones del *imperio de la muerte* en nuestro continente es la violencia. Un informe publicado por el Banco Internacional de Desarrollo (BID), titulado *Los costos del crimen y la violencia en el bienestar en América Latina y el Caribe,* indica que

América Latina y el Caribe (ALC) es la región más violenta del mundo. En ella vive menos del 9 % de la población mundial, pero se registran el 33 % de los homicidios en todo el mundo, lo que la convierte en la región con el mayor porcentaje de asesinatos en todo el mundo, con África por detrás con 31%, Asia en tercer lugar con 28 % de los homicidios, seguida de lejos por Europa y América del Norte, con solo 5 % y 3 % del total, respectivamente, y Oceanía, que representa menos del 0,3 %. De hecho, con tasas regionales de homicidios de más de 20 por cada 100.000 habitantes —más de tres veces el promedio mundial— ALC es la región más peligrosa del planeta. (Jaitman, 2005, p. 4)

Esta consideración de la realidad es el primer paso en el ejercicio teológico. Así lo ha enseñado con acierto la tradición teológica latinoamericana: primero se *observa* la realidad (*momento sociológico*); ella se convierte en materia prima de la teología (Suárez, 2007, p. 172). Después, esa realidad observada se *juzga* a la luz de las Escrituras, la tradición teológica y la práctica pastoral del pueblo de Dios (*momento hermenéutico*). Y, en tercer lugar, se actúa a favor de la vida y en contra de las fuerzas de la muerte (antivida). Sin este último paso, la teología corre el riesgo de reducirse a una elucubración teórica, llamativa por su atractivo académico, pero inocua para la trasformación de las realidades sociales. Por eso, pensar en la ternura desde la óptica teológica es, de por sí, pensar en una respuesta creyente ante la violencia, la deshumanización y la injusticia que imperan en nuestro mundo.

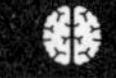

Corresponde ahora que nos adentremos en cómo la Biblia, en sus dos testamentos, hace referencia a la ternura de Dios. Primero, se reseñarán dos expresiones del Primer Testamento: *hesed* y *rahûm*, y tres metáforas en relación con el carácter misericordioso y tierno del Señor: una madre que amamanta, un padre que vela por sus hijos e hijas y un esposo que ama hasta el extremo (esposo embelesado). Después se hará un ejercicio similar para el Segundo Testamento. En este se presenta a Jesús como la encarnación de la ternura del Señor, al Espíritu, como la personificación de la dulzura divina, y a la comunidad cristiana, como testigo, que por medio de su vida comunitaria da testimonio de esos atributos del Señor.

Dios, tan tierno como una madre que amamanta, un padre que vela por sus hijos o un esposo embelesado. En el Primer Testamento, la ternura se inscribe en un conjunto de palabras que hacen alusión al amor, a la misericordia, al cariño y a la compasión de Dios. Esas cualidades revelan la naturaleza más profunda de Dios. Ellas no solo nos muestran el actuar del Señor, sino su naturaleza misma:

> ♥ SENTIR
>
> Todas las emociones que despiertan esos adjetivos con los que las distintas generaciones expresaron la ternura de Dios y la plasmaron en el Primer Testamento.

Uno de los términos con mayor alcance y profundidad de significado es *hesed* (חסד). Esta palabra se traduce en algunas versiones de la Biblia como *amor* o *misericordia* y aparece más de doscientas veces (Bonilla, 1999) en el texto hebreo, la mayoría de ellas en el libro de los Salmos. Un ejemplo es el salmo 136, que es un cántico de alabanza con un estribillo que se repite a manera de exclamación litúrgica. *Hesed* es la palabra que sobresale cada vez que se dice: «Alaben al Señor por su bondad, porque es eterno su amor» (Salmos 136.1). O, como lo expresan otras versiones: «Porque para siempre es su misericordia». Los sustantivos más usados para traducir el término son amor, misericordia, lealtad, bondad y fidelidad.

El profesor Luis Alonso Schökel, en su *Diccionario bíblico hebreo-español* (Schökel, 2008), muestra las siguientes traducciones para *hesed*: gracia, misericordia, clemencia, bondad, benevolencia, piedad, compasión, conmiseración, cariño, afecto, caridad; lealtad, fidelidad, amabilidad, simpatía, entre otras posibilidades más. Tanto por el significado original del vocablo hebreo como por las palabras con las que se traduce al castellano, es fácil reconocer la validez de la palabra *ternura* como otra de sus legítimas opciones de traducción, en especial si se reconoce la importancia sociocultural del término, más allá de sus estrictas fronteras etimológicas. Al respecto, dice Tirsa Ventura que «se debe tomar en cuenta tanto el contexto lingüístico como el cultural en el cual se implementa», y añade algo de mucho valor para la comprensión de la ternura bíblica: «para hablar de *hesed* hace falta pensar en relaciones e interacciones. No existe *hesed* sin esta idea relacional que [...] puede ser entre seres humanos o Dios en vínculo con las personas» (Ventura, 2016, p. 2).

La ternura que se expresa en *hesed* no se refiere solo a una actitud de Dios, quien es tierno, misericordioso y bondadoso, sino también a un valor humano que se expresa en las relaciones cotidianas mediante el cuidado mutuo, la protección recíproca y las expresiones de afecto. Este caso es el que se presenta en el libro de Rut, y al cual Ventura reconoce como paradigmático para destacar en qué sentido este término hebrero apunta también a relaciones familiares y a la acogida entre personas.

> ♥ **SENTIR**
>
> La ternura en nuestra cotidianidad no solo como una actitud sino como un valor humano dentro de nuestra vivencia de la fe cristiana, porque esa es la naturaleza de Dios mismo.

En Rut 3.10 se lee: «Booz le dijo: —¡El Señor te bendiga, hija! Esta muestra de fidelidad supera aún a la anterior, pues no has pretendido a ningún joven, sea rico o pobre». En este texto, el vocablo al que nos referimos se traduce con el sustantivo *fidelidad,* pero ¡cuánta fuerza expresiva se lograría si se afirmara de Rut que su «muestra de *ternura* [הַדְסַח] supera aún a la anterior, pues...»! No dudo de que la palabra ternura enriquecería de manera formidable el significado del término en nuestro idioma. Y, con Ventura, agreguemos algo más acerca de la misericordia-ternura que se expresa en las relaciones humanas en el caso del libro de Rut:

> Lo primero que se puede observar es que el acto misericordioso no viene directamente de Dios, sino de una mujer (Ruth) en favor de otra mujer

(Noemí). Sin dejar de señalar que la misericordia de Ruth está respaldada por la misericordia de Dios, concedida a través del derecho del rescate (2.20-21). La responsabilidad de Ruth, en medio del caos que provocó la muerte se ve concretada en su decisión de llevar hacia adelante el proyecto que incluye también a Noemí. (Ventura, 2016, p. 7)

Noemí reconoció que sus dos nueras, Ruth y Orfa, habían actuado con *hesed*, con ella y con sus hijos que habían muerto. Así, la ternura-misericordia entre los seres humanos, en este caso entre estas mujeres, llega más allá de todo lo esperado, y expresa el rostro del Señor, que también es tierno y misericordioso (Cf. Ventura, 2008).

Pero, además del término *hesed*, y sin desconocer la profundidad del significado de este para la ternura veterotestamentaria, *rahûm* es el más análogo al término latino de ternura. Roccheta, con fino estilo explica que este término bíblico se deriva de la raíz hebrea *rhm* y remite a un sentimiento localizado en la parte más profunda de la persona y de su cuerpo, las interioridades, sus vísceras (*rahamîm*, plural de intensidad), el vientre materno (*rehem*), y corresponde por tanto a una vivencia de fuerte participación afectiva, que no se limita a observar desde lejos el objeto al que se dirige, sino que lo experimenta en primera persona, con cariño, como en el caso de una madre que se conmueve por el hijo que ha dado a luz (1 Reyes 3.26). Por consiguiente, el verbo *rāham* significa sentir piedad y benevolencia por una persona que se encuentra necesitada; una emoción interior que se traduce en gestos concretos de bondad y solicitud. Los gestos surgen como expresión visible de un amor intenso y de una viva com-pasión que roza en sus raíces la profundidad del que lo realiza (Rocchetta, 2001m p. 106).

En este caso, y a diferencia de *hesed*, este término se emplea en la mayoría de las veces para referirse a Dios, y en relación con los pactos o alianzas de amor que ha hecho con su pueblo. Este es el caso de Isaías 54.10: «Aunque se muevan las montañas y se vengan abajo las colinas, mi cariño (*hesed*) por ti no menguará, mi alianza de paz se mantendrá dice el Señor, que te quiere (*merahamek*)». Este versículo es afín a otro en el que Dios se presenta con la ternura de una madre que amamanta y protege a su hijo consentido, al que ama y nunca olvida: «Pero Sion dijo: "El Señor me dejó vacía, mi Dios se olvidó de mí". ¿Se olvida una madre del bebé que amamanta? ¿No tiene compasión del hijo que dio a luz?» (Isaías 49.14-15 PDT). La palabra *rakjám,* que en español se traduce con el sustantivo *compasión* equivale a mimar, acariciar, compadecerse, ser clemente o misericordioso. Es la ternura que se expresa por medio de gestos concretos, no abstractos ni retóricos, como una expresión gratuita y libre del amor.

Así como en unos casos la ternura del Señor es como la de una madre, en otros se asemeja a la de un padre: Como un padre quiere a sus hijos, el Señor quiere a sus fieles. (Salmos 103.13). Es una ternura inmensa, como la describe otro salmo: Señor, tu misericordia es inmensa, dame vida según tu justicia. (Salmos 119.156). Esta ternura que nos enseña el Primer Testamento devela un rostro de Dios pocas veces acentuado por las teologías tradicionales. Estas, anquilosadas por sus enciclopédicas especulaciones metafísicas, nos acostumbraron a ver el rostro de Dios como enjuiciador y justiciero. Esas teologías fabricaron una equivalencia equivocada entre la grandeza de Dios y la aspereza de su rostro. Como si ser grande significara ser distante e implacable.

> **PENSAR**
>
> En las implicaciones que tienen toda las formas de comunicación en la iglesia, para reemplazar esas imágenes tradicionales acerca de Dios que esconden la dimensión de la ternura; esa que leemos en los textos veterotestamentarios.

El teólogo español Olegario González de Cardenal afirma con sobrada razón que el «Dios de la ternura es probablemente una de las designaciones que revelan mejor la relación de

Dios con el hombre, por ser éste fruto exclusivo de su amor, destinatario permanente de su amor y objeto perenne de su espera en amor». Y se atreve a considerar que en Occidente ha quedado en penumbra esta perspectiva, al traducir *rahamim* por misericordia y compasión. Mientras que *rahamim* con que Dios mira a todas sus criaturas se dirige ante todo a su realidad como fruto de creación y gloria de su existencia, la misericordia y compasión en cambio presuponen algo negativo que superar, algún pecado que perdonar o algún desamparo que aliviar. La mirada de Dios se dirige ante todo, al ser que él ha creado, con el impulso con que las entrañas orientan hacia el fruto que es el hijo (González, 2001, p. 53).

A renglón seguido, González de Cardenal llama la atención al hecho de que fueron los filósofos —y no los teólogos— quienes reivindicaron el rostro tierno de Dios. Así lo hizo en su momento Gottfried Leibniz (1646-1716), también Alfred North Whitehead (1861-1947), y recientemente Gianni Vattimo y John Caputto.

Pero sigamos con el Primer Testamento. A la ternura maternal y paternal del Señor se suma la metáfora de Dios como un esposo embelesado que, ante las reiteradas decepciones que le ocasiona su amada, ya sea por infidelidad o desamor, él, en lugar de sumirse en el despecho, decide salir tras ella y buscarla hasta reconquistar su amor. ¡Qué maravillosa ternura la de este esposo cuyo amor se muestra terco y resiliente! El Dios de aquellos relatos no tiene vergüenza en demostrar su enamoramiento y de reconocer que el rostro de su amada ha cautivado su corazón (Salmos 45.13). En el libro del profeta Jeremías, este amante añora con nostalgia los días en los que ella lo amaba: Esto dice el Señor: Recuerdo el cariño de tu juventud, el amor que me tenías de prometida: seguías mis pasos por el desierto, por tierra donde nadie siembra. (Jeremías 2.2); no desconoce la gravedad de la infidelidad, ni el descaro con el que ella (Israel) quiere regresar a él: Y tú, que te has prostituido con tantos y tantos amantes, ¿vas ahora a volver a mí? (3.1), pero, aun así, decide recibir a la infiel y pagarle su falta con amor entrañable y tierno: «Vuelve, Israel, apóstata —oráculo del Señor—, que no les fruncirá el ceño, porque yo soy bondadoso —oráculo del Señor— y no guardo rencor por siempre» (3.12).

En el libro del profeta Ezequiel se repite la escena. Ella (Israel) se prostituye sin vergüenza alguna y él sabe de su desfachatez: «Pero, pagada de tu belleza y aprovechando tu fama, te prostituiste y prodigaste tus encantos de prostituta con todo el que pasaba, quienquiera que fuese. Tomaste algunos de tus vestidos y te hiciste tiendas de colores para instalarlas en los santuarios de los altos, y te prostituiste en ellas» (Ezequiel 16.15-16). Entre las infieles, esta las supera a todas: «Te ha ocurrido lo contrario que a las demás mujeres pues, como nadie ha ido tras de de ti solicitándote, has sido tú la que ha pagado en lugar de recibir lo convenido. ¡Justo al revés!» (Ezequiel 16.34). Pero, en esta historia de tristezas y cinismos acontece la ternura de Dios, esta vez por medio del perdón que restablece la relación y hace posible que renazca el amor. Aunque ella ha sido infiel, él no ha renunciado a su fidelidad: «Establaceré mi alianza contigo y tendrás que reconocer que yo soy el Señor» (Ezequiel 16.62). Él es el amante tierno que la lleva por siempre grabada en sus manos (Isaías 49.16).

> **♥ SENTIR**
>
> Cómo Dios nos seduce y nos invita a experimentar su ternura para con la humanidad. No se trata solo de compasión, sino también de un deseo apasionado de vincularse a nosotros mediante la ternura.

Quizá el caso más expresivo de la metáfora del Dios que ama con la ternura de *esposo abandonado* es el que se presenta en el libro de Oseas. Allí tampoco existe la reciprocidad del amor (Oseas 2.2), no obstante, el esposo sale en búsqueda de quien lo ha traicionado:

Pero he aquí que voy a seducirla: la llevaré al desierto y le hablaré al corazón. Le devolveré sus viñas y haré del valle de Acor una puerta de esperanza; y ella me responderá allí como en los días de su juventud, como el día en que salió de Egipto. Y ese día —oráculo del Señor— me llamarás «marido mío» y nunca más «baal mío». Quitaré de su boca los nombres de los baales y no los recordará más (Oseas 2.16-19).

En Oseas, se alcanza una de las cumbres bíblicas acerca de la ternura cuando expresa en boca de Dios: «Mi corazón está conturbado y mis entrañas se conmueven» (Oseas 11.8), versículo que Luis Alonso Schökel traduce con mayor vivacidad, así: «Me da un vuelco el corazón, se me conmueven las entrañas» (Schökel, 2008:09).

Movido por ese amor que le «da un vuelco el corazón», el Dios amante promete un nuevo matrimonio. Este anuncio de que va a «empezar de nuevo» forma parte del lenguaje esperanzador de los profetas. Ellos saben qué tan porfiada es la ternura del Señor y que no se agotará ante las repetidas deslealtades del pueblo. Por eso anuncian que, en el futuro escatológico, se avecinan otras bodas y que por eso hay motivos para esperar una nueva relación de amor entre el Señor y su pueblo. La alianza de amor por parte de él es inamovible, como lo proclama Isaías (54.8-10). En este texto, el profeta intercambia los dos términos a los que se ha hecho anterior referencia: *hesed* (misericordia-ternura) y *rahûm* (ternura-compasión).

En un arranque de enojo, por un momento, me oculté de ti, pero con amor (*hesed*) eterno te tuve compasión (*rahûm*). Lo dice el Señor, tu redentor. «Así como juré a Noé, cuando el diluvio, no volver a inundar la tierra, así juro ahora no volver a enojarme contigo ni volver a amenazarte. Aunque las montañas cambien de lugar y los cerros se vengan abajo, mi amor (*hesed*) por ti no cambiará ni se vendrá abajo mi alianza de paz.» Lo dice el Señor, que se compadece (*rahûm*) de ti (Isaías 54.8-10 DHH).

El anuncio escatológico de los profetas antiguos tiene un primer cumplimiento cuando Dios viene y se presenta por medio de Jesús. Dios mismo ha venido para cumplir su promesa, y vino ataviado como esposo, según lo enseña el apóstol Pablo: «Pues los he desposado con un solo marido presentándolos a Cristo como si ustedes fueran una virgen pura» (2 Corintios 11.2).

LAS DIMENSIONES

Restauradora

Esta parte inicial del capítulo nos invita a que revisemos hasta dónde ha calado la imagen tradicional acerca de Dios como un rostro despiadado, vengativo, sin compasión. Y explora el Primer Testamento para que tomemos conciencia de los incontables adjetivos que contradicen dicha imagen, pues nos revelan todas las formas posibles de compasión y ternura con que se relaciona Dios con nosotros. Así, nos devela a un Dios de puro amor, ternura y compasión que ha quedado invisivilizado en los discursos religiosos, y muchas veces en las prácticas pastorales.

Antes de construir un nuevo rostro de Dios desde la ternura, resulta imperativo que examinemos en nuestro interior las secuelas que el rostro desfigurado de un Dios despiadado ha dejado en nuestra vivencia de la fe cristiana

Como parte del proceso de nuestra propia restauración y el de nuestra comunidad de fe, nos urge retomar el aporte de este capítulo sobre la evidencia bíblica acerca del deseo de Dios de vincularse a la humanidad. Distintos textos veterotestamentarios están llenos de metáforas apasionadas, como la del esposo embelesado. Este panorama de la ternura de Dios nos da la certeza de que, como hijos e hijas de este amoroso Padre, él nos busca para amarnos independientemente de lo que cada persona piense de sí misma.

Formativa

Otro aporte valioso de esta parte es que la ternura no debe entenderse solo como una actitud, pues, entonces, se trataría de una decisión muy personal, incluso opcional o innata, Más bien, el autor nos exhorta a que la veamos como un valor humando, especialmente de convivencia. Vista desde esta perspectiva, nos demanda cambios a nivel de comunicación en todas las formas que nos ejemplifica la lectura.

Recuperar los textos en los que se nos muestra a Dios, el Padre, a Jesús, el Hijo, y al Espíritu Santo como protagonistas de este valor de la ternura, y colocarlos como enseñanza y práctica fundamental de la vivencia de la fe cristiana sería un paso revolucionario dentro de la formación pastoral y la reflexión teológica.

Transformativa

Al tomar conciencia de que América Latina se ha convertido en zona de peligro, como lo indican las estadísticas que el autor comparte, y del significado que esa realidad cobra para quienes creemos en Cristo, nos vemos en la necesidad de trabajar en la reconstrucción del rostro desfigurado de Dios. La tarea pendiente para el quehacer teológico es construir un rostro de Dios con todos los rasgos de la ternura que a lo largo de la Biblia quedan expuestos.

No es una cuestión de sentimentalismos, sino que se trata de un proceso de cambio profundo, con alcances transformadores, no solo a nivel espiritual individual, sino también a nivel de comunidades, en aspectos como la resiliencia, el ejercicio de la misericordia en la convivencia, y la praxis política revolucionaria que esta ternura implica.

Jesús, ternura de Dios hecha carne. El Segundo Testamento se inicia con los cuatro evangelios. En ellos se presenta la ternura de Dios hecha carne (Juan 1.1, 14). Jesús es el resplandor de la gloria de Dios (Hebreos 1.3); quien lo ha visto a él ha visto a Dios (Juan 10.30). Por eso, los gestos de cariño hacia las personas más vulnerables de su sociedad (niños, niñas, viudas, forasteros, enfermos, pobres y pecadores), así como su valiente confrontación a los que se sentían dueños de Dios (aunque solo lo eran de su propia religión) y ostentaban todo tipo de poder, son muestras palpables de la ternura divina. En Jesús no hay lugar para la sensiblería vacía de actos concretos de amor. Es ternura que abraza a las personas necesitadas, consuela a las que sufren, alienta a las desesperanzadas, restaura a las quebrantadas, y así anuncia la llegada del Reino de Dios (Lucas 17.21). Pero también, por esa misma ternura, confronta a los poderosos (Lucas 13.32), derriba las mesas de los cambistas en el Templo (Mateo 21.12) y combate diferentes expresiones del Mal (Marcos 5.7-8). Como bien lo escribe Roccheta:

> ❤ SENTIR
>
> Cómo Jesús anuncia el advenimiento del Reino al encarnar en sí mismo la ternura de Dios.
> Y cómo, entonces, la ternura es requisito para que se instaure el Reino.

> Hablar de la ternura de Jesús no significa proponer un devocionalismo barato ni repetir los lugares comunes acostumbrados de una piedad edulcorada y sentimental; la actuación de Jesús constituye realmente un «lugar teológico» de revelación no menos importante que su transmisión en forma verbal. Los actos de Cristo no representan simplemente unas anécdotas o unos buenos ejemplos, sino *las encarnaciones históricas de la ternura de Dios y una epifanía de su ternura invisible,* como lo es la totalidad de la corporeidad del Verbo encarnado, en la que «habita la plenitud de la deidad» (Colosenses 2.9) (Rocchetta, 2001, p. 135).

La ternura de Dios se expresa en cada etapa de la vida y ministerio de Jesús; *él es la ternura de Dios* en su plena y visible manifestación. Desde el «Benedictus», o cántico de Zacarías, al inicio del Evangelio de Lucas, se anuncia su llegada como aquel que es el «sol de un nuevo día» que trae desde lo alto la misericordia del Señor: «Y es que la misericordia entrañable de nuestro Dios, nos trae de lo alto un nuevo amanecer para llenar de luz a los que viven en oscuridad y sombra de muerte, para guiar nuestros pasos por caminos de paz» (Lucas 1.78-79). Eliza Estévez López comenta este texto afirmando que

> la conclusión del Benedictus proclama que la humanidad recibirá la visita del Dios encarnado cuyo amor fluye y se desentraña en el Hijo como plenitud de misericordia y afecto benevolente que conduce a la auténtica paz. El movimiento liberador y salvador se inicia desde el Dios que ha visitado nuestra casa y ha irradiado su luz trastocando los paradigmas antiguos de funcionamiento e inaugurando una nueva forma de entrañarse con los otros, los cercanos y los lejanos, los de casa y los de fuera, los conocidos y los extraños. De ahí que la senda de un discipulado hospitalario solo se puede emprender desde la misericordia entrañable (Estévez, 2006, pp. 134-135).

La encarnación es fruto de la ternura de Dios, quien se solidariza con nosotros y nos hace cercano su amor y su misericordia por medio de Jesús. Después, durante sus años de ministerio, Jesús expresa la ternura en múltiples formas, y da muestras tangibles del nuevo rostro de Dios a quien llama *Abba*, «Padre». A propósito de esta forma de llamar a Dios, José María Castillo comenta que «es correcto decir que *Jesús le cambió el nombre al Dios del judaísmo*», porque, «para Jesús, Dios es el *Padre*. Más aún, es el Padre designado con el marcado carácter de intimidad que tenía la palabra aramea *abba*». (Castillo, 2010, p. 81). Y así, con el anuncio del Abba, «Jesús pasó por todas partes haciendo el bien» (Hechos 10.38), sanando, enseñando y demostrando cómo es Dios y cuánto nos ama.

Durante los días de su pasión y muerte, la ternura se torna en Jesús sufrimiento y dolor. En su entrañable entrega nos demuestra que está dispuesto a pagar el precio del amor hasta el extremo. No huye, ni esquiva los costos de vivir la ternura en medio de una cultura deshumanizante que ocasiona dolor y muerte. El *amor tiernísimo* de Jesús se manifiesta también al morir por aquellos a quienes ama y son sus amigos: El amor supremo consiste en dar la vida por los amigos. (Juan 15.13). La teología podría encontrar en la ternura una nueva clave para reinterpretar la muerte de Jesús sin el exclusivo carácter sacrificial y reparador que ha dominado a la teología católica y protestante desde los tiempos de Anselmo de Canterbury (1033-1109). La *radicalidad del amor* pudiera ser la clave de esa relectura teológica: la redención como acontecimiento exclusivo del amor tierno y solidario del Dios trino. Porque no es la humanidad quien le ofrece a Dios la muerte de su hijo como un sacrificio para aplacar su ira, sino que es el amor de Dios, quien por su gracia infinita nos ofrece su redención. En este caso, la cruz no representaría «la forma de una prestación humana propiciatoria, sino la expresión de un amor de absoluta benevolencia de Dios». (Rocchetta, 2001, p. 166).

> **PENSAR**
>
> ¿Cómo explicar que la victoria de Jesús sobre la muerte es en sí un acto de rebeldía, movido por su ternura, contra un mundo deshumanizador? ¿Qué otros actos de rebeldía asumidos por Jesús, motivados por su ternura, debemos incluir en nuestra praxis pastoral?

La resurrección, por su parte, declara la victoria concluyente de la vida sobre la muerte, del amor sobre el odio y de la misericordia sobre la inclemencia. Es la demostración irrebatible del triunfo escatológico de la ternura. Para el teólogo bautista alemán Thorwald Lorenzen

la resurrección de Jesús supone la muerte definitiva de la muerte […] significa que, en un devenir histórico marcado y ensombrecido decisivamente por la realidad de la muerte, donde debe morir todo ser humano y donde el poder disgregador de la muerte está ya en acción sofocando la vida, la historia se ve enfrentada a una nueva dimensión de la realidad. Una realidad más fuerte y capaz, por tanto, de relativizar su poder deshumanizador (Lorenzen, 1999, p. 335).

La ternura es, por consiguiente, promesa del nuevo mundo; es parte de aquella realidad capaz de relativizar los poderes que destruyen la vida y de devolverle a los seres humanos la capacidad de amarse, amar y ser amados.

Compasión entrañable. A decir verdad, el lenguaje del Segundo Testamento, tal como señalan los traductores bíblicos, no tiene la misma riqueza del Primero en cuanto a los términos que usa para designar la ternura, misericordia y compasión. De manera breve se presentan a continuación los principales vocablos que se emplean en los evangelios y en el resto del Segundo Testamento.

El sustantivo *oiktirmós* (οἰκτιρμός) significa compasión y misericordia. En su forma verbal expresa apiadarse o compadecerse de alguien. En algunos casos evoca el término hebreo *rahûm* para indicar la ternura o el cariño que proceden de Dios. Así, por ejemplo, en Romanos 12:1 Pablo exhorta: «Por tanto, hermanos míos, les ruego por la misericordia de Dios que se presenten ustedes mismos como ofrenda viva, santa y agradable a Dios. Éste es el verdadero culto que deben ofrecer», o también en 2 Corintios 1:3: «Alabado sea el Dios y Padre de nuestro Señor Jesucristo, pues él es el Padre que nos tiene compasión y el Dios que siempre nos consuela». En otras ocasiones, se usa para describir la relación de fraternidad que debe distinguir a la comunidad de fe; así, por ejemplo, en Colosenses 3.12 anima: «Sean, pues, profundamente compasivos, benignos, humildes, pacientes y comprensivos». En todos los casos, tanto los evangelistas como

> **PENSAR**
>
> En cómo la ternura se constituyó en distintivo único del cristianismo, y cómo las multitudes reconocían a Jesús por la ternura con la que miraba a las personas vulnerabilizadas y actuaba en favor de ellas. ¿En qué procesos históricos y pragmáticos se perdió la ternura en la praxis pastoral? ¿En qué procesos de producción teórica de la teología quedó invisibilizada la ternura y por qué?

los demás escritores reconocen que la ternura-compasión de Dios es el fundamento que anima a los seguidores de Jesús a actuar de la misma manera.

El término *splánjnon* (σπλάγχνον) aparece en varias ocasiones: Filipenses 1.8, Filemón 10-12; 2 Corintios 7.15; 1 Juan 3.17, entre otros. Significa «el lugar donde se origina el amor materno y la fuente de los sentimientos y del afecto en general [...] el centro de la sensibilidad y del sentimiento» (Meza, 2007, p. 440). En su forma verbal, *splanjnízomai* (σπλαγχνίζομαι), apunta a

> un sentir profundamente humano, a una conmoción entrañable que vuelca el corazón del ser humano a actuar en favor del otro, es decir, evoca una relación visceral, lo más entrañable y humana que pueda experimentar una persona, como un sentimiento muy fuerte de compasión. (Meza, 2007, p. 44)

Este es el hermoso caso presentado en la parábola del hijo pródigo cuando se ilustra el sentimiento del padre perdonador: «Aún estaba lejos, cuando su padre lo vio y, profundamente conmovido, salió corriendo a su encuentro, lo estrechó entre sus brazos y lo besó» (Lucas 15.20).

Otro término es *eleéo* (ἐλεέω), el cual se traduce por compasión, piedad o misericordia. El evangelista Marcos usa este vocablo para ilustrar el amor compasivo de Jesús ante Bartimeo, el ciego de Jericó: Al enterarse de que era Jesús de Nazaret quien pasaba, empezó a gritar: —¡Hijo de David, Jesús, ten compasión de mí! Muchos le decían que se callara, pero él gritaba cada vez más: —¡Hijo de David, ten compasión de mí! (Marcos 10.47-48). En Jesús, su *eleéo* (compasión) es más que asistencia filantrópica, es un acto liberador que le devuelve a la persona su capacidad de relacionarse con otros y de que la traten con dignidad. Y, también aquí, los gestos de Jesús son el patrón que debe asistir a la comunidad cristiana en su práctica de la compasión-ternura liberadora: «El maestro de la ley contestó: El que tuvo compasión de él. Y Jesús le replicó: —Pues vete y haz tú lo mismo» (Lucas 10.37).

El cuarto término es *jrestótes* (χρηστότης), que significa bondad, rectitud, amabilidad, mansedumbre o excelencia en el amor. Se usa para demostrar la suavidad con la que una persona se acerca a otra para brindarle su amistad o hacerle algún favor. También para mostrar de qué manera ama Dios a todas las personas por igual y sin hacer diferencia entre unas y otras: «Ustedes, por el contrario, amen a sus enemigos, hagan el bien y presten sin esperar nada a cambio. De este modo tendrán una gran recompensa y serán hijos del Dios Altísimo, que es bondadoso incluso con los desagradecidos y los malos» (Lucas 6.35). En este caso, Dios ofrece un patrón de comportamiento que debe distinguir a quienes se llaman hijos e hijas suyos.

LAS DIMENSIONES

Restauradora

En este capítulo se refuerza la idea de que Jesús es la encarnación de la ternura de Dios. En él se manifiesta toda aquella gama de ternura que se lee en todas las palabras que la expresan en el Primer Testamento. En Jesús la ternura se concreta en una persona que la hace tangible en cada una de sus acciones y palabras. Cada texto bíblico sobre la vida de Jesús debe servirnos para confirmar nuestra fe en un Dios de ternura, que solo se nos muestra y se nos ofrece mediante la práctica de la ternura de Jesús.

Superar la imagen de un Dios enjuiciador y de una fe basada en el juicio sobre el pecado es un paso crítico en el proceso personal de nuestro encuentro con el Dios de la ternura. Nuestro reto como creyentes en Cristo es trabajar esa ternura en nuestra relación con Dios para lograr nuestra propia restauración. Y, para ayudar en su restauración a las personas con las que compartimos en la comunidad de fe, debemos promover a ese Dios de la ternura a través de nuestra propia vivencia de la fe.

Las múltiples referencias sobre Jesús como compasivo y misericordioso nos refuerzan la certeza de que Dios es infinitamente misericordioso. En la vivencia de nuestra fe, esa ternura es signo de su pacto de amor con la humanidad, lo cual debería motivarnos a celebrar una fe compasiva, viva, amorosa, de convivencia más que de sacrificio y castigo.

La muerte de Jesús, como se ha expuesto en este capítulo, debería verse más como un acto de ternura que de sacrificio. Esta perspectiva nos exhorta a que, como personas seguidoras de Jesús, en la vivencia de nuestra fe, nos enfoquemos más en la ternura que en el sacrificio.

Formativa

Así como este texto nos muestra la vida de Jesús, en especial su pastoral y praxis como un acto de rebeldía motivada por su ternura, debemos aprender y enseñar aspectos concretos sobre su persona. Solo así experimentaremos, en los contextos particulares de las comunidades de fe, una fe más acorde a esa ternura rebelde y revolucionaria.

Anteriormente se ha descrito a la ternura como un valor, ahora, en esta parte del texto, se presenta como valor distintivo de las comunidades cristianas originarias. Por eso, todos los espacios de formación, de praxis pastoral, incluso de producción teológica, deberían tomarlo como un valor que los caracterice, que sea el centro de todo lo que se construya desde la fe cristiana.

Transformativa

La ternura como requerimiento para instaurar el Reino, como afirma el autor de este capítulo, es un reto demandante y complejo, con implicaciones de fondo y forma para las comunidades de la fe cristiana. La ternura debe permear todos los ámbitos, desde las acciones pastorales, las celebraciones, actividades cúlticas hasta la producción teológica y las interpretaciones bíblicas. El ejercicio de la ternura engendra transformación, primero a nivel individual, en el propio entendimiento de la fe en Jesús y del Dios tierno, y luego a nivel comunitario, en lo que las distintas iglesias deben hacer en su contexto para llevar vida a un mundo que va contra la vida.

El testimonio de la resurrección de Jesús, que el autor ve como rebeldía de la ternura contra este mundo deshumanizador, puede ser una clave fundamental para la ruta de transformación de la vivencia de la fe cristiana. Esta América Latina, tan asediada por la violencia, solo puede ser transformada desde la ternura encarnada en la Iglesia.

Tan tierno como el Espíritu de Dios: La inexplorada dulzura del Espíritu. En Gálatas 5.22, cuando se describe «el fruto del Espíritu», se usa de manera sugestiva el mismo término *jrestótes* que algunos traducen como benignidad, amabilidad o gentileza, pero que también característica del Espíritu Santo poco notable en la pneumatología clásica de los últimos siglos. El símbolo del Espíritu ha sido un «código cerrado», reducido a una «paloma» que acompaña en la Trinidad a dos varones. La teóloga brasileña Ivone Gebara lo expresa así con lúcido atrevimiento: «nuestra imaginación religiosa necesita una verdadera terapia, ya que se ha reducido la Trinidad a un hombre viejo, a un hombre joven y a un pájaro» (Gebara, 1994, p. 17).

> **PENSAR**
>
> ¿Qué posibilidades nos abre la Trinidad, en especial el Espíritu, para convertir a la ternura en sujeto activo del lenguaje con que nos comunicamos, la producción teológica y la praxis pastoral?

El Espíritu Santo —y la Trinidad en su conjunto— requiere de nuevas comprensiones teológicas. Lo han predicado como aquel que es la fuente de poder de la Iglesia (Hechos 1.8); pero, en el trascurso de la historia, ese poder ha sido asimilado como un poder que concede autoridad sobre otras personas y poderío espiritual para hacer señales extraordinarias y otros prodigios. Esta, precisamente, fue la tergiversación de Simón el mago: «Simón, al ver que el Espíritu Santo venía cuando los apóstoles imponían las manos a la gente, les ofreció dinero, y les dijo: Denme también a mí ese poder, para que aquel a quien yo le imponga las manos reciba igualmente el Espíritu Santo» (Hechos 8.18-19). Simón quería «ese poder».

No obstante, la reflexión acerca de la ternura, nos ayuda a pensar que el poder del Espíritu Santo es, sobre todo, un poder tierno, amable, amistoso y que actúa con dulzura. Esta comprensión nos ofrece una nueva perspectiva del Espíritu y del poder que él le otorga a la Iglesia. ¡La dulzura es la característica que mejor expresa la grandeza del poder de Dios! De manera que la promesa con la que se inicia el libro de los Hechos, «Ustedes recibirán la fuerza del Espíritu Santo que descenderá sobre ustedes y los capacitará para que den testimonio de mí en Jerusalén, en toda Judea, en Samaría y hasta el último rincón de la tierra» (Hechos 1.8), es la promesa del poder que le permite a la Iglesia dar testimonio de la dulzura de Jesús, como también de su «amor, alegría, paz, tolerancia, amabilidad, bondad, lealtad, humildad y dominio de sí mismo» (Gálatas 5.22-23). Porque nadie logra tal testimonio si no es por la gracia del Espíritu. Por esta gracia es que se logra vivir bajo el *poder del amor*, en lugar de sucumbir ante el *amor al poder* (Cf. Segura, 2011).

Los escritos del Primer Testamento nos ofrecen el relato de la experiencia de las primeras personas cristianas en su intento de vivir la ternura del Espíritu en el mundo del primer siglo. Aquella era una comunidad misionera, cuya misión consistía en encarnar la ternura de Jesús y así dar testimonio del Reino. Porque esta es la tarea primordial de la Misión cristiana: ser *dulzura de Dios para la humanidad* (1 Juan 2.6).

En última instancia

Por lo dicho hasta aquí se entrevé la necesidad de ahondar en una teología latinoamericana de la ternura, con arraigo bíblico, talante pastoral y compromiso social. Existen valiosas contribuciones teológicas provenientes de otras latitudes (principalmente de Europa) que se deben agradecer y tener en cuenta. También hay aportes procedentes de otras disciplinas, como la pedagogía,[2] la psicología, la filosofía, etcétera. La teología debe contar con ellas como legítimas interlocutoras en el diálogo interdisciplinario. Y así, entre exploraciones bíblicas, contribuciones teológicas, confrontaciones proféticas de la realidad, acciones pastorales y diálogos fecundos, la teología de la ternura debe avanzar. La jornada teológica ya se inició, el camino por recorrer aún

---

2 Una de las mejores contribuciones a la *pedagogía de la ternura* se le debe a Alejandro Cussiánovich (Perú). Cf. Cussiánovich, 2010.

ACTUAR

¿Qué acciones deberíamos implementar para que en las iglesias y organismos de formación se abran diálogos interdisciplinarios para alimentar con la ternura a la teología incluso a la pastoral?

es largo; ¡no hay cómo retroceder! Sirva el presente texto como estímulo para la jornada y pan para ese camino. Los capítulos siguientes profundizarán algunos de los temas enunciados en este capítulo introductorio y expondrán otros aspectos medulares del tema.

La ternura abre un novedoso universo de posibilidades para vivificar la lectura bíblica, renovar —¿revolucionar?— la teología, actualizar la labor pastoral del pueblo de Dios, y, sobre todo, humanizar nuestras formas de convivencia. Esta teología nos ayuda a:

Reconstruir los significados trinitarios[3] y los rostros desfigurados de Dios. *Dios el Padre* es tierno y vela por sus hijos e hijas con amor; es, a la vez, como una madre que amamanta a sus pequeñuelos con cariño. *Dios el Hijo* es la ternura encarnada; su misericordia no tiene límites y busca la justicia del Reino con amorosa insistencia. *Dios el Espíritu* se caracteriza por la dulzura, alegría y caridad.

ACTUAR

¿Cómo podríamos reconstruir desde la ternura, en diálogo con los niños y las niñas, los rostros desfigurados de Dios que encubren y nos alejan del Dios tierno?

Y, si Dios significa tres personas divinas «en eterna comunión entre sí» (Boff, 1992, p. 19), a nosotros se nos convocado a la comunión humana, porque «somos imagen y semejanza de la Trinidad». La ternura es la «antesala para la convivencia entre los seres humanos […] la puerta abierta para la inclusión», porque ella «abre las puertas del corazón para entrar en relación con los demás» (Grellert, 2016).

---

3 Ivone Gebara reclama la urgencia de esta reconstrucción: 1994, p. 17.

Cimentar una eclesiología del pueblo de Dios que se distinga por la ternura y el testimonio encarnacional. La misión de la Iglesia, como se ha señalado antes, consiste en dar testimonio de la dulzura de Jesús por medio de la vida, las obras y las palabras. La Iglesia como *pueblo de Dios en misión* continúa la obra de Cristo, encarnando su presencia en el mundo y actualizando su mensaje misericordioso (Juan 15.12-14). Esa misión se cumple por medio del servicio compasivo y no por el poder jerárquico (Mateo 20.26-28); y mediante la ternura como revelación del amor de Dios al mundo (Juan 3.16).

La pastoral «no es otra cosa que el ejercicio de la maternidad de la Iglesia. La Iglesia da a luz, amamanta, hace crecer, corrige, alimenta, lleva de la mano» y por eso se requiere «una Iglesia capaz de redescubrir las entrañas maternas» (Kasper, 2015) de la ternura. Ejemplo de lo anterior son las palabras del apóstol Pablo en su Primera Epístola a los Tesalonicenses: «Y aunque, como apóstoles de Cristo, podíamos habernos presentado con todo el peso de la autoridad, preferimos comportarnos entre ustedes con dulzura, como una madre que cuida de sus hijos» (1 Tesalonicenses 2.7).

La dulzura es la capacidad que mejor expresa la grandeza de Dios. Por lo tanto, soñar con una Iglesia más tierna, con personas cristianas más dulces y que las personas que las dirigen sean más afectuosas, es volver a soñar con la utopía del Reino.

Promover la participación política del pueblo de Dios como agente de transformación social. La teología de la ternura conlleva a acciones de cambio personal y cultural con repercusiones políticas. La ternura es una práctica revolucionaria, pero no de una revolución que solo *exige el cambio* de las estructuras sociales, sino una que también *asume el cambio* de conductas y comportamientos personales, en la familia, la escuela, el lugar de trabajo, la comunidad de fe, el barrio y la sociedad en general.

Ante el desamor y la deshumanización, la ternura afirma el camino del amor «comprometido con las transformaciones para la dig-

PENSAR

¿De qué maneras y en qué espacios se vive en la Iglesia esta contraposición de la dominación patriarcal sobre el afecto maternal de Dios cuyo carácter es ternura?

nidad y la vida plena de todas las personas». Se compromete en facilitar la transformación de la familia, la protección de la niñez y la erradicación de la violencia contra la niñez, la incidencia a favor de políticas públicas que den prioridad a las personas más vulnerables de la sociedad, etcétera. Acerca de esta «revolución de la ternura», el cardenal alemán Walter Kasper ha explicado de forma brillante que es «la revolución cristiana de la revolución [...] Es una revolución en el sentido original del término: el retorno al origen del evangelio como camino hacia el futuro, una revolución de la misericordia» (Kasper, 2015, p. 133).

Actualizar el significado social de la *gracia* como gratuidad de la ternura en un mundo regido por la eficacia. (Cf. Martínez, 2006, pp. 71 ss.) A la Reforma Protestante (siglo XVI) se le debe en gran parte el haber recordado la centralidad de la gracia de Dios. Pero, para el reformador alemán Martín Lutero (1483-1546), las implicaciones de tal centralidad no concernían solo a la dogmática cristiana, sino también, y ante todo, a la vida personal y a la vivencia de la fe.

ACTUAR

¿Cómo lograr mediante los discursos religiosos y las prácticas pastorales la reivindicación del perdón sobre el espíritu enjuiciador que domina, y de la gracia, e instaurarlos como principio de la ternura?

Para él, creer en la gracia significaba vivir bajo la misericordia de Dios y no bajo su juicio implacable. Lutero decía que el redescubrimiento de la *Sola Gratia* significaba que se le habían abierto las puertas del paraíso, porque esa gracia le había liberado del terror ante un Dios iracundo y vengativo. Juan Stam, explicando el impacto personal de la gracia sobre la atormentada vida de Lutero, comenta que «la doctrina de la justificación por la gracia significó para Lutero su liberación del dominio de la ley y de las obras», y que fue «la respuesta a su angustiosa búsqueda de paz y salvación». (Stam, 2014, p. 242).

Por su parte, la Iglesia Católica, en la *Declaración Conjunta sobre la Doctrina de la Justificación*, afirmó (1999) que

en la justificación, el justo recibe de Cristo la fe, la esperanza y el amor, que lo incorporan a la comunión con él. Esta nueva relación personal con Dios se funda totalmente en la gracia y depende constantemente de la obra salvífica y creativa de Dios misericordioso que es fiel a sí mismo para que se pueda confiar en él.

Es decir, tanto para protestantes como para católicos, la gracia es más que una doctrina, es un principio liberador para vivir el amor y la ternura. Mensaje apremiante que debe proclamarse al unísono en este mundo donde, por «des-gracia», el valor de las personas depende de la eficacia de sus resultados o de los bienes materiales que poseen (salvación por las obras). «La praxis de la ternura aparece, así, como una especie de escuela de gratuidad» (Martínez-Gayol, 2006, p. 72). La ternura es la práctica de la justificación por la gracia.

En última instancia, hacer teología de la ternura es hacer que resplandezca el rostro amoroso de Dios (por encima del Dios enfadado y áspero que han presentado muchas teologías tradicionales) y apurar el Reino que se nos ha dado, como lo enseña el profeta-poeta, Dom Pedro Casaldáliga:

Somos, en última instancia,
el Reino que nos es dado
y que hacemos cada día
y hacia el que, anhelantes, vamos (Casaldáliga, 1986).

Referencias

Boff, L. (1992). *La santísima Trinidad es la mejor comunidad* (p. 19). Bogotá: Ediciones Paulinas.

Bonilla Ríos, D. (1999). *El uso del jésed en los Salmos. Traducción de la Biblia, 9* (2). Recuperado de: http://www.traducciondelabiblia. org/archivo/vol_9_num_2_1999

Casaldáliga, P. (1986). *El tiempo y la espera.* Santander: Editorial Sal Terrae. Recuperado de http://servicioskoinonia.org/ Casaldaliga/poesia/tiempoespera.htm

Castillo, J. M. (2010). *La humanización de Dios. Ensayo de cristología,* (p. 81). Madrid: Editorial Trotta.

Cussiánovich, A. (2010). *Aprender, condición humana. Ensayo sobre la pedagogía de la ternura.* Lima: Infejay.

Declaración Conjunta sobre la Doctrina de la Justificación, (1999). Recuperado de http://www.vatican.va/roman_curia/ pontifical_councils/chrstuni/documents/rc_pc_chrstuni_ doc_31101999_cath-luth-joint-declaration_sp.html doc_31101999_cath-luth-joint-declaration_sp.html

Estévez López, E. (2006). De la extrañeza a la familiaridad inclusiva y universal: la hospitalidad en el Nuevo Testamento. En: *Un espacio para la ternura. Miradas desde la teología* (pp. 134-135). Nurya Martínez-Gayol (ed.). Bilbao: Desclée De Brouwer-Universidad Pontificia de Comillas.

Gebara, I. (1994). *El rostro nuevo de Dios. Una reconstrucción de los significados trinitarios* (p. 17). México: Ediciones Dabar.

González de Cardenal, O. (2001). La entraña del cristianismo (p. 53). Salamanca: Secretariado Trinitario.

Grellert, A. C. (2016). *Crianza con ternura.* México: Casa Unida de Publicaciones-World Vision-Comunidad Teológica de México.

Grellert, A. C. (27 de mayo de 2016). Notas personales. En: Crianza con ternura. Conferencia-taller. Conferencia llevada a cabo en Santiago, Chile.

Jaitman, L. (Ed.), (2015). *Los costos del crimen y la violencia en el bienestar en América Latina y el Caribe* (p. 4). Whashington: Banco Internacional de Desarrollo.

Kasper, W. (2015). *El papa Francisco. Revolución de la ternura y el amor. Raíces teológicas y perspectivas pastorales* (pp. 62-63). Santander: Sal Terrae.

Lorenzen, T. (1999). *Resurrección y discipulado. Modelos interpretativos, reflexiones bíblicas y consecuencias teológicas* (p. 335). Santander: Sal Terrae.

Martínez-Gayol, Nurya (2006). *Un espacio para la ternura. Miradas desde la teología* (pp. 71 ss). Bilbao, Descleé De Brouwer.

Meza Salcedo, G. (2007). La ternura, una respuesta pastoral para los excluidos de hoy. *Revista Cuestiones Teológicas, 34*(82), p. 440. Recuperado de https://revistas.upb.edu.co/index.php/cuestiones/article/viewFile/467/414

Míguez Bonino, J. (1990). *Espacio para ser hombres* (p. 65). Buenos Aires: Ediciones La Aurora.

Mistral, G. (2010). El niño solo. En: Real Academia Española y Asociación de Academias de la Lengua Española (Ed.), *Gabriela Mistral en verso y prosa. Antología* (p. 15). España: Editorial Alfaguara.

Palabra de Dios para Todos (PDT). © 2012 Centro Mundial de Traducción de La Biblia.

Rocchetta, C. (2001). *Teología de la ternura. Un «evangelio» por descubrir*. Salamanca: Ediciones Secretariado Trinitario.

Schökel, L. A. (2008). *Diccionario bíblico hebreo-español*, 3ª ed. Madrid: Editorial Trotta.

Schökel, L. A. (2008). *La Biblia de nuestro pueblo*. Bilbao: Ediciones Mensajero.

Segura, Harold (ed.) (2011). *¿El poder del amor o el amor al poder? Luces y sombras del ejercicio del poder en las iglesias evangélicas.* Colección FTL (35). Buenos Aires: Ediciones Kairós.

Stam, J. (2004). Sobre la teología de los reformadores. En: A. Piedra (Ed.), *Haciendo teología en América Latina. Juan Stam: un teólogo del camino, 1* (p. 242). Guatemala: LAM-Visión Mundial-FTL-UBL.

Suárez, G. A. (2007). *El método de la teología de la liberación.* En: Métodos en la teología (p. 172). Bogotá: Pontificia Universidad Javeriana.

Ventura, T. (2008). Salidas, muertes y regresos. Desde la sutileza del caos al resurgir de las historias de mujeres en Ruth. Pasos (140). San José, Costa Rica: Departamento Ecuménico de Investigaciones.

Ventura Campuzano, T. (2016). Una mirada a la misericordia desde el término hesed en el Primer Testamento. En: Matarrita, J. M., Schiavo, Luigui y Ventura Campuzano, Tirsa, *Misericordia, una nueva mirada: comunidad, territorio y bioética* (p. 2). San José, Costa Rica: Universidad Técnica Nacional.

RUTA PARA SENTIR

RETOS PERSONALES (SENTIR Y PENSAR)

Lenguajear con ternura

Este capítulo es muy rico en imágenes de Dios que contienen muchísimos rasgos de la ternura. Desde el texto sagrado, se recupera la importancia que, para la vivencia de la fe, tiene la comunicación de esta ternura. Pero debe ser una comunicación no solo en términos verticales, de Dios a nosotros, y orales, sino en términos horizonatales, de la convivencia comunitaria, y de las distintas formas de expresar la ternura. La ternura se presenta incluso más que como una actitud, como un valor humano.

Sentir... el poder tranformador que trae a nuestra vivencia de la fe el conocimiento de que el Dios en quien creemos es un Dios tierno. Esto nos obliga a reemplazar los rostros del Dios despiadado y enjuiciador con las imágenes del Dios tierno.

Pensar... en todas las secuelas que ha dejado en la praxis pastoral, la producción teológica, incluso en las relaciones personales el hecho de que se haya invisivilizado la ternura de Dios en la vivencia de la fe cristiana.

Ponernos en su mirada

El autor nos señala que América Latina es una zona de riesgo, de mucha violencia, así que la mirada de los niños y las niñas tiene mucha incertidumbre, incluso miedo.

La vivencia de la fe cristiana debería, entonces, responder a esta realidad tan deshumanizadora, y, como indica el capítulo, ser signo de esa ternura y compasión de Dios, ya encarnada en Jesús.

Sentir... desde la mirada los niños, cargada de temor, aun de desesperanza, qué tan sedienta del mensaje y práctica de la ternura de la fe cristiana se halla la humanidad en general. La ternura del Padre, de Jesús y del Espíritu sigue hoy totalmente vigente como signo distintivo del cristianismo.

Pensar... en cómo la ternura de Jesús le dio sentido a su práctica y mensaje, para que, entonces, nuestra práctica y mensaje lleve ese mismo distintivo de la ternura.

Encarnar la ternura

Todas las referencias bíblicas que nos ayudan a ver a Dios como bondadoso, misericordioso, compasivo y tierno constituyen amplias posibilidades para que, como personas seguidoras de Jesús, proyectemos en diversas formas esa ternura de Dios. Debemos vivir la ternura para dar testimonio del Dios de ternura con nuestra propia vida, es decir, al practicar nuestra fe, tratemos con caridad a las demás personas.

Sentir... cómo Jesús encarnó la ternura, para encarnarla nosotros igual. Jesús nos invita, desde nuestra humanidad, a vincularnos más con Dios, que nos busca porque nos ama. Dios nos demanda que al seguirlo seamos ternura para las personas vulnerabilizadas del mundo, así como Jesús lo fue.

Pensar... en todos los textos bíblicos del Primer Testamento que exponen las distintas formas en que Dios expresa su ternura. Pensar también en cómo la hemos expresado en nuestra experiencia de vida y en cómo podríamos expresar ternura a las demás personas.

Seguir al maestro

Jesús era misericordioso, y con ese distintivo lo conocieron sus contemporáneos. El testimonio de los evangelios es que nadie pasaba por alto sus palabas, acciones y cómo expresó sus emociones, y así lo conocieron ampliamente en todo el territorio de Israel.

Él, como encarnación de la ternura de Dios, como lo señala Segura, era la ternura en todas sus formas para todas las personas. La manera como se vinculó con las personas vulnerabilizadas reflejó con toda claridad que el Dios misericordioso del Primer Testamento nunca permaneció lejos, sino que se hizo cercano, y más ahora que se encarnó en Jesús.

El Segundo Testamento abunda en textos de cómo Jesús nos enseña a encarnar la ternura en cada acción y palabra. Nos enseña que la fe se vive mediante el amor y la ternura expresada en todas las formas posibles.

Sentir… esa ternura con la que Jesús se relacionaba con las personas, a fin de experimentarla en nuestra cotidianidad, y así ser un canal de esa ternura para las personas con las que nos vinculamos. Sentir ese deseo de Dios que se encarnó en Jesús, el de vincularse a personas que se hallaban en condiciones vulnerables, que lo movieron a tener compasión de ellas.

Pensar… en las múltiples situaciones que nos retan a obrar con ternura en todo lo que somos y hacemos, para ser coherentes con nuestro seguimiento de Jesús. El maestro a quien seguimos es la viva encarnación de la ternura de Dios. Nuestro seguimiento de Jesús significa no solo seguirlo en el valor humano de su ternura, sino también en su praxis revolucionaria, cuyo impacto político provocó su muerte. De esa manera entenderemos su resurrección como signo de la rebeldía de la ternura contra este mundo.

PROYECTOS PASTORALES (ACTUAR)

Sentir, luego pensar; jugar, luego actuar

El presente capítulo recorre las imágenes que el Primer Testamento expone acerca de Dios, que lo revelan como un Dios colmado de ternura. Los rasgos de esta ternura nos inspiran y nos sirven de insumos para sentir y jugar en comunidad desde la vivencia de la fe.

Sentir… las diversas formas en que Dios decide relacionarse con las personas dándose a conocer como Dios amoroso. Sentir cómo Jesús vivencia la ternura al conectarse con las personas prestando atención a su dolor y a su tristeza

Jugar… dibujando todas esas imágenes en el lenguaje, los ritos, los documentos, las doctrinas, la praxis pastoral, los discursos, la producción teológica y los cantos.

Actuar… siguiendo el ejemplo de Jesús al encarnar esa ternura en todo lo que somos y hacemos para que este valor humano sea un distintivo de las comunidades cristianas.

Pistas de las dimensiones de la ternura

RESTAURADORA

- Contrastar la experiencia de fe construida a partir de los rostros desfigurados de Dios con la gama de rostros amorosos del Dios que expone el Primer Testamento.
- Evocar la misericordia de Dios evidenciada en el Primer Testamento de su deseo de vincularse con la humanidad, el cual se concretó en la vida de Jesús.
- Entender la vida de Jesús como encarnación de la ternura de Dios y su muerte como culminación de la ternura versus la lectura tradicional de sacrificio.
- Tomar conciencia de cómo la imagen maternal de Dios, expuesta a lo largo del Primer Testamento, contradice la estructura patriarcal deshumanizante del mundo.
- Destacar la predominancia del perdón sobre el juicio, y la gracia como principio de la ternura.

FORMATIVA

- Promover la ternura, en todos los espacios de formación, no solo como una actitud, sino tambén como valor humano distintivo de la fe cristiana.
- Experimentar la ternura como acto de rebeldía, así como Jesús lo hizo en todas sus acciones; incluso adoptarla como praxis social, mediante la cual revisemos las temáticas y acciones de compromiso y formación en las distintas comunidades de fe.
- Resignificar la trinidad con dimensiones más dinámicas que las que la lectura tradicional ofrece.
- Abrir el diálogo interdisciplinario como insumo para enriquecer y contextualizar la teología.

TRANSFORMADORA

- Identificar a Latinoamérica como una de las regiones más peligrosas e inseguras, y por tanto como espacio para la urgente transformación.
- Desarrollar todas las formas de comunicación que propicien la humanización por medio de la ternura.
- Procurar los alcances de la ternura: reconciliación, resiliencia y misericordia, los cuales posibilitan transformaciones a nivel personal y comunitario.
- Convencernos de que la ternura es requisito para la instauración del Reino, lo cual reta a quienes seguimos a Jesús, a las prácticas pastorales y a los discursos teológicos.
- Visualizar la resurección como el último acto de rebeldía de la ternura contra este mundo deshumanizante, y como signo de la presencia del apasionado amor de Dios en el mundo.

CAPÍTULO 2

LA MEMORIA COMO TERAPIA LIBERADORA: LOS RECUERDOS Y EL AFECTO

Clara Martínez Sánchez

> *«Me da miedo la noche» —dice el niño—. «Por la noche los muertos se levantan…» Quizá lo haya imaginado […], habrán sido unos desconocidos los que han proporcionado a la noche su rostro arrasado por las lágrimas o su sonrisa olvidada.*
> BORIS CYRULNIK

¿Cuál es tu primer recuerdo? ¿Eres consciente de los hilos que tejen tu memoria? ¿Por qué recuerdas lo que recuerdas y por qué olvidas lo que olvidas?

Nuestra identidad se ha venido tejiendo día a día desde nuestra infancia a través de los hilos de la memoria, hilos que se entretejen en las dimensiones biológica, psicológica, existencial y espiritual. Los hechos y eventos de nuestra vida nos determinan; es un proceso que nos ha permitido evolucionar y transformarnos. Tenemos la capacidad de autodeterminación; esta con-

> ♥ SENTIR
>
> ¿Qué sensaciones nos generan volver la mirada a nuestra infancia? ¿Qué hilos tejen nuestra memoria? ¿Cómo resuenan en nuestro cuerpo estos hilos?

ciencia facilita la posibilidad de restaurar aquellos momentos biográficos que han sido marcados por eventos dramáticos, trágicos, traumáticos o desagradables de nuestra historia, para transformarlos en huellas de sentido cargadas de ternura y afecto; es decir, en vivencias significativas y positivas del pasado, que nos permiten hacer un balance existencial positivo, para convertirlas en motores de nuestra existencia.

Pero a veces el dolor y el sufrimiento nos agobian y enceguecen, y así nos convierten en sujetos agresivos y violentos. Sin embargo, somos seres resilientes por naturaleza, que por medio del amor y la ternura podemos iniciar procesos de reconciliación y restauración personal y social. La memoria individual teje simultáneamente una memoria colectiva al acompañar a niños, niñas, adolescentes y adultos en ser protagonistas de su propia trasformación.

Procesos biológicos de la conformación de la memoria

Mientras que el aprendizaje es el proceso mediante el cual se adquiere nueva información sobre el mundo que nos rodea, la memoria es el proceso que garantiza el almacenamiento de la información. La memoria es el código secreto que mantiene unidos a los innumerables fragmentos de experiencias de vida y de recuerdos que han participado en la formación de nuestra identidad personal (Werner, 2012, p. 2).

Gozamos de diferentes tipos de memoria, en los cuales las células cerebrales construyen complejas e intrincadas redes neuronales. La memoria no es una sola entidad, se puede dividir en dos componentes mentales básicos: la memoria primaria o de corto plazo y la memoria de almacenamiento secundario o de largo plazo. Las dos memorias difieren en la manera en la que se encuentra la información que representan. La memoria a corto plazo favorece las características físicas del estímulo, mientras que la memoria a largo plazo se centra en el significado de los estímulos. La memoria a largo plazo se basa en dos sistemas distintos: la memoria explícita y la memoria implícita.

La explícita se subdivide en memoria semántica, es decir, la de los hechos o conocimientos generales, y la memoria episódica, que es la de los acontecimientos, que contiene los elementos del pasado de la persona (autobiográfica) y lo prospectivo de las operaciones futuras.

La memoria implícita se refiere a las capacidades motora, verbal o cognitiva, cuando se adquiere experiencia, y se repetirá ulteriormente. La memoria implícita facilita el rendimiento sin tener que hacer un recuerdo consciente (Werner, 2012, p. 2).

Podemos, entonces, darnos cuenta de que somos memoria, con procesos conscientes y no conscientes de aprendizaje y de selección de información. Sin embargo, tenemos la autodeterminación de organizar y regular esta memoria; no somos simples ratas de laboratorio que aprendemos a recorrer un laberinto para, al final, tomar una recompensa.

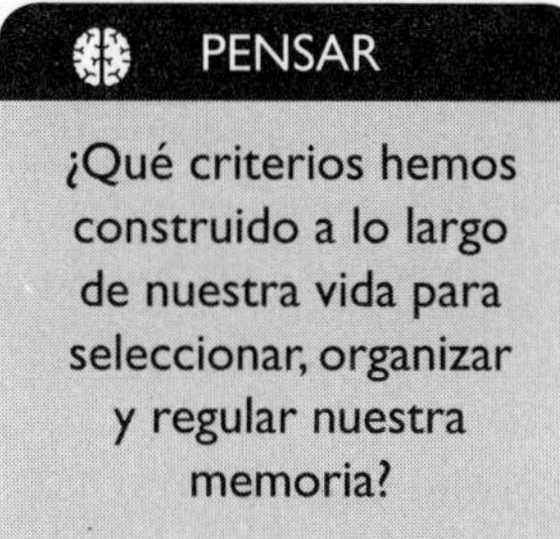

Somos personas libres y responsables de orientar nuestra vida; aun, a pesar de las disfunciones orgánicas, nuestro cerebro posee la habilidad de la trasformación: «La arquitectura del cerebro va cambiando y adaptándose a las circunstancias actuales, una forma de remodelamiento llamada neuroplasticidad» (Borisenko, 2010, p. 115).

La resiliencia también se expresa en las neurociencias; en cómo, pese a todos los condicionamientos ambientales, biológicos, psíquicos, sociales, el hombre puede autodeterminarse; y es allí donde radica la fuente de la espiritualidad. Es lo que Viktor Frankl llama la «libertad interior» o logoactitud[1], como lo expresa en su libro *El hombre en busca de sentido*.

---

1 La logoactitud es la toma de postura resiliente ante las situaciones de adversidad, eventos traumáticos o dolorosos.

LAS DIMENSIONES

Restauradora

Antes de mirar o atender las historias de los niños y las niñas a partir de la recomendación del texto de Martínez, debemos revisar primero nuestro propio recuerdo de nuestras historias infantiles para sanarlas.

- Como personas adultas, ¿qué espacios podríamos construir para trabajar en la iglesia el dolor de nuestro niño o niña interior?

- ¿Con qué espacios y elementos de las actividades o discursos pastorales contaríamos para resignificar las historias de violencia y dolor de nuestros niños, niñas y adolescentes?

- ¿De qué manera podríamos aprovechar la plasticidad del cerebro y la resiliencia para acompañar pastoralmente en los procesos sanadores?

Formativa

- ¿Cómo podrían la escuela dominical, el culto, la misa, la pastoral o la catequesis generar condiciones ambientales que le permitan a la niñez autodeterminarse?

- ¿Qué condiciones dentro de la estructura y las prácticas pastorales deberíamos analizar para promover la ternura y la reconstrucción de historias de dolor de las personas que participan?

Transformadora

- ¿Qué aspectos dentro de la iglesia tanto personales como colectivos podríamos cambiar para que las personas que han sufrido violencia y dolor encuentren discursos, actividades y afectos que les permitan leer su historia de vida desde las huellas de sentido que nos plantea Martínez?

La psicología de la memoria y el afecto

Muchas de las vivencias y experiencias de la infancia y la adolescencia nos marcan, dejan huella, y a veces de por vida. Si estas huellas son gratas, alegres y fáciles de recordar, no hay problema; pero, si son marcas que han dejado una cruel cicatriz, como experiencias de sufrimiento profundo, eventos traumáticos, maltrato, abusos, es con ellas cuando recordar se convierte en un martirio y en una experiencia desalentadora de la vida y de nosotros mismos.

PENSAR

¿Qué sensaciones dolorosas recordamos, y de qué nos han desconectado? ¿Cuáles valores encabezan nuestra jerarquía para darle significado a los recuerdos?

A veces, con el miedo, los recuerdos traumáticos, negativos o desagradables, se vuelve imposible la expresión de la ternura; ellos nos impiden conectarnos con emociones como la alegría, la tranquilidad o la gratitud. Nos imposibilitan expresar afecto y amor tanto para nosotros mismos como para nuestros semejantes. Esta dificultad radica, según Sigmund Freud, en que un recuerdo tiene una carga afectiva o «monto de afecto». Esta asociación persiste según la forma en que la persona reacciona frente a los sucesos de su vida. Si la persona logra expresar las emociones y sentimientos intensos asociados a algún suceso en particular, el afecto se separará de la representación. En cambio, si el «monto de afecto» es intenso y no logra descargarse, el afecto permanece ligado al recuerdo (Laplanche, 2004, p.1). Esto quiere decir que a las vivencias y eventos que nos ocurren les asignamos un «valor afectivo», y depende de la intensidad que les otorguemos se organizarán en la jerarquía de nuestra memoria y en la rememoración tardía o inmediata de los recuerdos. Esta jerarquía está íntimamente relacionada con nuestras creencias, valores, pautas de crianza y rasgos de personalidad.

Freud también trae el término abreacción, más conocido en términos cotidianos como «catarsis», se refiere a la descarga o expre-

¿Qué pistas nos da el concepto de «catarsis» para ayudar a nuestro propio proceso de reparación?
¿Cómo podemos propiciar espacios de catarsis en las actividades o el acompañamiento pastoral?

sión emocional espontánea que se produce poco después del suceso emocionalmente relevante, que también puede ser inducida en procesos de acompañamiento por tutores, guías o terapeutas. En ese sentido, la catarsis resulta fundamental como uno de los pasos necesarios para la reparación; pasos que veremos más adelante.

Nuestra memoria establece asociaciones tal como se encadenan en el discurso del individuo, y corresponden a una organización compleja de la memoria. Se puede comparar a una especie de archivos ordenados según distintos criterios de clasificación, y que podrían consultarse por diferentes vías (orden cronológico, orden por materias, etcétera). Tal organización implica que la representación o la huella mnémica *(huella de memoria)* de un mismo acontecimiento puede encontrarse en el interior de varios conjuntos.

En conclusión, los recuerdos están cargados de energía emocional. La memoria es selectiva, fija y congela el recuerdo en una o varias escenas; de tal forma que, depende de la intensidad afectiva que le hayamos impregnado, el recuerdo aparecerá o no de nuevo; y su aparición dependerá también de las asociaciones que hayamos establecido con otras vivencias.

LAS DIMENSIONES

Restauradora
¿Qué actividades o discursos pueden elaborarse en las iglesias que permitan conectar a las personas de nuevo con sus sentimientos aun después de las situaciones de violencia y dolor?

Formativa

¿Cómo podríamos desde los distintos grupos pastorales formar a nuestros niños, niñas y adolescentes para ayudarles a formar nuevos valores afectivos?

Transformadora

¿Qué modificaciones estructurales habría que efectuar para que los encuentros y las relaciones humanas sirvan de «catarsis» a las personas sobrevivientes de violencia, abuso, y negligencia?

De la memoria torturadora a la memoria liberadora: La resiliencia como acto de ternura

Vemos, entonces, que tenemos un sistema de memoria biológica y psicológica, que nos permite crear identidad y construir una biografía, que a través de los años vamos generando redes y asociaciones mnémicas (de recuerdos) que nos permiten traer o no al presente las vivencias dolorosas o placenteras, alegres o tristes, satisfactorias o frustrantes. ¿Qué hacer, entonces, cuando esos recuerdos son desagradables, dolorosos o traumáticos? ¿Estamos condenados a recordarlos? ¿Qué hacer, entonces, con esos fantasmas del pasado que a veces nos persiguen y agobian?

Podemos elegir qué, cuándo, cómo y para qué recordar. Los recuerdos que están plenos de sentido de vida se constituyen en un motor; entonces, recordar resulta muy agradable. A esta rememoración trascendente se le llama «huella de sentido»[2]; es el acto de percibir sentido y valores en una vivencia y a partir de ella

♥ SENTIR

¿Qué huellas de sentido tenemos presentes en nuestro cuerpo? ¿Qué sensaciones nos generan?

---

2 Concepto utilizado por Elisabeth Lukas, logoterapeuta austriaca.

traerla al presente cuantas veces se requiera, para disminuir episodios de tristeza profunda, aburrimiento, desmotivación o pérdida del sentido de vida. Viktor Frankl afirmaba que en los momentos de plenitud y alegría había que almacenar estas huellas de sentido en una especie de granero, donde se guardan la provisiones para el invierno, para que, cuando vengan tiempos de soledad, desesperación y desesperanza, visitemos el granero de nuestras huellas de sentido y, con ellas, recordemos que hemos vivido momentos significativos y que tenemos la capacidad de volver a vivirlos. Las huellas de sentido están nutridas de amor, ternura, valores y trascendencia, que es una forma de hacer consciente nuestra espiritualidad.

El asunto es que, cuando nuestros recuerdos son dolorosos y traumáticos, recordar se vuelve terrible porque se vuelve a revivir el sufrimiento. ¿Cómo proceder, entonces, en ese caso, en esos momentos cuando queremos olvidar o, incluso, cuando la desesperación es tan extrema que surgen pensamientos y sentimientos de muerte? Aquí es cuando nace el recurso humano de la resiliencia.

La resiliencia es un fenómeno que propuso Boris Cyrulnik, neurólogo, psiquiatra y psicoanalista francés, para denotar la capacidad que tenemos los seres humanos de sobreponernos a la adversidad; lo que Viktor Frankl también llama: «la capacidad de oposición del espíritu». No es casualidad que ambos autores, tanto Cyrulnik como Frankl, experimentaran la tragedia de vivir las penurias y adversidades de la Segunda Guerra mundial. Viktor vivió treinta y siete años como prisionero en campos de concentración; y Cyrulnik, siendo un niño con solo seis años, fue prófugo de campos de concentración. Ellos trasformaron sus tragedias de forma resiliente a pesar de que perdieron a su familia y seres queridos. Veamos algunos puntos que tienen en común:

Renuncia a la victimización. Sus vivencias y experiencias fueron un motor para ofrecer algo al mundo. La vida les arrebató lo más querido; y ellos, al contrario, donaron su ser para un bien común, y trascendieron a través de la construcción y proposición de alternativas para la trasformación personal y social. Viktor Frankl, a través de la «logoterapia y el análisis existencial»; y Boris Cyrulnik, con la «teoría de la resiliencia». Ambos neurólogos y psiquiatras fundaron escuelas de pensamiento que ayudan a transformar seres humanos y comunidades.

Disposición a la restauración por medio y a través del amor y la ternura. Viktor Frankl, al salir de campos de concentración desolado, deprimido y sin esperanza, fue rescatado en 1945 por el amor de Eleonore Schwindt, enfermera del Hospital Policlínico de Viena, donde Viktor había dirigido el departamento de Neurología. Elly, así la llamaba de cariño, lo acompañó por cerca de cincuenta y dos años, hasta su muerte. Ella compartió con él y vivió con ternura el proceso de restauración interior, que le permitió a Frankl liberarse de la culpa colectiva y reconciliarse con sus captores y con todo lo que ellos representaban. Por otro lado, Boris Cyrulnik se libró de vivir en campos de concentración por el gesto de ternura de la enfermera Descoubès al hacerle una seña que le permitió escabullirse debajo de una moribunda y escaparse en un camión. Asimismo gozó el amor de los adultos que lo acogieron en su errancia por familias y centros de protección para huérfanos (Cyrulnik, 2010, p. 75). La ternura es como un bálsamo que acaricia, reconforta y restaura; es un acto fundamental de agradecimiento con la vida, con lo que somos, con lo aprendido, con lo vivido; es una extensión del amor de Dios.

El cuidado mutuo y el buen trato son tareas humanas de vital importancia que modelan y determinan la salud y el carácter de los niños, y también en el tipo de adultos que se convertirán. Esto resulta aún más importante en los periodos de crisis, en los que la acumulación de estrés y de sufrimiento convierte a los buenos tratos en algo todavía más necesario para prevenir la cronificación del sufrimiento y la aparición de enfermedades mentales.

Escritura narrativa. Ambos aprovecharon el acto narrativo de la escritura como una estrategia de reelaboración y reconstrucción de los eventos traumáticos, como medio de trasformación resiliente, al resignificar hechos, sucesos y situaciones dolorosas y traumáticas en experiencias plenas de sentido. Viktor Frankl, al salir de los campos de concentración, duró nueve días con sus noches, entre lágrimas, dictando las dolorosas experiencias de su cautiverio en esos campos. Este doloroso relato se convirtió en uno de los *best seller* más leídos en el mundo, *El hombre en busca de sentido*.

Cyrulnik regresó a Burdeos, su ciudad natal, después de más de cuarenta años, con la intención de comprender mejor las estrategias de adaptación que lleva a cabo la memoria para que el pasado vuelva a ser accesible, y escribió su libro *Me acuerdo... El exilio de la infancia*. En Burdeos, al rememorar y seguir los caminos de su pasado infantil, reconoció cómo los falsos recuerdos de sus vivencias que creó de niño reemplazaron los hechos reales, y le permitieron recuperar la esperanza. Este fenómeno se lo atribuye a la capacidad de trasformar los recuerdos dolorosos por medio de la imaginación y fantasía, como recursos para enmascarar la realidad cruel y dolorosa. Es un proceso contrario al de otras opiniones, teorías y terapias psicológicas que apoyan el quitar los velos de los recuerdos, confrontando sin anestesia afectiva la cruel verdad de la realidad. En otras palabras, Cyrulnik nos expresa en su libro el poder de trasformación mnémica como un recurso resiliente.

> **ACTUAR**
>
> ¿Cómo podríamos implementar en las prácticas pastorales las actitudes resilientes que menciona la autora?

LAS DIMENSIONES

Restauradora
- ¿Cómo concretar la ternura en las actividades pastorales y discursos teológicos o en las lecturas bíblicas, de modo que en la

vivencia de la fe de los niños, las niñas y adolescentes les sirva para construir huellas de sentido que les ayuden para superar sus historias de dolor y sufrimiento?

- Y, como personas adultas, ¿cómo podríamos implementar procesos para que cada persona por sí misma imprima sus propias huellas de sentido como vivencia de su fe y de acompañamientos pastorales informados y preparados para este fin?

Formativa

- ¿Qué podríamos enseñarles, además de la fe, los valores del reino de Dios y de su dignidad de hijos de Dios, que les fortalezca en resiliencia?

Transformadora

- ¿Qué retos nos deja este apartado para acompañar desde la fe a nuestra niñez en los procesos para revertir condiciones de memoria torturadora a memoria liberadora?

La restauración como arte de la resiliencia con ternura

La palabra restauración viene del latín *restaurare,* que significa «volver a poner en pie». En sus diferentes acepciones encontramos la restauración de una obra de arte cuando se quiere mantener la obra en mejores condiciones protegiendo su estado original; restaurar el orden cuando hay una revuelta o manifestación; restaurar un computador o un equipo celular para que vuelva a su estado original y quitar errores y bloqueos; restaurar objetos, etcétera. Al revisar la restauración en el arte encontramos una técnica japonesa del siglo XV, que se llama *«Kintsugi»*; es el arte de restaurar fracturas de la cerámica, como vajillas, tazas y ornamentos, con una mezcla de

barniz de resina y polvo de oro, plata o platino. Cuando se termina la restauración de las piezas el resultado son caminos de oro en la cerámica. Esta brilla y luce mucho más que la pieza original. Viene de una filosofía que plantea que las roturas y reparaciones forman parte de la historia de un objeto y deben mostrarse en lugar de ocultarse, incorporarse, y además hacerlo para embellecer el objeto, al exponer su transformación e historia.

Por eso, al «*Kintsugi*» le llaman el arte de la resiliencia, ya que se asimila mucho a lo que ocurre con una persona cuando algo en ella se «rompe o quiebra». Es una expresión que comúnmente escuchamos cuando una persona se siente abrumada, triste, desolada, sin sentido, por causa de alguna situación dolorosa o traumática. Aquí, la persona, a partir del recurso de la resiliencia con ternura, «vuelve a unir sus pedazos», se restaura. Los hilos de oro son los actos de valentía, amor, solidaridad que implica la dura tarea existencial y espiritual de la reconstrucción. Esta reconstrucción se lleva a cabo pedazo a pedazo, ya sea de sí mismo o de una comunidad. Es un proceso que permite reconocer el evento doloroso o traumático; pero en el que, para instaurar un valor agregado, la resina de oro se constituye, entonces, en la restitución de la dignidad al resignificar la biografía. Por esa resignificación se logra que los eventos dolorosos no se recuerden sino que se amplifiquen los valores y virtudes descubiertos en la situación adversa. Las enmendaduras de la psique no se disimulan, esta vez se expresan con amor y ternura, al situarse en el «para qué» de la situación y no en el «porqué». Viktor Frankl afirmaba que «no hay que preguntarle a la vida, hay que responderle».

Es muy importante reconocer que no siempre resulta pertinente rememorar los eventos del pasado traumáticos o dolorosos; cada persona tiene su tiempo, pues para esto se requiere de la disposición y la intención de recordar para reparar.

> **PENSAR**
>
> ¿Qué requerimientos implica un acompañamiento pastoral para ayudar en procesos traumáticos?

Si la persona no recuerda el evento traumático, pero aun así sigue su vida de forma armoniosa, amorosa y con sentido de vida, no es necesario forzar la rememoración de los eventos dolorosos. Esta postura ética ante la reparación es relevante en los tutores y mentores que acompañamos a personas o comunidades que han vivido situaciones traumáticas. El respeto por los procesos personales y sociales es una expresión de ternura.

LAS DIMENSIONES

Restauradora

¿Cómo describe la autora este proceso de restauración y cómo se puede celebrar dentro de la estructura litúrgica y pastoral?

Formativa

¿Cómo enseñar a los niños, niñas y adolescentes que poseen una biografía de dolor, abuso o violencia familiar a darle sentido a su vida en vez de buscarlo, como nos dice la autora?

Transformadora

¿Qué cambios estructurales deberían facilitarse a nivel de iglesias y de prácticas pastorales para celebrar la restauración como un elemento de la fe cristiana ante las adversidades y la confianza en Dios?

Restauración paso a paso

La restauración es un proceso, esto quiere decir que es el inicio de un camino, de un andar particular, de un paso a paso, que puede llevarse a cabo de forma personal o como tutor de resiliencia[3] acompañando

___

3 El término de tutor de resiliencia lo acuñó Cyrulnik para definir, por lo general, a una persona que nos acompaña de manera incondicional, que se convierte en un sostén, al administrar confianza e independencia por igual, a lo largo del proceso de resiliencia (Puig y Rubio, 2010).

a niños, adolescentes o adultos. Es la oportunidad de liberarnos.

El asunto no se trata de olvidar. Algunas personas en consulta psicológica expresan que quisieran borrar sus memorias, así como los computadores, resetear o hacer *delete*. Quieren que sea simple; pero el proceso de sanación y de restauración no puede asimilarse a una carrera mecánica, pues precisamente lo que nos hace humanos es esa capacidad de autodeterminación y autoconfiguración; es decir, nuestra capacidad espiritual de decidir y expresar la mayor de las libertades: la libertad interior.

El proceso de restauración abarca todas las dimensiones del ser: biológica, psicológica, social, espiritual, existencial y trascendente. Partimos de la dimensión biológica con la disposición natural de nuestro organismo de adecuarse a los cambios. De manera simultánea, la dimensión espiritual potencializa la capacidad de cambio, de resiliencia y trasformación personal. Luego, la dimensión existencial percibe el para qué del cambio, el para qué del abandono de la hipermemoria torturadora, el para qué de la libertad interior. Enseguida, la dimensión psicológica identifica el valor que sustenta el cambio, pues este debe verse reflejado en acciones que determinan la personalidad y la biografía personal. Después, la dimensión social redundará en la construcción de nuevos saberes y en la trasformación de la memoria colectiva, donde el cambio de persona a persona va transformando la actitud y la postura ante futuros traumas o adversidades de familias, grupos y comunidades. Finalmente, todas las dimensiones se enlazan con la dimensión trascendente, con el suprasentido, donde todo lo anterior reposa en un sentido de vida basado en la dimensión superior que tiene la respuesta siempre del para qué, del sufrimiento, de la aceptación de nuestra historia y de la esperanza y fe de la trascenden-

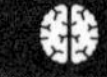

¿Qué significa para la autora el olvidar como renuncia, y el recordar cómo decidir?
¿Cómo promover desde la fe el empoderarse del recuerdo para adquirir la capacidad de <u>decidir</u>?

cia del sufrimiento. Dios recibe nuestro sufrimiento y permite que sea transformado.

A continuación, sugerimos cinco pasos que contribuyen a iniciar un proceso de restauración:

PRIMER PASO. Expresar mi sufrimiento

Este primer paso es fundamental; inicialmente, cuando acaba de suceder el evento traumático o doloroso, es imprescindible su expresión. Si se está en soledad, los medios narrativos orales o escritos son una vía catártica de liberación emocional, al igual que cualquier recurso artístico como la pintura, la escultura, la dramatización por medio del teatro o trabajo manual. Sin embargo, este primer paso de expresión de sentimientos resulta mucho mejor si se lleva a cabo en compañía; que te acompañe otro que reciba tu dolor, que escuche empáticamente, comprenda tu situación particular sin juzgar. Ya sea que hace poco acabara de ocurrir o que se trate de un evento del pasado que insiste en que se le recuerde.

SEGUNDO PASO. Abrazarse a uno mismo: Aceptación

Esto significa reconocer primero esas emociones que nos impiden avanzar, y que están asociadas al evento doloroso o traumático. Abrazarse a uno mismo es aceptar el sufrimiento, sin culpas ni victimizaciones; es reconocer que somos humanos; el primer acto de ternura en el dolor se cumple con nosotros mismos; con mirada compasiva observamos la situación vivida como parte de nuestra biografía. Debemos aceptar también que tenemos la logoactitud para reescribirla en el momento presente.

Aceptar es el acto por el que se comprenden la situación y las circunstancias; consiste en regresar del pasado al momento presente y preguntarse: ¿qué he hecho con eso que me ocurrió? ¿He avanzado en mi vida o al contrario he retrocedido o me he estancado?

TERCER PASO. Descubrir mis huellas de sentido

La memoria, la que nos hace humamos, es la que escribe nuestra biografía. Es la que detiene los momentos significativos que nos marcan o dejan huella, ya sea para avanzar desde la resiliencia o detenernos en el trauma y paralizarnos en el pasado.

«No aportas nada, no te llevas nada, dejas una huella dorada en la morada terrenal» decía el poeta alemán Friedrich Rückert. Todos dejamos huella y seguimos huellas, y las huellas se relacionan íntimamente con registros de memoria afectiva, emocional y existencial. Nos han dejado huella y hemos dejado huella.

Es así como adquirimos la capacidad de recordar conscientemente, al identificar huellas de sentido; es decir, las vivencias significativas y positivas del pasado que nos permiten hacer un balance existencial positivo de la propia existencia vivida. Podemos descubrirlas en el trascurso de la vida, iniciando desde la infancia; por ejemplo, juegos que nos gustaban, amigos significativos, paisajes, maestros, películas, canciones, lugares, paseos, etcétera.

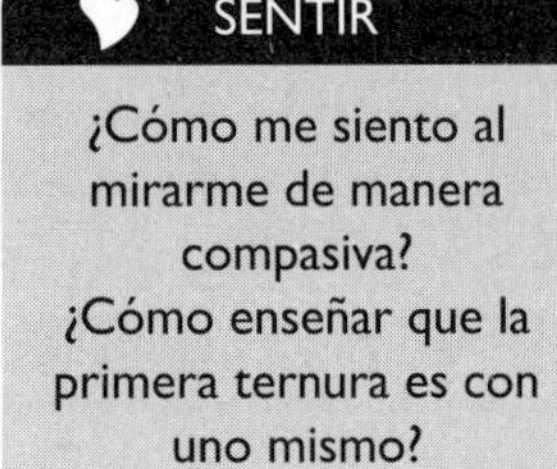

Nuestros gustos o intereses, son auxiliares de memoria; por ejemplo, si me gusta la fotografía, buscaré dentro del mismo recuerdo doloroso o desagradable una imagen rescatable, un momento que represente un valor vivido o descubierto en esos momentos. Las huellas de sentido se descubren poco a poco, y ese descubrimiento constituye un proceso personal, a través del cual el tutor da pistas y orienta en la búsqueda de ellas. Vale aclarar que es fundamental la resignificación individual para que se afiancen el sentido y el proyecto de vida particular.

CUARTO PASO. Construir huellas mnémicas de sentido

Nuestra memoria tiene infinitas posibilidades y recursos: la imaginación, la fantasía, la creatividad y el sentido del humor; estas forman un equipo que permite resignificar el contenido de los recuerdos. Tenemos la capacidad de reconstruir la interpretación de nuestra biografía, y no tiene que ser al pie de la letra de los hechos reales. Se dice que la capacidad de construcción de versiones de recuerdos nos permite disminuir el dolor de forma creativa, siempre manteniendo el sentido de realidad. Es un recurso muy utilizado en la infancia, pero reprimido en la adultez. Por ejemplo, en un mismo suceso de violencia, un niño de diez años recordaría las flores del jardín, y la madre, que se hallaba en el mismo lugar, las paredes ensangrentadas. En este caso, la sustitución del recuerdo se efectúa de forma inconsciente; sin embargo, podemos identificar o construir de forma consciente dentro del mismo evento doloroso o traumático reemplazos de recuerdos que nos permitan recordar dando sentido al sufrimiento; de allí que hablemos de ellas como huellas mnémicas de sentido.

QUINTO PASO. Pasar de la memoria individual a la memoria colectiva: Tutores de resiliencia

Encontrar la posibilidad de redefinir el dolor por nuestros propios medios afectivos, gracias al vínculo que supone el encuentro y las relaciones de amor, es primordial para la restauración. La ternura es fundacional para reconstruirnos; es una experiencia que nos une con el mundo, con la vida, con Dios, con los demás, con nosotros mismos, con la historia y con lo real.

El tutor de resiliencia es una persona que nos acompaña de manera incondicional, de modo que se convierte en un sostén, que administra confianza e independencia por igual, a lo largo del proceso de restauración.

ACTUAR

¿Qué se requeriría para que en las iglesias y sus agrupaciones pastorales se establezcan personas tutoras de resiliencia?

Cyrulnik nos dice que el tutor de resiliencia deja una impronta que perdura, que se convierte en una inspiración para la creación de nuevos vínculos de apoyo. Casi siempre se trata de un adulto que encuentra al niño y que asume para él el significado de un modelo de identidad, el viraje de su existencia. En la mentoría, la vinculación y el compromiso son fundamentales, el vínculo humano ya de por sí es restaurador, los vínculos de ternura sustituyen cualquier rememoración dolorosa. El vínculo constructivo es la base para el descubrimiento de huellas de sentido, en él el papel del tutor de resiliencia es activo en la resignificación de la biografía, en cuyo proceso el respeto y la solidaridad son esenciales.

PENSAR

Si se puede redefinir el dolor propio gracias al vínculo de ternura, ¿cómo podemos generar ese vínculo en las actividades pastorales para llevar a la restauración a la población sobreviviente de violencia?

También se dice que un tutor de resiliencia puede encarnarse en una actividad o un interés, se convierten en un factor de crecimiento que se proyecta como un camino, que nos pone a salvo y nos reconduce hacia un nuevo desarrollo tras el trauma. Por ejemplo, una canción o una película (Puig y Rubio, 2010).

LAS DIMENSIONES

Restauradora
¿Cómo posibilitar en las prácticas pastorales un proceso de aceptación de la biografía propia, de abrazo al dolor vivido, de construir huellas de sentido y de tener una mentoría que propicie la resiliencia?

Formativa
¿Qué lenguajes, qué discursos, qué estrategias pedagógicas se pueden ofrecer en las iglesias como insumos para que nuestros niños, niñas y adolescentes aprendan a construir sus memorias desde una lectura resiliente?

Transformadora
¿Qué cambios a todo nivel estructural discursivo y teológico, además de pastoral, implica el reto de promover espacios de resiliencia en nuestras iglesias?

Hacia una memoria terapéutica liberadora

¿Recordaste tu primer recuerdo? ¿Quién estaba contigo? ¿Qué edad tenías? ¿Es una huella de sentido o crees que necesitas el proceso de restauración paso a paso?

Traer a la conciencia que somos memoria, que somos biografía, pero que también somos autoproyección nos permite transformar y reencontrar nuestra misión existencial. El autoconocimiento no radica solo en saber quiénes fuimos, quiénes somos, sino, por encima de todo, en saber lo que puedo llegar a ser. Es en él donde la memoria se afianza como una terapia liberadora.

Una nota al pie desde lo teológico-pastoral

El texto de Martínez Sánchez sobre la reconstrucción selectiva de la memoria y sobre cómo procesamos mental y emocionalmente el recuerdo de las vivencias ocurridas durante la niñez para contar la historia de nuestra vida, con rasgos resilientes o no, nos deja algunos retos desde lo teológico-pastoral.

Desde la mediación se proponen algunos, pero también se invita a cada persona lectora a que, desde su propio contexto, descubra más retos.

Sobre la construcción teológico-pastoral acerca de Dios

- Proveer a las personas, a través de las imágenes teológico-pastorales acerca de Dios, perdón, sanación, libertad, seguridad, confianza, ternura, resistencia, compasión, esperanza, incluso ilusión. Es decir, que se las equipe con elementos que les sirvan para generar autodeterminación, motivación, sentido para la vida.
- Vivir una espiritualidad que ayude a crear resiliencia, empezando por la restauración.
- Promover el estudio de los textos y los contextos donde se viva la experiencia con Dios y/o la fe como generadores de todos los insumos necesarios para una revisión compasiva de la historia de vida que permita la construcción de huellas de sentido que favorezcan la restauración.
- Establecer, mediante la identificación de Dios y sus mensajes, una relación entre la fe y el proceso de sanación de historias de dolor y violencia, para así vivir en la fe la plenitud tanto de ser seres creados y amados por Dios —a pesar de esas historias de las que se haya sobrevivido— como de la capacidad de amar y de dar y recibir ternura.

Sobre las prácticas litúrgicas de la fe

- Conectar la fe con la ternura, el afecto, la motivación, la resistencia y la resiliencia mediante las actividades comunitarias que se llevan a cabo en la iglesia para celebrar la fe.

- Promover en la iglesia espacios en los que las personas puedan encontrarse consigo mismas para trabajar en su restauración, construcción de nuevas huellas de sentido en medio de una comunidad que las acompañe en los procesos de sanación. Estos procesos deben permitir el autoconocimiento y autoaceptación para mirar la propia historia con la misma ternura con que Jesús miraba a las personas, independientemente de sus historias de vida.

- Celebrar en la comunidad de fe la esperanza en el Dios de la ternura, al Jesús que la asumió y con la que nos ilustró cómo es el Reino.

- Motivar a las personas a asumir de manera activa su rol de ser constructoras de su propia vida, mediante la superación de las adversidades y como partícipes de la promesa de Dios en Jesús.

- Guiar a las personas a que perciban sus problemas y situaciones de dolor como un motor en su vida que las lleve a abrirse a la gracia de Dios con gratitud y con esperanza.

Sobre los discursos evangelizadores o doctrinales

- Proveer, mediante el mensaje y acciones pastorales y evangelizadoras de la iglesia, experiencias, ideas, sensaciones y motivaciones para que las personas hagan una revisión de su propia historia con mirada compasiva y, además, con la certidumbre de que cuentan con la fidelidad de Dios. El mensaje debe entregarse cargado de imágenes del Dios tierno, que las motive a enfrentar las experiencias dolorosas y a restaurarse para ayudar a otras personas a pasar por ese mismo proceso, acompañadas por la comunidad.

- Exponer discursos y/o doctrinas que resalten los valores del Reino, por medio de los cuales las personas encuentren sentido a su vida. De manera que, así, se les facilite la experiencia de fe que las empodere para transformar su propia realidad.

- Caracterizar el mensaje cristiano con caricias o bálsamos para los corazones y los cuerpos que han sufrido violencia en esta realidad de incertidumbre y desesperanza que impera en muchos contextos de América Latina.

Sobre el acompañamiento pastoral

- Aplicar algunas de las pistas importantes que el texto nos da sobre el acompañamiento entre las personas como un ejemplo o modelo por imitar, la experiencia de catarsis y el tema de la mentoría (figura restauradora).
- Practicar el acompañamiento pastoral implicado en la necesidad de la ternura para crear resiliencia. Tal acompañamiento debe promover una espiritualidad con altas dosis de conexión afectiva, mediante la cual se celebren los procesos de sanación, empezando por la aceptación y el perdón.
- Crear en cada persona la sensación de que pertenece a la comunidad, y que ser parte de ella le da sentido a su vida, pues le permite ver con esperanza el futuro, al superar en medio de ella su historia de sufrimiento.
- Darle un giro importante a la figura del trabajo pastoral, pues, en la parte espiritual ya no se hará la exclusión que tradicionalmente se le ha dado al cuerpo y a las necesidades afectivas de las personas; ahora, debemos ver a las personas de una manera global, es decir, en su conjunto de dimensiones.

RUTA PARA SENTIR

Lenguajear con ternura

La autora aportó desde la psicología información muy valiosa sobre la memoria y cómo los recuerdos, en parte, son elecciones que parten de una jerarquía de valores que construimos desde nuestra historia. Así que, para quienes somos responsables de la población infantil y adolescente, darles a estas personas opciones positivas para que resignifiquen de una forma constructiva sus recuerdos puede representar un verdadero reto.

Sentir... cómo guardamos los recuerdos en nuestro cuerpo y cómo, por medio de nuestras relaciones, dejamos huellas en las personas. ¿Qué personas y situaciones dejaron huellas en nosotros durante nuestra niñez?; y, ¿qué nos hace sentir, en este momento, el hecho de que la recordemos?

¿Cómo podemos dejar en las personas con quienes nos relacionamos cotidianamente huellas de sentido que les permitan superar las situaciones de violencia?

Pensar... en cómo afecta en nuestras relaciones nuestras propias huellas de sentido. ¿Con qué actitud y sentimientos valoro las huellas de sentido que se imprimieron en mí durante mi niñez? ¿Cómo he hecho la selección de memoria en la construcción de mi propia historia y qué espacio le he dado a la vivencia de la fe en esa selección?

¿Qué actividades, reflexiones y discursos dados en la iglesia permitirían a los niños y a las niñas a reconstruirse desde relaciones y experiencias que propicien su resiliencia, basadas en un acompañamiento con ternura?

Ponernos en su mirada

Si comprendemos cómo se estructura la memoria a partir de las jerarquías de valores construidas desde lo que es significativo para nuestros niños, niñas y adolescentes, nos queda el reto de conocer estos valores y saber qué les resulta significativo, para ayudarles a construir huellas de sentido.

Sentir... cómo era nuestra mirada en la infancia, qué era significativo en ese momento, qué robaba nuestra atención, y en qué se nos iba el tiempo. ¿De qué manera esta revisión nos cambiaría ahora, en nuestra adultez, la forma en que vivimos la fe, nos relacionamos, y, especialmente, expresamos y recibimos ternura con los niños y las niñas en la iglesia?

Pensar... en cómo recuperar esa mirada infantil, y cómo tratar de mirar con ella el proceso que gestionamos dentro de la iglesia o de agrupaciones pastorales. ¿Cómo nos veríamos? ¿Qué elementos de la planificación del lenguaje o de la lectura bíblica reconoceríamos como significativos desde esa mirada?

Encarnar la ternura

La ternura, según la autora, es una herramienta que permite generar restauración en varios sentidos; así que debe incluirse en la mentoría para la resiliencia, por medio de la recuperación del recuerdo positivo como elemento de equilibrio en la biografía personal y como motor de una lectura sanadora de la experiencia del propio sufrimiento.

Experimentar la ternura en nuestras palabras, nuestra mirada, nuestras actividades, nuestra lectura de la Biblia, nuestro contacto físico, nuestro ambiente en la iglesia, nuestra convivencia en general es la misión cristiana más importante que tenemos que cumplir con nuestros niños, niñas y adolescentes que han sufrido historias de vida de dolor, adversidad y violencia familiar.

Sentir... cómo nos sentimos cuando recibimos ternura en medio de una situación difícil.

Pensar... en cómo esas sensaciones nos han servido de motor para superar las dificultades. ¿Con qué espacios contamos dentro de la estructura de la iglesia para encarnar la ternura con las niñas y los niños?

Seguir al maestro

Conocer la importancia de la mentoría para generar resiliencia en las personas que han sufrido violencia y saber que, en la iglesia, colaboramos con Dios en su desarrollo espiritual es ya un llamado a acompañarlas en este proceso siguiendo el ejemplo de ternura de nuestro gran maestro Jesús. Él, cuando decidimos seguirlo, nos comprometió a acompañar especialmente a las niñas y los niños.

Si la vida de Jesús da testimonio de su amor, esperanza y cuidado, al encarnarlos en su propio cuerpo y al darnos su vida, no podemos, como él, eludir la invitación a resignificar el dolor de quienes nos rodean.

Reflejar su amor en cada palabra, en cada contacto, en cada gestión que hagamos, para encarnar su ternura en el cuidado que demos, es parte esencial del acompañamiento pastoral al que, como sus seguidores, él nos ha llamado, dentro y fuera de la iglesia. Que nuestra evangelización sea insumo fundamental para crear resiliencia como fruto de nuestra obra de amor y de compromiso cristiano.

Sentir... las sensaciones que generan en mí las palabras de amor de Jesús hacia los niños y las niñas.

Pensar... en cómo podemos encarnar esas palabras en nuestra labor pastoral.

PROYECTOS PASTORALES (ACTUAR)

Sentir, luego pensar; jugar, luego actuar

Desde cualquiera que sea nuestra posición o compromiso dentro de la iglesia, podemos asumir este mensaje de Jesús con la conciencia ya no solo de un «deber religioso» sino también de las implicaciones psicológicas de la ternura en el trato a nuestra infancia y adolescencia para su desarrollo integral ante sus biografías de dolor y sufrimiento

También es una gran oportunidad no solo para que impactemos en el desarrollo espiritual de esta población sino también para que sirvamos de instrumentos de sanación mediante la labor pastoral.

Para esto es necesario que primero nos volvamos como niños y niñas, y miremos todo desde el nivel de su mirada, y sintamos todo desde sus sentidos, y planifiquemos desde lo que les parece significativo, y empecemos a caminar a su lado, no adelante.

Nuestra tarea ya no consiste en que pensemos de primero, he impongamos lo que consideramos «deberían saber» los niños, las niñas y adolescentes, sino que ahora se trata de que sintamos, escuchemos, y luego juguemos.

El juego es el mecanismo mediante el cual los niños y las niñas representan el mundo, lo construyen, lo cambian en su propio mundo, y se ubican en la realidad.

Siempre se ha descalificado el juego como una mera fantasía vacía, temporal y provisional en la vida de las personas. Sin embargo, el juego, desde el nivel de la niñez, es su recurso para ensayar cómo actuar en la realidad. Resulta trascendente que comprendamos que para ellos es su laboratorio para aprender y para construir tanto su identidad como sus valores.

Antes de que pensemos desde el nivel pedagógico las actividades serias, las pensadas desde la visión adulta, resulta imperativo que empecemos a pensar el juego como una estrategia pastoral. Esta debe tener objetivos claros, pero con la flexibilidad y creatividad que las personas menores de edad requieren para que sean ellas mismas. Así, al expresar su propio universo interno y al dejarnos asomarnos a él, aprenderemos a hablar su lenguaje.

Actuar... ¿Qué cambios estructurales, teológicos y personales debería operar nuestra iglesia para proveer a las personas menores de edad que forman parte de ella un espacio de protagonismo en el juego para que disfruten la ternura que debemos encarnar como vivencia de nuestra fe en Jesús?

Emplear la técnica del «*Kintsugi*», pero primero con nosotros mismos, con imágenes elaboradas desde nuestro propio recuerdo. De esta manera visualizaremos las reparaciones valiosas que pueden facilitarnos ayudar a las demás personas que experimentan un proceso similar.

Referencias

Barudy, J. y Pascale M., A. (2006). *Hijas e hijos de madres resilientes.* Barcelona, España: Editorial Gedisa.

Borysenko, J. (2010). *Pase lo que pase, no es el fin del mundo. Resiliencia en tiempos de crisis* (p. 115). Barcelona: Editorial Urano.

Cyrulnik, B. (2006). *El amor que nos cura* (p. 143). Argentina: Editorial Paidós.

Cyrulnik, B. (2007). *De cuerpo y alma. Neuronas y afectos: La conquista del bienestar.* Barcelona, España: Editorial Gedisa.

Cyrulnik, B. (2010). *Me acuerdo: El exilio de la infancia* (p. 75). Barcelona: Editorial Gedisa.

Frankl, V. (1980). *El hombre en busca de sentido.* Barcelona, España: Herder.

Laplanche, J. y Pontalis, J. B. (2004). *Diccionario de psicoanálisis* (p. 1). Buenos Aires: Paidós.

Lukas, E. y Frankl, V. (2008). *El sentido de la vida.* Barcelona, España: Plataforma Editorial.

Rubio, J. L. y Puig, G. (2010). *Tutores de resiliencia. Dame un punto de apoyo y moveré mi mundo.* Buenos Aires: Editorial Paidós.

Werner, G. (2012). *Anatomia della Memoria* (p. 2). San Francisco: Alvis International Editions.

PISTAS DE LAS DIMENSIONES DE LA TERNURA

FORMATIVA

RESTAURADORA

Desarrollar la capacidad de autodeterminación facilita la restauración.
Organizar y regular la memoria es una decisión.
Transformar momentos biográficos en huellas de sentido.
Entender la ternura como insumo para la resiliencia.
Moldear el cerebro para proveer capacidad de resiliencia.
Pensar la espiritualidad como motor de la resiliencia.
Reconocer que el dolor desconecta.
Otorgar un valor al recuerdo (carga emocional).
Catarsis: descarga emocional que puede ser acompañada.

Desarrollar la capacidad de construir una biografía.
Aprender a recordar momentos de plenitud para proveer equilibrio.
Convertir el problema en un motor de vida por medio de la resiliencia.
Disponer a la restauración por medio del amor y la ternura.
Usar la ternura como bálsamo.
Modelar salud y carácter en la niñez mediante el cuidado y el buen trato.
Emplear la fantasía como medio para transformar el dolor.

TRANSFORMADORA

Restaurar es resiliencia con ternura.
Celebrar las roturas y reparaciones forma parte de un proceso dignificante
Dar sentido a lo vivido.
Olvidar para renunciar, recordar para decidir.
Primer paso: expresar el sufrimiento, es decir, aceptarlo.
Segundo paso: abrazarse, aceptarse.
Tercer paso: descubrir las huellas de sentido.
Cuarto paso: resignificar los recuerdos
Quinto paso: mentoría en el procesos de resiliencia (figura restauradora).
Autoconocerse también proyecta al futuro.

Capítulo 3

LA MISERICORDIA: ACTITUD PRIVILEGIADA PARA LA RESTAURACIÓN

Boris Tobar

*La gracia y la misericordia son
principios desde los cuales podemos resignificar
las experiencias adversas de la niñez.*
Boris Tobar

*Dar gracias al Señor porque es compasivo
y misericordioso, lento a la cólera y rico
en clemencia.*
Salmo 103.8

Hablamos de restaurar la vida de niñas, niños y adolescentes porque, al mirar nuestro entorno más cercano, en los diversos espacios en que se socializa, como la familia, centros de cuidado, escuelas, notamos rostros de infantes con huellas de maltrato físico, sexual o psíquico, que lo expresan en su conducta emocional, relacional, e, incluso, en su postura corporal.

Esta realidad no es gratuita, es fruto de un modelo de crianza muchas veces ausente de ternura, de diálogo, de afecto, con reglas rígidas y creencias falsas, presentes en los procesos educativos. Pero, la silueta humana de los niños y las niñas no está determinada como una carga fatal

Como el maltrato y la violencia se visualizan en nuestro entorno, sabemos que no se quedan solo en el cuerpo de la persona maltratada, sino que alcanzan al nuestro. ¿Qué sentimientos nos despiertan los rostros infantiles con huellas de maltrato y violencia?

Las huellas que han dejado en nuestro cuerpo el maltrato, la violencia, la negligencia y el abuso en el marco de la crianza y en el de la educación.
También las huellas de la misericordia hecha ternura en nuestra vida.

que les acompañará toda la vida; de ninguna manera. Por eso, sin desconocer los recursos que la psicología y otras ciencias ofrecen para la restauración de sujetos con historia de experiencias adversas en la vida, desde el humanismo cristiano se apuesta por el principio de misericordia expresado en la empatía —afecto, ternura, acción— compasiva, por el cual actuó Jesús, y mediante el cual logró restaurar y devolver el brillo perdido en la vida de las personas.

La misericordia hecha ternura no se reduce al encuentro afectivo; es un principio que afinca sus raíces en la complejidad emocional generadora de vínculos sanos, saludables, que fortalecen y restauran la vida de las personas, y que tiene capacidad de resignificar positivamente historias personales. Por eso, en contextos signados por la violencia y el patriarcado, se vuelven necesarias personas, grupos, movimientos que anuncien la antigua novedad del Dios bíblico que ama con entrañas de madre, padre, hermano, amigo, para forjar paso a paso, verso a verso, gesto a gesto una nueva cultura que articule la razón y el corazón, el afecto y el pensamiento.

Este artículo aborda cinco momentos: (1) Describe signos de desamor, que revelan vidas infantiles rotas, quebradas por una crianza y educación deformadoras. (2) Repasa máximas, creencias y prácticas de una sociedad adulto-céntrica y patriarcal generadora de vidas infantiles sin alegría vital. (3) Fundamenta de manera interdisciplinaria las bases de la misericordia. (4) Presenta la práctica misericordiosa de Jesús como momento de gracia restauradora. (5) Y apuesta por la misericordia, como principio dinámico capaz de resignificar experiencias adversas de la niñez y restaurar a quienes las han sobrevivido, e invita a la conformación de comunidades humanistas, creyentes en Jesús para crear una nueva cultura más tierna, amorosa y cordial.

1. Cifras y huellas del maltrato en los rostros de la niñez

La violencia y maltrato contra niños, niñas y adolescentes es una conducta prevalente en la mayoría de países del mundo; por eso, al hablar de la misericordia como principio restaurador de vidas con huellas de dolor, es necesario empezar por la descripción de algunas cifras, que, para no leerlas como datos fríos, debemos hacerla teniendo presente la cotidianidad

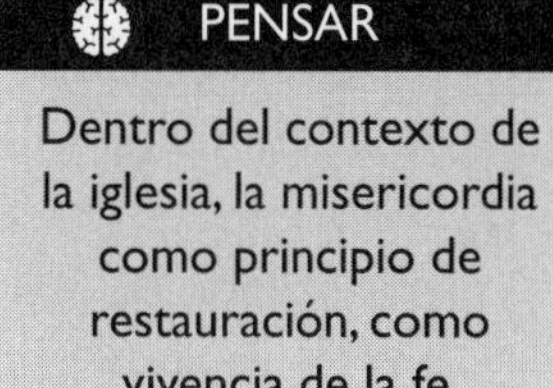

de la infancia en entornos próximos, darles rostro a los números y, luego, mirar de cerca las huellas de desamor que llevan en sus piel, en su cuerpo o en su corazón.

a. Las cifras (UNICEF, 2014)

En 2012, noventa y cinco mil personas menores de veinte años murieron por homicidio, y si en el mundo ocurren alrededor de quinientos mil homicidios al año, resulta que «casi una de cada cinco de las víctimas de homicidio al año» son niños, niñas o adolescentes. En América Latina (A. L.), Guatemala, El Salvador y Venezuela indican cifras preocupantes.

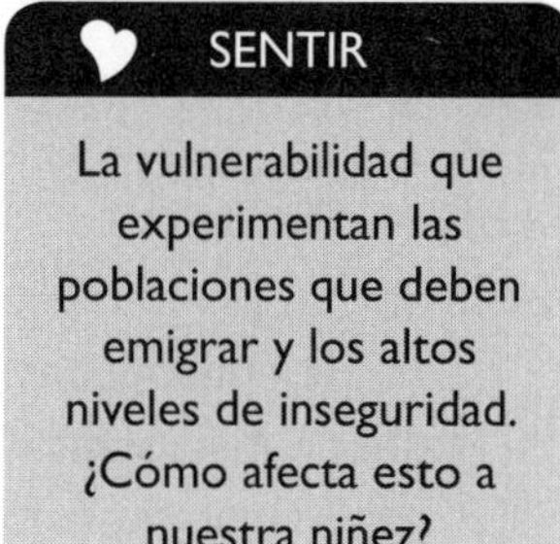

- «Alrededor de seis de cada diez niños del mundo (unos mil millones) de dos a catorce años son víctimas de castigos corporales por parte de sus cuidadores». En las calles de las ciudades de A. L. no es extraño ver cómo los adultos insultan a los menores que ellos consideran «caprichosos», con expresiones como «majadero, deja de llorar», y les dan un jalón de orejas o una patada en los glúteos, como forma aceptada para controlar el temperamento de los pequeños. Además, sin ser un axioma matemático, el uso del castigo físico como forma de educar a los niños, niñas y adolescentes es más frecuente en padres y personas cuidadoras que tienen menor acceso a procesos de educación formal.

- La agresión física entre varones adolescentes sigue siendo una práctica habitual; por eso, «cerca de uno de cada tres estudiantes entre los trece y los quince años de edad en el mundo informaron haber participado en una o más peleas en el último año». En A. L. la forma de resolver pequeños conflictos entre los jóvenes de barrios o colegios es con golpes. Incluso en los colegios hay sitios «liberados» donde los adolescentes se golpean y, de paso, sus compañeros tienen un espectáculo, porque se considera que esa es la manera más varonil de zanjar problemas.

- Más de un tercio de «estudiantes entre los trece y los quince años en el mundo han sufrido actos de acoso o intimidación de forma sistemática» por parte de sus pares, lo que ha generado en ellos miedo o temor. Esta práctica es habitual en los centros educativos donde estudiantes acosados, en casos extremos, optan por el suicidio y otros piden a sus padres el cambio de escuela o colegio.[1] También existen cifras que muestran el aumento de suicidios entre personas que en su infancia o juventud sufrieron violencia.

- En esta misma línea, «casi una tercera parte de los adolescentes de once a quince años de Europa y América del Norte reconocieron haber acosado o intimidado a otros en la escuela, por lo menos

---

1 La película *Bullying* rodada en España en 2009 refleja esta realidad.

una vez en los últimos dos meses». Esta conducta intimidatoria se registra en niños o adolescentes amparados en grupos dominantes, desde los cuales humillan a sus pares por cosas tan simples como ser hincha de un equipo de fútbol distinto al del grupo dominante, pertenecer a un grupo étnico considerado inferior, o ser extranjero, entre otros.

- «Casi una cuarta parte de las niñas de quince a diecinueve años del mundo (unos setenta millones de niñas) dijo haber sido objeto de alguna forma de violencia física desde los quince años de edad». La agresión de padres a hijas adolescentes forma parte de la costumbre educativa. También en Latinoamérica se observan conductas preocupantes de violencia entre enamorados, novios o pareja íntima, sobre todo, de parte de varones agresores.

- Otro sector de la población infantil que sufre violencia emocional y psíquica son los miles de niños y niñas migrantes que viajan solos desde Centroamérica y México hacia Estados Unidos, al sufrir en el trayecto maltrato por parte de traficantes, que en más de algún caso ha conducido al suicidio, como el caso de una niña ecuatoriana de doce años, que se quitó la vida en el baño de un albergue en la frontera mexicana (EFE, 2014). Los niños, niñas y adolescentes migrantes

también sufren más aún violencia emocional cuando son repatriados desde Estados Unidos a México. La misma UNICEF señala que cada año cerca de cuarenta mil niños son deportados desde Estados Unidos a México. (UNICEF México).

- A estas cifras se suma el entorno de violencia que viven los niños y niñas de algunos barrios a los que el estado no presta las garantías de seguridad humana, en donde la violencia y el miedo son pan de cada día, y causa que los niños crezcan en un clima emocional cargado de estrés y temor. Más aún, en la pantalla grande o pequeña, los niños miran violencia en dibujos animados, en películas cargadas de agresividad, en novelas de la vida cotidiana, en programas de concursos, entre otros que naturalizan la violencia.

b. Las huellas

No cabe duda de que la violencia de cualquier índole sufrida por los menores de edad no pasa de largo por su memoria y su corazón, sino, al contrario, deja huella en su vida; por ejemplo:

- Los *infantes* que durante la lactancia han visto y oído acciones de violencia en su casa suelen mostrar una conducta irritable, falta de sueño, angustia emocional, y demora en el desarrollo del habla o del caminar. Más aún, pueden creer que ellos son los culpables de la dinámica de violencia que viven entre sí sus progenitores.

- En ambiente familiar violento, los *niños y niñas*, cuando asisten a los centros educativos preescolares, pueden desarrollar tartamudez, falta de confianza en sí mismos, agresividad entre sus pares.

- En la escuela suelen presentar dificultades para aprender los contenidos educativos, y, por tanto, tienen bajo rendimiento escolar. En los recreos y espacios comunes acostumbran desarrollar actitudes agresivas contra sus compañeros.

- En otros casos, expresan bajos niveles de autoestima, y por ende, tienden a ser más vulnerables al acoso escolar o barrial; y, en algunos casos, dependiendo de la carga de estrés, huyen, de modo que se aíslan; o, cuando el grado de estrés es tóxico,[2] se inclinan a repetir el círculo de violencia.

---

2 Cuando el niño o la niña ha vivido en un ambiente de violencia de género, alcoholismo o abandono suele acumular estrés tóxico.

- En la *adolescencia* es más probable que desarrollen conductas autodestructivas, como recurrir al alcohol y otras drogas, o iniciar su vida sexual con el fin de obtener afecto o cariño. Además, pueden pasar por momentos de depresión y otros problemas de salud mental. Paradójicamente también pueden convertirse en víctimas o victimarios en sus relaciones interpersonales tanto en los espacios públicos como en la privacidad de la casa.

- De *adultos*, según Lisa Bourdeau, por lo menos, cinco heridas se mantienen vivas en su corazón, y se expresan en varias maneras. Una es el miedo al abandono, por ejemplo, cuando la persona tiende a abandonar a su pareja porque tiene miedo de que esta la abandone, así que, antes de sufrir ella el abandono, prefiere abandonar a su pareja. ¡Qué contradictorio! Otra es el miedo a que otras personas la rechacen, que a la vez es signo de negación a su yo interior, pues además se autopercibe como indigna de ser querida, lo que propicia, en consecuencia, el aislamiento o negación a sus propios gustos para aceptar como suyos los de otras personas, sencillamente para evitar el rechazo. También está la humillación nacida de la violencia verbal que ha sufrido; esta se puede expresar en una personalidad dependiente o también en una actitud defensiva, que, para evitar que la humillen, se adelanta y humilla a las personas de su entorno. Otra de estas heridas es la falta de confianza en las demás personas; lo que la lleva a desarrollar un afán por controlarlas. La última de las heridas es la rigidez, la cual la provocaron las personas adultas que la cuidaron al comportarse con ella con frialdad y autoritarismo (Bourbeua, 2014).

- En *general*, ambientes familiares o educativos marcados por la violencia se convierten en escuela donde los niños actualizan conductas y prácticas violentas entre sus hermanos, vecinos y compañeros de aula; y, luego, de adultos, reproducen la violencia con su familia e hijos, con lo que se genera una espiral de violencia, o, más aún, se naturaliza la conducta violenta como un modo normal de relacionarse con las otras personas.

Sin embargo, todos estos datos no son cifras aisladas, sino que responden a creencias y prácticas habituales enraizadas en modos culturales que legitiman el uso de la violencia como práctica educativa tanto en el ámbito público como doméstico. Las huellas emocionales no tienen que ser determinantes en la vida de los niños, es posible ayudarlos a superarlas desde la confianza, la ternura, la misericordia…

LAS DIMENSIONES

Restauradora

Elementos como la imagen de un Dios que nos trata con misericordia y nos ama con las entrañas de madre son insumos para proponer una teología que permita plantear la restauración como vivencia de la fe. ¿Cómo podemos usar esos elementos de manera que no solo los apliquemos en la iglesia sino que también los promovamos en la crianza?

Formativa

¿Qué retos de trabajo nos dejan a los distintos grupos de la iglesia todas las cifras aportadas en este capítulo?
¿Identifico algunos aspectos de la iglesia que legitiman y naturalizan la violencia en todas sus formas y en todos los niveles dentro de su estructura y prácticas?

¿Qué aspectos se mencionan en las cifras que podrían trabajarse desde los distintos grupos pastorales de la iglesia para prevenir o reducir estas estadísticas?

¿De qué prácticas y discursos debemos emanciparnos para encarnar la ternura en la cultura de la iglesia?

Transformadora

¿Cómo podríamos impactar a la comunidad para promover un cambio en la cultura, en especial de los patrones de crianza, desde la práctica pastoral de la iglesia, para revertir estas cifras de maltrato?

2. Principios, creencias y refranes que construyen una crianza fría sin amor

Las culturas de los pueblos, en el marco de la crianza, son como un baúl de donde se pueden sacar cosas nuevas y viejas (cf. Jesús de Nazaret). Las nuevas son las que alimentan el pozo vital de los niños y niñas; y las viejas son las que causan heridas y quiebran la salud emocional, física y social de la infancia. En este punto, se visibilizarán las costumbres que hieren el corazón de los niños y niñas, las cuales se sustentan en principios, creencias, normas y refranes, que en sí constituyen un marco teórico-vital dentro del cual se realizan los procesos de socialización de la generación adulta hacia las nuevas generaciones, tanto en el espacio cotidiano de la familia como del entorno.

¿Cómo la crianza se constituye un reflejo de la cultura? Y ¿cómo la crianza reproduce la cultura? Así que el reto de excluir la violencia, el abuso y el maltrato del entorno de la niñez debe abordarse desde las dos dimensiones al mismo tiempo.

a. Los principios

En las diversas culturas existen algunos principios que de manera consciente o inconsciente se aplican en los procesos de crianza y educación de los niños, las niñas y adolescentes, los cuales debemos expresar, reflexionar y resignificar:

El principio patriarcal. Tiene que ver con la forma de organización cultural en que los varones tienen el control social político y económico de las instituciones como el hogar, la iglesia, el barrio e, incluso, el estado; con dicho control se garantizan privilegios en las relaciones familiares. En general, la sociedad patriarcal afirma la posición privilegiada del varón adulto y educa a los hijos e hijas en obediencia y miedo a él. Sin duda, este principio se funda en la conducta prehomínida de la cual hace parte la especie humana, pero que debemos superarla mediante un ejercicio de reflexión al interior de la propia cultura y mediante el diálogo con otros modos de organización social.

El principio adultocéntrico. Se refiere a un modo de organización de las sociedades —sobre todo tradicionales— basado en una relación asimétrica de superioridad del adulto sobre el joven y sobre el niño; por tanto, de manera inversa, el niño le debe obediencia al joven y el joven al adulto. Se presenta al adulto como sujeto completo, maduro, con capacidad de cumplir con las responsabilidades económicas y sociales (Krauskopf, 1998). En ese sentido, tanto el niño como el joven son sujetos inacabados, inmaduros. Resulta curioso que en algunos sectores sociales gusta vestir a niños y niñas con ropa de adultos para simbolizar el ideal al que están llamadas a ser las personas menores.

¿Cómo estos principios se relacionan con los patrones de género? ¿Qué prácticas y discursos en la iglesia refuerzan o disminuyen estas imposiciones de género en la cultura y en la crianza?

El principio «dulzura». Se refiere al rol de la mujer en la crianza de los hijos. Tradicionalmente se considera que el rol del varón es educar con rigor y dureza, sobre todo a los varones, para que afronten la vida pública; mientras, se entiende que el rol de la mujer sería impartir cuidado, ternura y expresar afecto a los pequeños y pequeñas prioritariamente en el ambiente doméstico. De manera que a la afectividad y a todas sus expresiones como el beso, el abrazo, el cuido, la sensibilidad, el llanto se les dan rostro femenino; y, por lo regular, su radio de acción se reduce al espacio privado; más aún, los varones crecen considerando que deben reprimir u ocultar las expresiones afirmativas de afectividad.

b. Las creencias sociales respaldadas en la Biblia

Latinoamérica, como expresión barroca de su constitución cultural ha recibido influencia de diversas cosmovisiones religiosas que laten en el núcleo de su identidad y que se expresan en un sinnúmero de creencias. En este contexto, se retoman las creencias de la tradición bíblica que de alguna manera han modelado la familiar:

No codiciarás la casa de tu prójimo, ni su mujer, ni su esclavo, ni su esclava, ni su buey, ni su asno, ni nada de lo suyo. (Éxodo 20.17).

Este texto refleja la visión patriarcal de la sociedad. El varón aparece como *dueño* de la casa, de la mujer, del siervo, del buey y del asno. Son cinco «cosas» que le pertenecen al varón y que ningún otro varón puede ni debe desearlas. La mujer aparece como un elemento más de las pertenencias del hombre. Este texto ejerció mucha influencia en la configuración de la sociedad judeo-cristiana, pues hace parte del decálogo o carta constitucional de la cultura judía y de la sociedad occidental. La expresión más cercana de esta influencia es que hasta el día de hoy algunas mujeres casadas cambian su apellido paterno por el de su esposo usando la preposición *de,* que denota pertenencia.

¿Qué herramientas racionales y emocionales se pueden dar desde los discursos y los distintos grupos de la iglesia para generar lecturas críticas de los textos bíblicos que tradicionalmente se han utilizado para legitimar en la crianza la violencia, la opresión y el maltrato?

Quien no usa la vara no quiere a su hijo; quien lo ama, lo corrige a tiempo. (Proverbios 13.24).

El refrán afirma que el castigo físico es un acto de amor. Esta concepción tradicional estuvo presente hasta hace pocos años en la sociedad latinoamericana, pues con ella se considera como un hecho normal que el padre golpee con una vara a sus hijos, con el argumento de que es por su bien. Es más —y como lo subraya el texto—, el hecho de castigar físicamente al hijo se considera un acto de amor. ¡Qué contradicción!

Una expresión gráfica de este proverbio es la frase «con una mano el pan y con la otra el palo». Hoy sabemos que el castigo, entendido como agresión verbal o física, deja heridas en el corazón.

Vara y corrección dan sabiduría, muchacho consentido avergüenza a su madre. (Proverbios 29.15)

El proverbio refleja la mentalidad más común de la época, subraya como métodos educativos *«el palo y la represión»* para que el hijo alcance sabiduría. La lógica sería «a más castigo más sabiduría» Quizás por eso, hasta hace poco tiempo, se escuchaba este dicho: «la letra con sangre entra». Sin embargo, con esta mentalidad, más que procesos de educación, se dan procesos de domesticación.

Castiga a tu hijo mientras hay esperanza, pero no te obceques hasta matarlo. (Proverbios 19.18).

El pensamiento insiste en ver el castigo como un modo de corregir a los hijos para que no opten por las sendas del mal, la destrucción y la muerte. Sin duda, toda persona debe criarse para que desarrolle una vida con dignidad y de que dé un trato respetuoso a las demás personas. Sin embargo, el castigo no es el método adecuado para esta meta.

ACTUAR

¿Qué acciones podemos gestar desde la iglesia y sus distintos grupos para promover lecturas bíblicas que propicien acciones más misericordiosas en la crianza y en las relaciones en general, para contrarrestar la violencia?

---

c. Las frases populares

«Los niños no lloran» - es o era una expresión usada por los adultos para evitar que, cuando las guaguas[3] se caen o golpean, expresen su dolor con el llanto.

«Los machos no tienen miedo» - con esta frase el papá reprime el sentimiento de miedo que desea expresar el niño.

«Niños, vayan a jugar con la pelota y, niñas, con las muñecas» - cuando los adultos no quieren que los niños escuchen conversaciones que consideran inoportunas para su edad, así los apartan de ellos, pero a la vez les señalan por separado *sus roles* como niños y como niñas.

«Yo soy tu padre, me tienes que obedecer, y punto» - con esa frase el papá busca que sus hijos lo obedezcan, pero sin ofrecer argumentos; espera que lo hagan solo por el hecho de que él es el padre.

«Hija mía, usted es mujer y no debe expresar sentimientos de amor a un varón. Es el varón quien tiene que declarársele» - consejo que la madre le da a su hija adolescente.

«Profesora, pégale, no más que este muchacho solo aprende con el palo» - así autoriza el papá al docente a que use la violencia en el proceso educativo.

«A la escuela se viene a estudiar no a jugar ni a estar abrazados» - con esta advertencia los profesores insinúan a sus estudiantes que la escuela es el lugar donde debe ponerse a trabajar la cabeza, y no los sentimientos.

«Mariquita – guarmilla[4] - entre los muchachos se usa para etiquetar a los niños que hacen tareas de la cocina o participan en juegos considerados exclusivos para mujeres.

«El varón es la cabeza de la casa, la mujer es el corazón» - algunos líderes religiosos exponen con ella cómo se distribuyen los roles familiares, y así atribuyen al varón la inteligencia y la autoridad, y, a la mujer, el afecto y la obediencia.

«El hombre para la calle, la mujer para su casa» - con ella se definen los campos de responsabilidad social de cada sexo. El hombre para el

---

3 *Guaguas*, palabra amigable que se usa en el Ecuador para referirse a los niños y niñas.

4 *Guarmilla*, palabra kichwa para referirse a los jóvenes que asumen roles de mujer.

espacio público, como la política; y la mujer para el hogar y las tareas domésticas.

«En esta casa mando yo, y punto» - así declara el padre para desautorizar a la madre, y reafirmar su autoridad dentro del hogar.

Este panorama nos presenta una realidad muy dura; más aún cuando se refuerzan con cifras y se plantea que los patrones de educación, tanto en el ámbito doméstico como en público, responden a principios, creencias y «máximas educativas» que se reproducen en la dinámica cultural. Sin embargo, la vida también abunda en prácticas de ternura, afecto, amor, cariño, gozo, abrazo, beso, misericordia, capaces de restaurar la vida de los niños. Desde la tradición cristiana, el principio de la misericordia es un dinamizador ético y teológico capaz de restaurar personas cuyas experiencias de vida han sido adveras.

> **ACTUAR**
>
> Desde las acciones pastorales, qué frases podrían construirse con las comunidades, de manera que sirvan de referencia para la crianza con ternura.

LAS DIMENSIONES

Restauradora

¿Cómo podemos revertir, desde nuestra propia vida, estos principios que por tantos años han regido nuestra cultura y crianza?

¿Qué elementos de la fe cristiana que nos invitan a la ternura podemos utilizar para contrarrestar esta popularización de la violencia?

¿Qué huellas dejan estas frases y principios en las personas durante su vida, y cómo se pueden abordar en los distintos grupos de la iglesia?

Formativa

¿Qué herramientas de la fe cristiana podrían utilizarse para generar otras lecturas bíblicas que favorezcan la ternura y la misericordia como principios que rijan las relaciones interpersonales?

¿Qué procesos se pueden implementar para que las personas revisen sus propias huellas y analicen qué principios rigieron la construcción de ellas, y, entonces, procuren su restauración?

Transformadora

¿En qué podemos aportar como iglesia a la cultura para analizar los principios contenidos en estas frases que deterioran la crianza y las relaciones?

¿Qué procesos de transformación se pueden iniciar desde la estructura y las prácticas pastorales, a fin de generar una cultura de misericordia, para que esta sea un principio de restauración?

3. Fundamentación del principio misericordia

La palabra misericordia viene del latín y está formada por composición. El primer elemento es «*misere*», que puede traducirse como miseria, necesidad de «*cordia*», que significa corazón; y de «*ía*» —que indica dirección— hacia las demás personas. Por tanto, significaría enfocar el corazón en la necesidad humana, compadecerse con quien sufre.

De esta forma, el origen de la palabra nos da algunas señales para la fundamentación del principio *misericordia*. Se trata de un encuentro entre personas, que entran en sintonía afectiva de corazón a corazón, para rehabilitar a una de ellas de su situación humana limitada por la que atraviesa. Pedagógicamente podemos dar tres fundamentaciones interconectadas del principio misericordia:

a. La constitución afectiva de la persona

El principio misericordia se fundamenta en la cordialidad, en el corazón; es decir, en la dimensión afectiva constitutiva de toda persona humana. Por medio de esta dimensión los seres humanos son capaces de crear vínculos con sus próximos y también con quienes se les aproximan.

Históricamente el afecto establece sus raíces en los mamíferos que se preocupan de cuidar a sus crías; es decir, de mantenerlas alimentadas, protegidas y de propiciar el clima adecuado para sus «las crías», e incluso de imponer las primeras reglas para guiar el comportamiento de los pequeños. Con el desarrollo complejo de la vida humana emergen nuevas expresiones del mundo afectivo. «El amor es la emoción que funda el fenómeno social. Cada vez que uno destruye el amor, desaparece la convivencia social. Pues bien, el amor es algo muy común, muy sencillo, pero muy fundamental» (Maturana, 1991). Es decir, la vida comunitaria, en cuanto identidad humana, en sus orígenes, surge de los vínculos afectivos que se entrecruzan entre los miembros del grupo. La afectividad permitió, a más de la comunicación emocional, el desarrollo del lenguaje, y, con ello, la posibilidad de llegar a acuerdos mediante la palabra y la significación de la vida misma.

> ♥ SENTIR
>
> El afecto como principio biológico de preservar la vida, como fundamento del desarrollo de las personas desde las primeras etapas de la existencia.

El amor nos introduce al cariz mágico de la vida. Esta dimensión es tan profunda que, para los psicólogos, la fuente de la salud o enfermedad psíquica se encuentra en la presencia o ausencia del amor. Normalmente estamos constituidos por el amor eros o posesivo, ¡rezagos del sentimiento de propiedad privada animal! El amor filial se expresa en la relación familiar de padres a hijos; el amor fraternal es recíproco; y por último, está el amor ágape, que es el amor generoso, que se da sin esperar nada a cambio, es gratuito, raíz de las grandes causas, y posibilita la misericordia.

La constitución afectiva se percibe directamente en las *emociones,* que son reacciones o respuestas rápidas y pasajeras ante un estímulo externo que se expresa con miedo —cólera o con alegría—

gozo intenso. También se advierte en los *sentimientos*, que son respuestas más regulares, informadas por valores, como la solidaridad, la generosidad, la disponibilidad, la gratitud; o, aún, por antivalores, como el egoísmo, la vanidad o prejuicios, como la xenofobia, el racismo. En el *humor festivo* también se nota; este se reconoce en la actitud propositiva y feliz ante la vida; o, incluso, en el *humor amargo,* que se expresa con una actitud triste, infeliz, pesimista ante la vida. Se aprecia en *pasiones lúcidas*, informadas por ideales que motivan a soñar y a concretar grandes aspiraciones; o en *pasiones espontáneas* primarias que no permiten forjar la personalidad y el carácter. Y, por último, se distingue en *el amor*, que, aunque brota del mundo afectivo, va más allá de este, y se define como la decisión de buscar el bien del otro.

b. La sociabilidad humana

Toda persona es un sujeto integrado a una comunidad humana cultural concreta, en la que vive, aprende, se relaciona afectivamente, construye su significado del mundo a partir de afectos compartidos y, en la dinámica relacional, convive en comunión —tensión-religación— con las otras personas de la comunidad, gracias a las cuales es persona. Se reconoce parte de la comunidad en la que vive, y, por el cuidado que las otras personas del grupo le dan, se hace persona, gente, humana, y sin dicha relación no podría vivir ni ser. Por eso, Aristóteles afirmaba que «El hombre —varón o mujer— es un *zoon politikon*» para expresar con ello que sin sociedad no hay ser humano.

Vivir en comunidad, experiencia muy conocida desde la óptica cristiana. ¿Cómo usar esta estructura de iglesia para promover más la religación en lugar de la tensión, y asimismo una cultura y crianza con ternura?

Somos seres sociales porque *nacemos* y nos *hacemos* personas gracias a la estimulación de, y la interacción con los otros miembros de la especie *homo sapiens*. Esta dinámica se da por medio de agentes de socialización *primaria* como la familia, la cual nos enseña el lenguaje, nos provee modos de sobrevivencia y nos comparte una cosmovisión; y también se da por agentes de socialización *secundaria*, como la escuela, el colegio y la universidad, para desarrollarnos como seres humanos-culturales integrados, y donde la persona aprende a ser autónoma, comunitaria, de lo cual resulta el sentido de pertenencia a una determinada comunidad que le otorga identidad, sentido de pertenencia y, al mismo tiempo, se reconoce diferente a otras comunidades.

Pero históricamente los seres humanos comunitarios de los «albores» de la sociedad, movidos por un principio primario de solidaridad familiar, de clan, tribal o nacional, reconocían «humanidad» en las personas que pertenecían a su comunidad, y desconocían la condición humana de aquellas que no formaban parte de su comunidad. Por eso, Edgar Morin afirma que «las sociedades mamíferas son al mismo tiempo comunitarias y rivalitarias» (Morin, 2004). En tanto que son comunitarias, incluyen a los suyos, tejen nexos afectivos de solidaridad, se cuidan y apoyan mutuamente; pero, frente a la persona de comunidad extraña, con frecuencia le expresan agresividad, la dominan y la cosifican.

Cuando las sociedades se vuelven más complejas y se descubre la pluralidad de comunidades culturales que habitan un mismo espacio vital, surge también la resignificación de la presencia de la otra persona; ya no se le ve como amenaza, ni como a alguien a quien se tiene que dominar o solo tolerar, sino como a su prójimo, como persona que merece que se le cuide; y, si se le halla en situación de necesidad, se sale al encuentro de ella mostrando misericordia.

c. La experiencia compasiva – misericordia de Dios

La experiencia religiosa de Israel fue compleja, experimentó a Dios como su liberador de Egipto, como su legislador, dador del decálogo, como creador de la gran casa que el ser humano debe cuidar y cultivar; pero, también, experimentó el rostro de Dios como quien puede perdonar, limpiar, sanar, restaurar la vida; por eso, el profeta Isaías, aunque reconoce que el pueblo es pecador, lo invita a la conversión al exhortarlo: «Lávense, purifíquense; aparten de mi vista todas sus fechorías; dejen ya de hacer el mal» (Isaías 1.16), y en seguida les demanda que sean compasivos con los más débiles: «Aprendan a hacer el bien, tomen decisiones justas, restablezcan al oprimido, hagan justicia al huérfano, defiendan la causa de la viuda» (Isaías 1:17). Como aquel que es compasivo, «Apiádate de mí, oh Dios, por tu amor, por tu gran compasión borra mi falta» cantaba David en el salmo 51. Como Dios, que actúa con misericordia, *rahamin,* en hebreo, que significa «tener entrañas, y desde ellas sentir la realidad del necesitado», por eso el pueblo cantaba así: «El Señor es clemente y compasivo, paciente y lleno de amor» (Salmos 103) o «Alaben al Señor por su bondad, porque es eterno su amor» (Salmos 136).

Si nuestra fe celebra a un Dios de amor, ¿cómo podrían los discursos, las lecturas, las prácticas pastorales y demás usar la ternura como vehículo para la vivencia de la fe o la evangelización?

Sin embargo, será Jesús con su presencia quien exponga con su vida el rostro misericordioso del Padre que sabe amar, perdonar y alegrarse de la vida de sus hijos. Y, luego, la experiencia de amor mutuo de la comunidad Joánica, que experimenta a Dios como amor. «Queridos, Dios es la fuente del amor: amémonos, pues, unos a otros. El que ama es hijo de Dios y conoce a Dios. El que no ama no conoce a Dios, porque Dios es amor» (1 Juan 4.7-8).

Desde otras tradiciones espirituales también se cultiva la misericordia por ejemplo, el budismo, que invita a cultivar la compasión, piedad, misericordia con el que sufre, entendida como la capacidad de compartir la pasión del otro y con el otro. «Se trata de salir del propio círculo y entrar en la galaxia del otro en cuanto otro, para sufrir con él, alegrarse con él, caminar junto a él y construir la vida en sinergia con él» (Boff, 2002). En la tradición hinduista existe la práctica de la *ahimsa,* que se entiende como la actitud no violenta, para evitar el sufrimiento en los otros seres. Para muchos hinduistas, Gandhi fue la persona que mejor practicó la *ahimsa* o compasión.

En conjunto, el afecto, la convivencia y la espiritualidad nutren el principio misericordia como actitud de cercanía, como acción compasiva con el que está en condición de vulnerabilidad, sobre todo, de los niños, niñas y adolescentes para dignificar y humanizar tanto la vida del que sale de la miseria como del que pone el corazón en ella.

LAS DIMENSIONES

Restauradora

¿Qué elementos del discurso podrían utilizarse para vivenciar la restauración desde la fe y el mensaje cristiano?

¿Cómo los principios de la misericordia nos habilitan para que revisemos nuestra propia vida y cómo nos ayudan a restaurarnos para que, así, colaboremos con la restauración de los niños, niñas y adolescentes de la iglesia?

Formativa

¿Qué se requiere para que las personas encargadas de procesos formativos en la iglesia puedan promover dentro de sus espacios los tres fundamentos mencionados en el texto?

Transformadora

¿Cómo podríamos visualizar los tres fundamentos del principio misericordia dentro de la estructura y la práctica pastoral de la iglesia?

¿En qué procesos o espacios políticos, sociales o escolares, podrían involucrarse las personas de la iglesia para incorporar esos fundamentos dentro de la cultura y la crianza en sus comunidades, de modo que la transformación sea un hecho no solo en la iglesia?

4. Jesús practica la misericordia como vía de restauración de las personas que han pasado por experiencias adversas

Jesús como Verbo encarnado fue hijo de su tiempo, creció y se formó dentro de la teología clásica del Antiguo Testamento llamada teología de la retribución. Un resumen breve: La revelación progresiva de Dios, de la cual el pueblo de Israel es canal y receptor, está cargada de luces y sombras, porque, por un lado, experimentaron al Dios solidario, que los sacó de la esclavitud con mano fuerte; al Dios guía y legislador, que les dictó los diez mandamientos para que vivieran como pueblo libre; al Dios de la justicia y la misericordia, entre otras. Sin embargo, también experimentaron al Dios del castigo, que reprendía al pueblo por sus malas acciones. En este contexto de ambigüedad surgió la teología de la retribución bajo el principio de «justicia retributiva», que consistía en creer que Dios, retribuye con justicia a las personas que actúan bien, con una vida larga y saludable, mucha descendencia y abundancia de bienes; por el contrario, a las personas que obran mal, Dios, igualmente «actuando con justicia», las retribuye con enfermedad, esterilidad, poca descendencia y pobreza de bienes. Esta teología en apariencia es correcta; sin embargo, resulta ser doblemente sancionadora. La pérdida de salud ya era el castigo de Dios, según esta teología; y se le añadía la condición de mayor vulnerabilidad en que la enfermedad dejaba a la persona que sufría el castigo. De igual manera ocurre con la esterilidad y la pobreza, estas dejaban a la persona sin tejido emocional cercano y sin condiciones de subsistencia. La sanción teológica resulta en

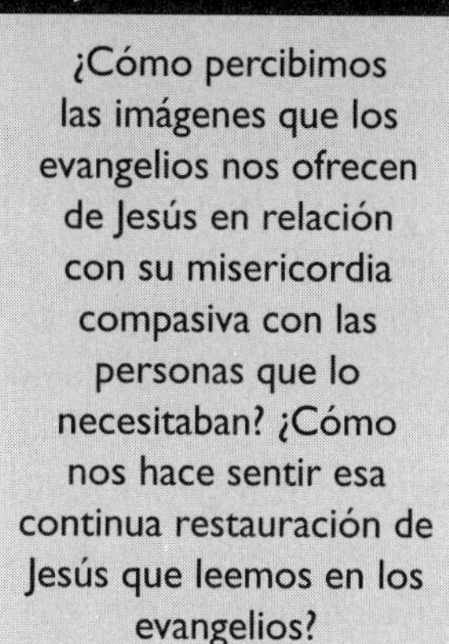

mayor sanción para la persona. ¡Era una justicia injusta!, porque no restauraba al débil sino que lo culpabilizaba de su situación.

La teología de la retribución se cuestiona tanto en el libro de Job como en el libro del Qohélet, ambos ponen en tela de duda la justicia de la «teología de la retribución». Pero Jesús retoma la vieja novedad del amor gratuito de Dios para sus hijos y nos trae el evangelio de la misericordia y de la gracia.

La práctica de la misericordiosa-compasiva de Jesús se expresa al menos en tres aspectos. El primero es el contenido de sus parábolas: en ellas compartía su *experiencia con el Padre*, y lo revelaba como alguien misericordioso, compasivo, que es capaz de perdonar y reconciliar a las personas consigo mismas y con la comunidad. Las parábolas del hijo pródigo, de la oveja perdida, del buen pastor, o de la moneda perdida revelan con sencillez el rostro misericordioso de Dios. El otro aspecto es su decisión de convertir en *significativo*, saludable y transformador cada encuentro que tuvo con personas con discapacidad, mujeres rechazadas y estigmatizadas, jóvenes sin futuro, niños rechazados, entre muchos. Atiende a Jairo, jefe de la sinagoga, quien se arrodilla ante Jesús para rogarle por la salud de su hija (Marcos 5.23). Responde al clamor del ciego de Jericó, que le suplica: «Jesús, hijo de David, ten compasión de mí» (Lucas. 18.38). Reacciona con una inteligencia aguda ante la instigación de los acusadores, y una profunda humanidad frente a la humillada mujer, sorprendida en adulterio, que, al final de todo, no sufre la lapidación que buscaba la multitud, y se despide con la paz que le dejaron las palabras sanadoras de Jesús, quien le dijo: «tampoco yo te condeno». El tercer aspecto tiene que ver con sus *exigencias éticas de amor al prójimo*, las que perfila en la parábola del buen samaritano, que es capaz de ver al herido, compadecerse de él, curar sus heridas, cargarlo, trasladarlo a un lugar seguro (Lucas 10.34). También las expone en la parábola del «juicio final», en la que valora al que dio de comer, de beber, acogió al migrante, y, más aún, vistió al desnudo, visitó al enfermo y no se olvidó del que estuvo en la cárcel (Mateo 25.35-36); en esta parábola la tradición cristiana ha fundado las obras de misericordia.

Acerquémonos a algunos relatos emblemáticos:

a. Jesús y la joven hija de Jairo - Marcos 5.21-43 - ¡Levántate!

En clave de protagonistas es importante fijarse en los personajes que asoman en el relato y subrayar la actitud misericordiosa de Jesús:

Jairo, jefe de la sinagoga —por tanto, sujeto reconocido en el pueblo, esposo y padre de familia, que, ante la muerte de su hija, reconoce su limitación y se arrodilla ante Jesús— representa al típico patriarca con autoridad y a veces autoritario; Jesús entra en sintonía emocional con Jairo y camina junto con él rumbo a la casa.

La mujer con flujo de sangre, que ha luchado contra dicha enfermedad a lo largo de doce años, muestra profunda fe en Jesús. Había perdido su dinero con los médicos, que no habían dado con su mal; y peor aún, iba perdiendo su vida poco a poco (la sangre es signo de vida). Es decir, se le extingue la vida por su enfermedad corporal y, hasta, por la censura social que la señala como ¡impura!, ¡pecadora! Jesús, aunque en primera instancia no tiene contacto cara a cara con la mujer, siente que su energía positiva ha transformado algo, por ello, con mirada salvadora, y no condenatoria, descubre a la mujer, a quien alaba por su fe.

La muchacha que ha muerto, cuyo nombre no menciona el texto, tiene doce años de edad. Por lo que se infiere del contexto, ha comenzado su primera menstruación, es decir, ha dejado de ser una niña para ser una mujer disponible para el matrimonio Es posible que haya sufrido un *shock* emocional ante el evento, y luego un desmayo, por no estar preparada para su primer periodo. Por un lado, a partir de entonces, cada vez que esté menstruando por causa de la ley será considerada impura (Levítico 15.25-30). Y, por otro lado, en esa edad, su padre ya la puede dar en casamiento a cualquier varón, sin que ella pueda escoger a la persona que quiere amar; es decir, muere a su libertad. Esto se deduce incluso por el rol que tiene su padre.

Como se puede observar, existen varias coincidencias entre la mujer con flujo de sangre y la niña muerta. Mientras a la mujer se le acababa la vida, la niña apenas empezaba a vivir; por ello el redactor juntó en un solo relato estos dos milagros.

La escena del milagro acontece en la casa, lugar de la confianza y de las relaciones más auténticas, donde los roles no se disfrazan. Pero allí, en el seno de la casa una niña está muerta. Fijémonos que cuando llegan a casa la gente reunida ahí se burla de Jesús, él pide entrar a la habitación solo con el padre y la madre, quizás para que le den alguna información adicional de la situación de la niña; pero, al mismo tiempo, abre la oportunidad de crear un clima de diálogo afectivo, sanador y restaurador. Cuando está delante de la muchacha, Jesús le ordena: «*Talitha, qum*, que significa: "Muchacha, a ti me dirijo: levántate". La muchacha, que tenía doce años, se levantó al punto y echó a andar».

> **ACTUAR**
>
> Como creyentes en Jesús, ¿de qué maneras creativas podemos encarnar su mensaje de misericordia en la cotidianidad?

Lo hizo con todo lo que significan los verbos levantarse y caminar, incorporarse, ponerse de pie, mirar de frente, moverse, recuperar la vida plena, la alegría de vivir. Podemos imaginar, incluso que se restauraron las relaciones afectivas al interior de la familia.

Hoy también estas palabras de Jesús siguen vigentes, y las dirige a todas las muchachas enfermas por la censura social, por el autoritarismo o por los convencionalismos religiosos que no fortalecen la autoestima de las jovencitas, que matan su infancia y que las llevan a mirar su futuro con miedo.

b. Jesús ante la mujer sorprendida en adulterio

En este episodio las personas que presentan a la mujer adúltera ante Jesús se enfocaban en cómo el Galileo trataría el tema del adulterio, pero también se preocupaban por cómo trataría el cumplimiento de la ley de Moisés; y, por supuesto, ellos pretendían participar de su cumplimiento; por eso están piedra en mano listos para «hacer justicia». Jesús, por su parte, con su silencio, con la pausa, y con el desafío magistral dirigido a los acusadores sedientos de sangre —«El que de ustedes esté sin pecado que tire la primera piedra»— (Juan 8.7), cambia el ambiente de agresividad acusatoria y crea uno nuevo de reflexión y perdón, propicio para la gracia restauradora. Una vez que se han retirado los acusadores —pues se ven sin autoridad para castigar a aquella mujer porque su condición humana también es pecadora—, Jesús, manteniendo la atmósfera cálida que ha creado, le pregunta a la mujer «¿dónde están todos esos? ¿Ninguno te condenó?»; y la mujer, desde esa serenidad que le da Jesús, al no tener sobre ella los ojos acusadores, responde: «ninguno, Señor». Además, Jesús da muestras de que actúa más allá de ley de Moisés, y más cerca del corazón de Dios. Por eso, lleno de misericordia, le advierte a la mujer: «Tampoco yo te condeno. Vete y en adelante no vuelvas a pecar» (Juan 8.11), con lo que la conciencia culpabilizada de la mujer cambia a la conciencia de saberse perdonada por el Dios de amor. Incluso podríamos imaginar que esta mujer con el corazón lleno de gracia retornó a su comunidad para comunicar la buena nueva del perdón.

En este sentido, la práctica de Jesús es misericordiosa porque pone su corazón en la condición pecadora, limitada de la mujer, no para sancionarla desde la lógica retributiva o jurídica con la lapidación, como todo judío observante de la ley lo haría, sino que lo hace desde la experiencia de gratuidad. El perdón, la restauración, no le llega a la mujer por recibir una sanción, ni por pagar algo, ni por cumplir ritos de limpieza en el templo, sino por la pura gratuidad del amor de Dios, que, en el gesto de Jesús, busca la vida plena de la mujer liberada de la sanción y de la culpa.

La práctica de Jesús debe y puede aplicarse con niños, niñas, jóvenes, adultos, quienes, cuando las heridas de su corazón están abiertas, deben recibir una palabra, un gesto, una acción en el momento preciso y en el espacio adecuado para que la integralidad de su humanidad sea restaurada.

LAS DIMENSIONES

Restauradora

¿Cómo fue la relación físico-afectiva de Jesús con las demás personas? ¿Cómo definiría sus palabras, su mirada y empatía?

¿Cómo implementar, en los procesos de restauración de las personas heridas, todas esas formas de amor que nos enseñó Jesús según los evangelios?

Formativa

¿Qué cambios debemos iniciar en cuanto a estructura, discurso y prácticas pastorales para que cada persona que integra la iglesia encarne en sí misma todas las enseñanzas de Jesús y su práctica misericordiosa con distintas personas?

Transformadora

En los evangelios vemos cómo Jesús, ante el dolor o desgracia de una persona, no se detiene a hacer ninguna discriminación por sexo, etnia, edad, ni posición social, sino que se llena de empatía y actúa, incluso desafiando a su propia cultura. Como creyentes de su mensaje y seguidores de su persona, es imperativo que derribemos las barreras culturales y empecemos a ser esa luz en nuestra cultura para promover la misericordia-compasiva de Jesús.

5. Misericordia como encuentro restaurador de personas heridas por experiencias adversas

a. El pozo y la herida

La compleja realidad afectiva suele ser ambigua porque, por un lado, mueve a cumplir actos de amor, de solidaridad, de ternura, concretados en una sonrisa para expresar acogida, en el hecho de compartir el pan con gozo con quienes están cerca, en abrazar con cariño a los hijos. Estos gestos crean metafóricamente, en quienes reciben amor, un *pozo vital*, dador de afecto para las demás personas. Quien recibe afecto también está preparado para dar afecto. Pero también, cuando los adultos —padre, madre o persona cuidadora—, en situaciones de alta emotividad, hieren de obra o palabra a los más cercanos, o, más aún, cuando, por una irritabilidad habitual de las personas adultas, se reitera la agresión física o verbal, se forma en el interior de los niños y las niñas una *herida* que los deja vulnerables.

Por eso, se comenta que, en el interior de cada persona, según sea su historia personal, se ha formado un pozo y una herida (Cabarrus, 2012). El pozo guarda fuerza afectiva para vivir con alegría, cuidar afectivamente el entorno, salir al encuentro de los necesitados y unir su corazón a esa realidad; ¡ahí surge la misericordia! Pero, si por el contrario prima la comunicación desde la herida, las palabras, acciones y gestos no harán más que multiplicar las heridas en el corazón de las otras personas, sobre todo de las más vulnerables, como las niñas, los niños y adolescentes, quienes interiorizan esas heridas o experiencias adversas.

Siguiendo a Maturana, Anna Grellert subraya que la crianza se da desde la condición de «*homo sapiens-amans*», y que en las sociedades patriarcales aparece también otro modo de crianza, el «*homo sapiens-aggressans*», que marca una convivencia desde el miedo y el dolor.

Los seres humanos somos seres amorosos que existimos en lenguaje y en capacidad para mediar pedagógicamente un modo de vida cooperativo, donde los niños crecen hacia la adolescencia, juventud y adultez como seres amorosos, que interactúan en amor y conviven en dignidad unos con otros. Los niveles de violencia y agresión experimentados en todos los espacios de crianza hacen cada vez más difícil la conservación de la crianza humanizante. La crianza que se teje en relaciones patriarcales, mediadas por miedo y dolor, forjan en la niñez el *homo sapiens-aggressans*, como una forma alternativa de vivir que es violenta, que resta a la dignidad del otro, que se ejerce en desconfianza y en control y donde el diálogo es silenciado por el monólogo de la autoridad y la acción hiriente que subordina al otro a través del miedo (Grellert, 2014).

Si en el núcleo familiar y entorno de los niños y niñas prima la actitud del *homo sapiens-amans*, en la vida de los pequeños se construye el pozo vital dador de vida, pero, si son más fuertes las expresiones del *homo sapiens-aggressans*, estas dejan huellas adversas en la vida de los infantes que se traducen como heridas.

b. Las experiencias infantiles adversas

Las experiencias adversas son un conjunto de actos singulares o habituales que sufren las personas, sobre todo en la edad infanto-juvenil, por acciones de sus padres, personas que los cuidan o el ambiente en general, como abuso emocional, físico, sexual, incluso de drogas de parte de alguien que vive en casa, separación de sus padres, pobreza o violencia, que afecta negativamente en la salud y las relaciones sociales. (American Academy of Pediatrics, 2015) .

La atmósfera de violencia tiene consecuencias que sin duda alcanzan la salud emocional de los niños y niñas, incluso afecta el desarrollo de su cerebro y provoca en ellos y las personas adultas un cierto clima de estrés tóxico que no permite su desarrollo pleno.

Dentro de este marco resulta imperativo propiciar encuentros que faciliten relaciones profundas con niñas, niños, adolescentes, jóvenes e incluso personas adultas para que vivan la experiencia de conocerse a sí mismas, experiencias de amor gratuito, capaz de sanar las heridas y restaurar la vida.

Desde la experiencia de su fe, Francisco, pastor latinoamericano, comenta: «¡Cuánto deseo que los años por venir estén impregnados de misericordia para poder ir al encuentro de cada persona para llevarle la bondad y la ternura de Dios! Para que a todos, creyentes y lejanos, pueda llegar el bálsamo de la misericordia como signo del reino de Dios que está ya presente en medio de nosotros» (Francisco, 2015).

PENSAR

La violencia produce estrés, que a su vez se convierte en una substancia tóxica en el cuerpo, con consecuencias desfavorables en el desarrollo de los niños y las niñas. Los distintos grupos de la iglesia serían espacios idóneos para promover entre las generaciones la salud emocional.

c. La dinámica del encuentro misericordioso restaurador

El amor misericordioso en perspectiva del encuentro restaurador de experiencias adversas, pedagógicamente atraviesa la siguiente dinámica:

La persona misericordiosa *reconoce a la otra* que está delante de ella, sabe que es una con rostro específico de niño, niña, adolescente, con historia y memoria, pero que atraviesa una situación de miseria, que es víctima de injusticia, de maltrato o violencia. Sabe también que la sola presencia de la otra persona pide una respuesta, no fría, ni indiferente, sino cálida, afectiva, una respuesta movida por el corazón.

ACTUAR

Ir al encuentro de la otra persona con actitud empática, reconociendo que me interpela con sus necesidades y carencias. ¿Cómo puede la iglesia abordar estas situaciones desde la fe y su estructura?

Sin duda, el reconocimiento de la otra persona se lleva a cabo desde su historia con el pozo y la herida que la habitan, pero, sobre todo, movida por el pozo vital cargado de agua para limpiar, calmar la sed y compartir. Genera un movimiento de *salida empática,* de compadecerse, de ponerse en la situación que atraviesa la otra persona, ¡de ponerse en sus zapatos y caminar con ella! Solo desde el vínculo empático se desata un encuentro gratuito transformador. El hecho de crear vínculos pudiera moverlo el cálculo de utilidad y la búsqueda de rédito, pero, si se han creado por esos motivos, no llegan a ser encuentros restauradores.

La persona misericordiosa *silencia su palabra,* se da tiempo para estar con la otra, crear un clima de confianza, una atmósfera favorable, para que la persona herida-vulnerada-necesitada calme su ansiedad emocional, serene su cuerpo y espíritu; deja que la otra se *exprese* con gestos y palabras. Resultará mejor si en la dinámica conversacional se comparten fragmentos de historias de vida, de las que brotan del pozo o de las que salen de la herida; será importante valorar serenamente esas historias, y si fuera el caso, resignificarlas desde la experiencia del amor gratuito de Jesús. Desde la razón cordial debe *compartirse* el agua del pozo traducida en palabra, gesto, ternura, para que sane la herida de la persona y lo dignifique.

Desde la experiencia de fe, el encuentro restaurador necesita de *momentos celebrativos,* cargados de canto, música, signos y símbolos liberadores, de lectura de textos bíblicos que permitan experimentar el amor gratuito de Dios. La celebración es un tiempo y espacio para sentirse restaurado, perdonado, agradecido, sano y desde el empoderamiento del cuerpo y de la palabra, dar gracias al Dios y Padre de Jesús que nos ama y que nos da la capacidad de amar y ser amados.

> **ACTUAR**
>
> ¿Cómo incorporar los silencios para escuchar a la niñez dentro de las actividades pastorales o formativas de la iglesia? ¿Qué liturgia podría utilizarse para esos momentos celebrativos de la restauración?

Conclusión

Las huellas de violencia en los niños, niñas y adolescentes no se han formado por casualidad, sino por causalidad, porque todavía persisten principios, creencias, costumbres que ocasionan heridas en la infancia, que propician una crianza carente de ternura, con miedo y desconfianza. Sin embargo, desde el potencial del principio misericordia que Jesús puso en práctica en su actuar compasivo, se descubre que este es una fuerza dinámica que restaura la vida de las personas que han resultado heridas por experiencias adversas.

En el marco de la cultura patriarcal, que hiere a los más pequeños, es imperativo que creemos comunidades humanistas, creyentes en Jesús, que hagan suyo el principio de su amor misericordioso, y, desde la dinámica misericordiosa, ofrezcan encuentros restauradores de vidas que han sufrido experiencias adversas.

Y con la vista puesta en el futuro próximo, es fundamental educar a las familias, sobre todo a padres, madres y personas cuidadoras, desde el principio misericordia. Reinventar convicciones como la crianza con ternura, el amor gratuito, nuevos refranes populares que posibiliten configurar familias que hacen de su convivencia un acto de amor, y, del amor, un acto educativo, para que, en definitiva, ninguna forma de violencia ocupe un lugar en la crianza de nuestra infancia.

Referencias

American Academy of Pediatrics (2015). *Las experiencias infantiles adversas y las consecuencias del trauma para toda la vida.*

Boff, L. (2002). *El cuidado esencial.* Madrid: Trotta.

Boubeua, L. (2014). *Las cinco heridas que impiden ser uno mismo.* Tenerife: Ob Stare.

Cabarrús, C. R. (2012). *La danza de los íntimos deseos.* Bilbao: Declée De Brouwer.

EFE. (jueves 20 de marzo de 2014). Niña ecuatoriana muere en frontera mexicana; padres buscan explicación. *El Universo.*

Francisco. (2015). *Misericordia Vultus.* Vaticano.

Grellert, A. (2014). *Marco conceptual-operativo de crianza con ternura - El ejercicio del amor desde la cuna que amarca la humanidad.* Quito: World Vision Oficina Regional para América Latina y el Caribe.

Krauskopf, D. (1998). *Dimensiones críticas en la participación social de las juventudes.* San José, Costa Rica: CLACSO.

Maturana, H. (1991). *El sentido de lo humano.* Buenos Aires: J. C. Sáez.

Morin, E. (2004). *El método 6. Ética.* Madrid: Ediciones Cátedra.

Papa Francisco. (7 de enero de 2016). Homilía. *Las obras de misericordia son el fundamento de nuestra fe, 1.* Vaticano.

UNICEF. (2014). *Ocultos a plena luz.*

UNICEF. (s.f.). *Niñez migrante en las fronteras.*

RUTA PARA SENTIR

Lenguajear con ternura

Jesús y su lenguaje permanente, ya sea con el cuerpo, la mirada, las palabras y demás, cargados de ternura para quien lo necesitara, es la muestra de un lenguaje con ternura que puede practicarse desde el ámbito espiritual.

El testimonio de Jesús y su encarnación del mensaje del Reino es un llamado a que como creyentes llevemos la ternura en todas nuestras acciones, a que reflejemos esa misericordia-compasiva de Jesús a través de nuestros hechos y relaciones.

Luego de leer todas esas cifras de violencia, las frases populares de maltrato y justificaciones bíblicas para el abuso físico, nos queda el reto de revisar como iglesia las estructuras, los discursos y las prácticas pastorales para identificar algún resto de todos estos principios patriarcales y empezar a construir con la comunidad frases o principios que generen ternura.

Sentir... ¿Qué nos hacen sentir las imágenes de ternura de Jesús luego de conocer todas esas estadísticas de dolor y maltrato de nuestra niñez?

Pensar... ¿Cómo podemos reflejar como creyentes en Jesús esa ternura de él en la vivencia de nuestra fe, en nuestras acciones cotidianas, y en nuestras prácticas pastorales?

Ponernos en su mirada

Luego de leer sobre toda esa cantidad de niños, niñas y adolescentes violentados, abusados y maltratados todos los días, especialmente en América Latina, y pensar en sus contextos de violencia y sufrimiento...

¿Cuál será su mirada? ¿Cómo verán el mundo desde ese dolor? ¿Cómo se miran a sí mismos?

Una de nuestras tareas primordiales como comunidad de fe y de amor es conocer el mundo de estas personas, mirar a través de sus ojos para comprenderlas y tratar de construir puentes de lenguajes y significados comunes de amor y capacidad de escucha.

Sentir... ¿Cómo imaginamos que es su mundo? ¿Qué sensaciones podríamos intuir que les dejamos las personas adultas a esta infancia tan maltratada?

Pensar... ¿De qué manera podríamos en la iglesia mostrar otro mundo a los niños y las niñas que han sobrevivido al maltrato? ¿Cómo logramos cambiar su mirada de dolor desde los encuentros profundos amorosos de ternura restauradora?

Encarnar la ternura

El amor, la empatía, la dulzura, la atención, la caricia, la palabra, el contacto físico, todo lo que de Jesús sabemos por el mensaje de los evangelios, todo esto nos ha inspirado para mostrar a través de nosotros a ese Dios compasivo y misericordioso.

El testimonio de Jesús nos reta como creyentes, como sus seguidores, a ser el reflejo de su ternura.

Todo esto nos cuestiona sobre la forma en que hemos sido ejemplo de ternura, en especial con las personas más necesitadas.

Sentir... cómo la ternura de Jesús nos puede restaurar, pero también cómo puede restaurar a esas personas que son parte de la iglesia y en cuyos rostros reconocemos que la violencia, negligencia, abuso y maltrato han pasado sobre ellas.

Pensar... ¿Cómo vivenciar los tres fundamentos pedagógicos en las prácticas pastorales? ¿Qué impacto podrían tener sobre la cultura y la crianza de las personas de la iglesia?

Seguir al maestro

Este capítulo nos ilustró de formas muy elocuentes cómo fue el lenguaje de Jesús con las personas que llevaban en sí signos de sufrimiento y dolor.

Son múltiples los pasajes en los evangelios que nos ilustran el nivel de ternura que Jesús usaba para restaurar a tantas personas sin discriminarlas.

La práctica de restauración amorosa de Jesús fue su manera de encarnar su fe y su mensaje; y para nosotros es un mandato que nos pide que practiquemos especialmente con los niños y las niñas.

Como creyentes en Jesús, construimos su imagen que da ternura con sus palabras, su cuerpo, su sanación, su mirada, su escucha, su atención y sus palabras; y todo este conjunto de prácticas de ternura nos llama a seguirlo con su actitud amorosa.

Si él actuó con esa misericordia-compasiva ante el sufrimiento, la iglesia no puede quedarse de brazos cruzados ante la realidad de dolor de la niñez latinoamericana.

Sentir... que somos esas personas a las que Jesús ayudó. ¿Cómo se habrán sentido al recibir la ternura de Jesús?

Pensar... ¿Cómo celebrar en las actividades de la iglesia esa misericordia-compasiva de Jesús en vez de seguir con lecturas que se usan para legitimar el maltrato, especialmente en la crianza?

PROYECTOS PASTORALES (ACTUAR)

Sentir, luego pensar; jugar, luego actuar

El autor nos ha dado una visión de la realidad de violencia contra la infancia en toda América Latina, con una crianza y cultura que se desarrollan afianzadas en principios patriarcales. Al mismo tiempo, nos habla de los fundamentos de lo afectivo, que nos da pie para crear primero rutas de lo emocional, con la ternura y la misericordia-compasiva, y luego nos invita a celebrar la restauración de las personas que han pasado por esos procesos de violencia a los que sobrevive nuestra infancia.

Sentir todo lo que sucede en la realidad para poder comprender, y luego *pensar* en la respuesta que como personas creyentes en Jesús estamos comprometidas a dar a las personas heridas. Luego sigue el jugar, que sería una celebración en el camino de la sanación y la implementación de transformaciones para borrar las huellas de dolor que afectan a generación tras generación y que perpetúan la violencia.

Actuar para detener la violencia, de manera de que no se siga reproduciendo en la crianza. Más bien es abrir espacios para el reconocimiento de la otra persona y para el desarrollo de la empatía.

Actuar... como iglesia, primero revisar hasta dónde se encarnan los principios patriarcales en su estructura, su lenguaje, sus prácticas y demás, para empezar a implementar los fundamentos y promover esa misericordia compasiva.

Generar espacios para la escucha, para el encuentro profundo y para las celebraciones de las restauraciones, de manera que se propicie una vivencia de la fe cargada de ternura, para una comunidad que, en su mayoría, (estadísticamente demostrado) son sobrevivientes de un sistema de violencia.

PISTAS DE LAS DIMENSIONES DE LA TERNURA

RESTAURADORA

- Comprender las huellas que deja el maltrato en la vida de una persona.
- Entender los principios que rigen la cultura y cómo afectan las relaciones interpersonales, en especial las afectivas.
- Identificar las crencias sociales que reproducen estos principios y las frases populares que refuerzan esas creencias.
- Tomar conciencia de que el tipo de crianza es una manifestación de la cultura, y ambas se afectan mutuamente.
- Practicar la misericordia-compasiva de Jesús expuesta en los evangelios, la cual se muestra como el bálsamo que cura además de las heridas físicas las espirituales.
- Reconocer las secuelas de las experiencas adversas vividas en la niñez y definir la respuesta de la iglesia ante esa realidad.

FORMATIVA

- Leer los múltiples pasajes de los evangelios que presentan a Jesús con su práctica y mensaje de ternura en oposición a la lectura de los textos usados para legitimar la violencia, especialmente en la crianza.
- Responder al imperativo de transformar la cultura para impactar la crianza, mediante la identificación del patriarcado y la emancipación de sus discursos, prácticas y principios.
- Reconocer los principios deformadores que rigen la sociedad para romperlos mediante los fundamentos pedagógicos en las prácticas pastorales.

TRANSFORMADORA

- Identificar y analizar como comunidad transformadora la presencia de principios deformadores en los distisntos campos de acción de la iglesia y reemplazarlos por formadores de ternura.
- Generar espacios de encuentros profundos restauradores, que a la vez permitan transformaciones a nivel estructural, pastoral y hasta teológico en la iglesia.
- Corregir la realidad infantil latinoamericana que crece en medio de contextos de violencia.
- Responder a los retos para la iglesia de identificar las huellas de violencia que por generaciones se han perpetuado, y de reemplazarlas por procesos de formación guiados con misericordia compasiva, que tengan incidencia en la crianza y en las prácticas pastorales.

CAPÍTULO 4

CRISTO, CAMINO DE REDENCIÓN TRANSFORMADORA

Mónica Ramírez

Para comprender a Cristo como camino de redención transformadora, tal como afirmaba Karl Barth, el teólogo suizo reformado, a quien algunos han llamado el Santo Tomás de los protestantes, se requiere que comencemos «con la Biblia en una mano y con el periódico en la otra». Necesitamos dimensionar la magnitud de la violencia que oprime y esclaviza a la niñez en América Latina para luego preguntarnos ¿quién es Cristo para esta niñez hoy en día? (Bethge, s. f.)

América Latina y el Caribe es la región con más alta proporción de homicidios cometidos contra menores de veinticinco años. Los tres países con tasas más elevadas de homicidios a niños y adolescentes son El Salvador, Guatemala y la República Bolivariana de Venezuela. Aunque esta situación es alarmante, las estadísticas demuestran que la cantidad de niños que sufren violencia en forma de disciplina es mucho mayor, ya que seis de cada diez niños entre dos y catorce años con frecuencia son objetos de violencia física y psicológica, principalmente en el entorno familiar. Esto resulta contradictorio, cuando solo tres de cada diez personas adultas consideran que el castigo

físico es necesario para la crianza de los niños. Sostener la necesidad del castigo físico se relaciona directamente con el nivel de educación de la persona adulta. (ONU, 2013)

Escribo desde el corazón de Guatemala, uno de los países más cristianos de América Latina, pero también uno de los países con más alta tasa de violencia.[1] Nuestro mayor desafío es comprender que la cultura violenta y deshumanizante se gesta desde el seno familiar. World Vision Guatemala implementó un diagnóstico, por medio de la metodología ADAPT[2], que dejó al descubierto que la violencia intrafamiliar y el maltrato infantil son los principales problemas que afrontan los niños y las niñas en este país. A esto le sumamos los resultados de estudios realizados a jóvenes en conflicto con la ley que demuestran que la violencia intrafamiliar constituye la segunda razón por la que los niños y jóvenes ingresan a las maras. (Aguilar y Carranza, 2008)

> **PENSAR**
>
> ¿Cómo crear la conciencia de que la violencia empieza en el hogar, incluso cómo la misma expulsa a los niños y las niñas a la calle?

Hemos terminado siendo uno de los países más violentos, y lo más triste, producto de una violencia gestada desde el seno familiar, naturalizada y justificada como «buena crianza». He escuchado muchas veces a hombres y mujeres decir: «Hoy soy una persona de bien porque gracias a Dios mi papá me crio con chicote». Pero más alarmante aún es ver cómo fundamentan en la palabra de Dios la crianza con golpes y la defienden como asunto de fe y doctrina.

Cuando trabajamos la sensibilización para la crianza con ternura con líderes de iglesias, comenzamos con un ejercicio sencillo, con el cual llegamos a conocer su postura al respecto del castigo físico. Dibujamos

---

1 La tasa por cada 100.000 es de 39,8 homicidios. http://www.prensalibre.com/noticias/ Nacionales-pais-mas-mortifero-que-Irak-homicidios_0_1238276170.html

2 (Herramienta de Análisis, Diseño y Planeamiento para la Protección de la Niñez) en veinticinco municipios de ocho departamentos de Guatemala. La herramienta fue aplicada a un total de 3.125 NNA y 1.422 padres de familia y representantes de instituciones de 122 comunidades.

con cinta una línea sobre el piso y pedimos que los que están de acuerdo con el castigo físico se coloquen al lado derecho de la línea y los que están en desacuerdo al lado izquierdo. Una vez ubicados, cada grupo se prepara para justificar su postura. En general, la gran mayoría está de acuerdo. Sacan la Biblia y enuncian uno a uno los versículos que fundamentan su posición. En algunos casos, la han defendido de manera extremista y radical, pues consideran a los que están «en desacuerdo» como irreverentes e infieles por estar «en contra de la Palabra de Dios». La simplicidad de este ejercicio deja al descubierto un estilo de crianza, cuyos defensores no conectan la violencia contra la niñez como la principal razón por la que hoy en día Guatemala es uno de los países más violentos de América Latina.[3]

---

3 En Guatemala la utilización de alguna forma de castigo físico para la corrección de los hijos se acepta culturalmente. El 63,3 % de los padres usan alguna forma de castigo físico: el 33,3 % el cincho u otro objeto contundente que encuentren a la mano; el 1,5 % utiliza látigo; y solo un 26,7 % dice que nunca le pega a sus hijos (esto incluye una minoría de hogares conformadas por abuelos y nietos). En algunos casos es tan normal el uso de la violencia, que los padres y madres no se dan cuenta de ella hasta que estalla una crisis, como cuando un niño se escapa y se va a vivir a la calle. (Schrader, 2002-2004)
En las culturas indígenas, el maltrato que con mayor facilidad se identifica es el verbal, los gritos, ofensas y malas palabras. Solo se identifican como maltrato físico las formas de corrección extremas, con objetos contundentes o que laceran. A diferencia, los ladinos legitiman los gritos y la violencia verbal como estrategia que evita el llegar a los golpes. (World Vision Guatemala, 2009)
Factores asociados con el uso de medidas disciplinarias severas y extremas (Schrader. 2002-2004):
La experiencia afectiva, de seguridad y/o violencia de los padres y madres durante la niñez. Se incluye también el abuso sexual.
La percepción de los padres y madres con respecto a la desobediencia infantil. La desobediencia legítima la violencia física.
Cuando la responsabilidad de disciplinar recae solo sobre la madre, estas son de dos a cuatro veces más violentas.
Las prácticas de maltrato aparecen más abundantes en áreas rurales que no son indígenas, que en lugares más próximos al centro urbano.
Ausencia de conversación y expresión verbal afectivas entre padres, madres e hijos.
Creencias religiosas y culturales que suponen que los niños se portan mal a menos que sean controlados con violencia.
Índice de ingresos fluctuantes e impredecibles más que de ingresos bajos.
La referencia de que cualquier persona adulta que sea del círculo familiar pueda corregir a los niños.
Según la misma comunidad, los factores que más inciden en la violencia intrafamiliar son: el alcoholismo, los vicios, la ausencia de una paternidad responsable, las malas relaciones entre los padres.
El hombre es el que disciplina físicamente, principalmente a los hijos mayores, porque tiene más fuerza.

Por otra parte, es importante resaltar que lejos de una postura o del dato estadístico frío, está el dolor de Luisa[4], la niña a quien su madre le quemó las manos. Luisa nos contó su experiencia: «Cuando mi mamá salió de casa para ir a moler la masa, la niña vecina, que era más grande que yo, llegó. Me preguntó si mi mamá ya había hecho el almuerzo. Yo le dije que sí. Ella me dijo que quería ver lo que había hecho. Yo le mostré el sartén con fideos. Ella me dijo: "préstemelo". Luego, ella regresó con el sartén vacío y yo lo puse en la pila. Cuando mi mamá regreso de moler, vio el sartén y no me dijo nada. Atizó el fuego. Luego me tomó las manos y las puso sobre el fuego. La piel de mis manos salió como si fueran guantes». Luisa también nos contó cómo su mamá la amarraba a la pata de la cama y le pegaba hasta que ella quedaba inconsciente.

> **✋ ACTUAR**
>
> Enseñar a las personas que han sobrevivido a la violencia que su experiencia es producto de la estructura social y cultural para que no carguen con la idea de culpa o se responsabilicen de lo vivido.

Al igual que el dolor de Luisa, está el miedo de Beto, a quien, para que aprendiera a no tomar lo que no es suyo, su papá le quemó las manos con cigarro. Y la zozobra de Lico, quién subía corriendo a esconderse al tapanco, cada vez que su papá lo amenazaba con que iba a regalárselo a don Braulio, el finquero del pueblo. O la congoja y sensación de asfixia de Juan, a quien su papá lo colgó en una red, con fuego de tusas de maíz por debajo, para que aprendiera que fumar es malo.[5]

Lejos del dato estadístico frío está el miedo y el dolor provocados por una cultura deshumanizante que, en la intimidad de la casa, en lo secreto de la familia y en la oscuridad del olvido…, pocos la

---

4 Las historias son reales, pero los nombres se han cambiado para resguardar la identidad de las personas.

5 Estas son algunas de las formas habituales de «corrección» utilizadas en Guatemala. Las narraciones son verídicas, contadas por adultos que en su proceso de restauración han compartido sus historias. Los nombres han sido cambiados.

cuentan porque la consideran «su vergüenza». Y, aunque parezcan historias aisladas, así es la vida de miles de niños y niñas cuyo calvario les atormenta día a día.

LAS DIMENSIONES

Restauradora

¿Qué espacios, prácticas y personas de la iglesia podrían habilitarse para aprender a escuchar estas historias de dolor, empezando por la propia, para generar así procesos de sanación, al mismo tiempo que se alimenta la fe y los procesos afectivos como individuos y comunidad?

Formativa

Ya que el texto nos señala que la violencia en el hogar se legitima mediante el uso de textos bíblicos, nos queda el reto de que se promuevan en las actividades pastorales de la iglesia más lecturas de los evangelios orientadas a experimentar la misericordia de Dios, que incluyan más imágenes del trato tierno de Jesús.

La iglesia podría ser fuente de formación e información de toda esta realidad de América Latina para crear conciencia de la violencia y cómo desde los hogares se alimenta a nivel global.

Transformadora

Que la iglesia y sus distintos grupos pastorales procuren ser luz y optar más por procesos de formación de la ternura y de ser también un espacio para la denuncia a nivel comunitario.

Comprometernos como comunidad de fe a acompañar, proteger, incluso a velar por el cuidado de las personas más vulnerables de la iglesia.

Cristo, señal y signo de solidaridad

El evangelio de Juan constituye el clímax cristológico del Nuevo Testamento. Juan comienza expresando con una singularidad y profundidad esplendorosa lo que a la iglesia le ha tomado siglos de discusión y comprensión: «En el principio ya existía la Palabra; y la Palabra estaba junto a Dios y era Dios. Ya en el principio estaba junto a Dios. Todo fue hecho por medio de ella y nada se hizo sin contar con ella. Cuanto fue hecho era ya vida en ella, y esa vida era luz para la humanidad; [...] Y la Palabra se encarnó y habitó entre nosotros; y vimos su gloria, la que le corresponde como Hijo único del Padre, lleno de gracia y de verdad» (Juan 1.1-3; 14).

En pocos versos Juan resume el acto más generoso de Dios. En Cristo, Dios se hace historia y se hace experiencia en el mundo. (Bethge, s. f.) El preexistente, el que lo creó todo, Dios mismo, el Emanuel, se humilló y se humanó. Tal como lo afirmaría Karl Barth, en Jesucristo la divinidad de Dios no excluye su humanidad, por lo que su capacidad de amar no solo se da en las alturas sino también en lo profundo, no solo es grande sino también pequeña, no solo está en sí y para sí sino también con alguien que es distinto a él, y para darse a sí mismo tiene comunión con el hombre (Barth, 1978). En Cristo, Dios patentizó «su libre afirmación del hombre, su libre participación en él, su libre intervención a favor de él» (Barth, 1978). Dios entró en una *relación* singular con el hombre, vaciándose y encontrándose con él dentro de las fronteras de lo humano.

Y Cristo no solo vivió con nosotros sino que entregó su vida hasta la muerte. En la cruz, Jesús experimenta el abandono del Padre y el Padre experimenta el sufrimiento al entregar a su Hijo en el acto del más insondable amor de la historia de la humanidad. Tal como Molttman lo expresa, la cruz demuestra que Dios no es impasible o indiferente, sino que Dios se conmueve con el dolor humano. Dios mismo sufre la injusticia y la violencia de la historia humana (Moltmann, 1972). En la cruz, Dios sufre la violencia que viven hoy los niños en América Latina. Dios es solidario con su sufrimiento y se hace uno con la niñez violentada.

Al comprender el sufrimiento de Dios en la cruz, traemos a la memoria las célebres palabras de Bob Pierce, fundador de World Vision: «Que mi corazón se quebrante con las cosas que quebrantan el corazón de Dios». El anhelo es que podamos amar con el amor de Dios, sufrir con el dolor de Dios y esperar con la esperanza de Dios. La invitación es a que salgamos de nosotros mismos y recordemos que, si Dios está presente en el grito de los niños, en su dolor y en su angustia, nosotros también debemos ser solidarios con su dolor. Dios está con el niño golpeado, con la niña abusada, con los miles de niños de América Latina que viven sometidos al miedo y al dolor.

La cruz de Cristo también invita a la persona adulta a conmoverse y a redimir su propio dolor y a reconocer en su historia personal la violencia que vivió en su niñez. En nuestra experiencia de trabajo con crianza con ternura, invitamos a los líderes de iglesias a que dibujen quién fue la persona más significativa en su crianza cuando eran niños. Luego, les pedimos que dibujen alguna forma de trato, corrección o conducta que no les gustó en cuanto a la manera en que estas personas les criaron. Finalmente, dibujan aquellas conductas que les hicieron daño y que hoy ellos mismos repiten con sus propios hijos. Por último, comparten sus experiencias con un pequeño grupo de personas.

Con este ejercicio hemos descubierto que detrás de cada rostro subsiste una historia de dolor. Algunas personas hablan de violencia física. Otras, sobre abuso sexual. Hay quienes, sobre palabras hirientes que les frustraron sus planes a lo largo de la vida. Y no faltan aquellas personas que hablan del abuso de las drogas y alcohol de sus padres o del abandono del hogar de alguno de ellos. Son historias cargadas de dolor y sufrimiento, de las que quizá nunca antes hayan hablado. Las mismas personas adultas que en otro momento defendieron la crianza con violencia, terminan llorando como niños o niñas sin control cuando recuerdan el dolor que a ellas les causaron sus padres o personas cuidadoras. Un dolor más grande las aqueja cuando descubren que la forma en que ellas crían ahora a sus hijos no se diferencia de aquellas en que ellas fueron criadas y que les ha causado tanto dolor a lo largo de la vida.

Existen dos momentos liberadores dentro de este proceso. Primero, las personas reconocen que, dentro de los planes y la voluntad de Dios para ellas, no se incluye la violencia, los golpes, gritos, abuso, negligencia o explotación. Cada persona le pone nombre a su dolor y reconoce que la violencia que sus padres o personas cuidadoras les infligieron fue un pecado del que ella «no es culpable» y que tampoco «es su vergüenza». El segundo momento liberador es cuando colocan su dolor sobre la cruz de Cristo. Disciernen que Dios no ha sido indiferente frente a su dolor y que Dios estuvo con ellas en los momentos de soledad y angustia; que estuvo con ellas en medio del grito y la desesperación. Este es uno de los actos más liberadores para la persona humana, porque no solo la libera de la esclavitud del pasado, sino la libera de la tiranía de la violencia que ella misma podría ejercer contra sus hijos y los hijos de sus hijos.

¿Acaso no es esto resignificar la redención de Cristo para una generación subyugada por el peso del pecado de sus padres? ¿Acaso no es esto resignificar la redención para el aquí y para el ahora? Cristo es camino de redención no solo para la salvación eterna, la cual creemos y afirmamos, sino para la salvación de cualquier atadura de pecado que intente destruir el bienestar y plenitud de vida de los niños y las niñas.

LAS DIMENSIONES

Restauradora

El texto nos comenta la existencia de dos momentos liberadores que podrían ser espacios para generar restauración desde los distintos grupos pastorales de la iglesia. Pero también deberían ocurrir en nuestra propia vida para dar testimonio de restauración.

¿Cómo podríamos promover una experiencia de fe que nos restaure y nos libere de la carga emocional que genera la violencia?

¿Cómo gestionar estos espacios? ¿Qué cambios se requieren a nivel de estructura y de práctica pastoral?

Formativa

La autora nos señala el uso del texto bíblico como instrumento legitimador de la violencia y de cómo se podría revertir estudiando la perspectiva de que Dios es misericordioso y tierno, encarnado en la humanidad para sentir en su carne el dolor.

¿Cómo incidir en la formación de la fe para eliminar de la crianza el maltrato y la violencia y mostrar cómo Jesús revive el dolor de su sacrificio en cada niño o niña que es objeto de agresión?

Transformadora

Así como la iglesia alaba a un Dios misericordioso, el reto es que se convierta en voz de ese mensaje de esperanza como nos dice el texto. Debe promover un camino de redención desde las estructuras, discursos y prácticas pastorales incluso proféticas, no solo para la salvación eterna, como señala la autora, sino también para el bienestar y la plenitud en la vida de los niños y las niñas.

Cristo, señal y signo de reconciliación y perdón

Permanecer indiferentes al dolor de la infancia sería, en términos de Bonhoeffer, «abaratar la gracia» (Bonhoeffer, 2016). Es no comprender que la gracia de Dios, que es cara porque le costó al Padre la vida de su Hijo, requiere de un seguimiento a Jesús hasta el punto de dar la vida misma y transformar cualquier conducta, relación y forma de vida que sea contraria a Cristo. Demanda comprender que la gracia de Dios justifica al pecador,

pero no justifica el pecado de violencia contra la niñez. La gracia cara es aquella que llama pecado a la violencia y no tolera que la vida de los niños y niñas se plague de experiencias adversas que los marquen de por vida. La gracia cara es la que se niega a reducir a Cristo a un concepto abstracto, religioso y desconectado de la transformación de las relaciones. Para profundizar en esto, Bonhoeffer da un nuevo título a Jesús: «el Hombre para los demás». Con él nos desafía a comprender que el seguimiento a Jesús se da en la medida en que nuestra vida se entregue en alma y cuerpo a las demás personas, en la medida en que la sociedad comprenda que no puede naturalizar la violencia ejercida contra los niños y niñas, justificarla y sostenerla. «El hombre para los demás» nos invita a arriesgar el todo por el todo a fin de destruir los signos y señales de violencia contra los niños y las niñas.

Y, si Cristo es nuestro centro y punto de partida para interpretar la realidad de violencia que viven los niños y las niñas en América Latina, es importante también resignificar el perdón y la reconciliación basados en la obra redentora de Cristo.

Y todo esto es un regalo de Dios, quien nos trajo de vuelta a sí mismo por medio de Cristo. Y Dios nos ha dado la tarea de reconciliar a la gente con él. Pues Dios estaba en Cristo reconciliando al mundo consigo mismo, no tomando más en cuenta el pecado de la gente. Y nos dio a nosotros este maravilloso mensaje de reconciliación. Así que somos embajadores de Cristo; Dios hace su llamado por medio de nosotros. Hablamos en nombre de Cristo cuando les rogamos: «¡Vuelvan a Dios!». (2 Corintios 5.18-20, NTV)

Dios nos reconcilió consigo, nos trajo de vuelta a él.[6] La obra de Jesús quitó la enemistad y restauró la relación amistosa que siempre debía haber existido, pero que el pecado del hombre rompió. El efecto de la cruz no cambió el corazón de Dios, sino cambió el corazón del hombre hacia Dios, del hombre hacia el hombre, del hombre hacia la sociedad y del hombre hacia el ambiente. Y, ahora que somos sus amigos, nos ha dado el ministerio de la reconciliación.[7] La evidencia palpable de que Dios nos ha reconciliado con él es el restablecimiento de las relaciones con nosotros mismos y con las demás personas. De allí que la reconciliación trasciende del plano personal, individual y vertical al plano horizontal, es decir, con la otra persona.

Tratando de comprender la profundidad de la reconciliación, Anselm Grün (Grün, 2002), de manera sencilla pero profunda, nos explica: la reconciliación no se alcanza simplemente reprimiendo todas las ofensas que otras personas hayan come-

> **PENSAR**
>
> El diálogo como mecanismo de reconciliación.
> ¿Qué espacios en la iglesia podrían propiciar diálogos de reconciliación como procesos restauradores? «Qué prácticas de fe podrían ser afectivas para vivenciar la ternura como herramienta de restauración.»

---

6 La palabra reconciliación revela un cambio en una de las partes, impulsado por la acción del otro. En su origen el término empleado para reconciliar se utilizaba para referirse al cambio o trueque de una cosa por otra. Con el tiempo, se comenzó a utilizar para cambiar la enemistad por amistad. Tiene la idea de volver a unir dos partes que estaban en conflicto. Siempre se refiere a la restauración de una amistad rota y la normalización de una relación.

7 El término que se utiliza para «vuelvan a Dios» es el mismo que se utiliza en 1 Corintios 7.11 para indicarle a una mujer que vuelva con su *marido.*

tido contra nuestra persona; ahogando y tragando toda la rabia contra quienes nos han herido. Perdonar tampoco significa que tengamos que echarnos a los brazos de la persona ofensora, olvidando todo. El primer paso es impedir a toda costa que la ofensa se instale dentro de nosotros mismos.

En segundo lugar, la reconciliación se trata de restablecer la relación con la otra persona. Pero esta acción no siempre es posible porque depende de que la otra esté dispuesta a establecer el diálogo clarificador. «Trato de reconciliarme *interiormente* conmigo mismo y con la historia pasada».

> «Estoy dispuesto a ir al otro tan pronto como él lo permita o bien reaccionar positivamente ante cualquier movimiento que venga de su parte». No es barrer los conflictos por debajo de la alfombra. Cuando alguna persona peca y daña la convivencia, hay que hablar con ella, no hablar de ella. Por medio de la escucha mutua y del diálogo se puede llegar a la reconciliación. (Grün, 2002)

Este concepto práctico del ministerio de la reconciliación se aplica a las relaciones rotas por la ofensa recibida o por las ofensas que nosotros mismos hemos cometido. La reconciliación extiende la obra redentora de Cristo a cualquier relación humana y nos recuerda que

> Sea de una forma u otra, el amor de Cristo nos controla. Ya que creemos que Cristo murió por todos, también creemos que todos hemos muerto a nuestra vida antigua. Él murió por todos para que los que reciben la nueva vida de Cristo ya no vivan más para sí mismos. Más bien, vivirán para Cristo, quien murió y resucitó por ellos. (2 Corintios 5.14-15, NTV)

Mediante el concepto de Bonhoeffer de la gracia cara, deseamos resignificar la declaración de Pablo de no vivir más para

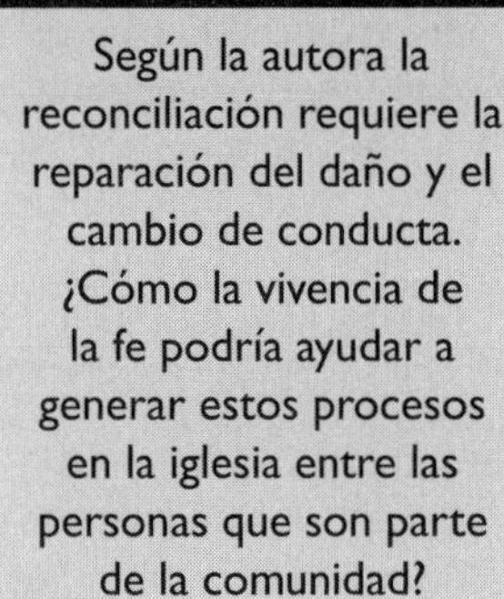

nosotros mismos sino vivir para Cristo. «El Hombre para los demás», nos llama a seguirlo de manera genuina, llevando el ministerio de la reconciliación a cada relación rota que necesita que Jesús la transforme.

Era una tarde del mes de junio del 2006. Estábamos en Jutiapa, a unos 120 km de la ciudad de Guatemala, junto a un grupo de mujeres y hombres que contaban sus experiencias de transformación dentro del proceso de aprendizaje de Crianza con Ternura. Era un grupo principalmente de mujeres, entre los veinte y cuarenta años. De repente, una de aquellas mujeres se paró y habló:

> quiero contarles lo que hizo en mí lo que aprendí de la ternura. Mi nombre es Lucía, y yo le quemé la tienda a ella, la Juana —señaló a doña Juana—. Se la quemé porque le tenía envidia y porque ella no me caía bien. Pero, luego, aprendí que lo que había hecho estaba mal. Así que durante una reunión de Crianza con Ternura yo le dije que yo había sido la persona que le quemó la tienda. Le pedí perdón, y pues, bueno, ya casi termino de pagarle lo que ella perdió.

La otra mujer también se paró y ambas se abrazaron. Los que estábamos presentes lloramos. ¿Acaso hay una mejor manera de comprender el verdadero significado de una relación restaurada? ¿Acaso existe una evidencia tan profunda de una relación rota y transformada desde la experiencia del perdón y la reconciliación? La reconciliación requiere la reparación del daño, el cambio de conducta y de actitud.

Recordamos también el testimonio de don Chente:

> En mi casa ya no hay gritos como antes. Mi modo antes era tremendo. Ahora ya no les grito a mis hijas, ni a mis varones. Yo antes les trataba con palabras bruscas. Ahora mis hijos me dicen que ya no soy el mismo que antes. Por ejemplo, ayer fui a traer la tarjeta de calificaciones de mi hijo que está en primero básico. Tenía cuatro materias en rojo. En otro tiempo, yo le hubiera gritado y le hubiera pegado con un alambre. Pero, ahora, los llamé a todos a una reunión. Les dije: antes que nada quiero

agradecerles por la camisa y el pantalón que me regalaron para el día del padre. Ahora, también quiero decirte, Mario, que quiero que seás como tu hermano Luis, no porque él sea mejor que vos, porque nadie es mejor que nadie, sino porque quiero que, como él, te gradués... Porque él se va a graduar este año. Al final, toda mi familia me aplaudió, y me dijeron: "¡papá, cómo has cambiado!" Yo me sentí muy bien. Don Chente, un vendedor de productos de limpieza que vive en Chinautla, comenzó a participar en el grupo de Crianza con Ternura que su esposa dirigía. Después de un proceso de relaciones transformadas él mismo pasó a facilitar un grupo en el que otros padres de familia de su comunidad compartían espacios para la transformación de sus relaciones familiares. «Antes había mucho conflicto en nuestro hogar. Una vez agarré mis cosas y les dije a los patojos que me iba. Ellos me preguntaron: "¿A dónde?" Yo les dije: "Aunque sea a vivir al monte, porque ¡no aguanto más!" Ahora vivo feliz. He recapacitado bastante. Juego con ellos... Todos han visto mi cambio.» (ASODEM, 2005)

También don Esteban nos contó que cuando llegaba del trabajo a su casa, sus niños salían corriendo a esconderse de él pues le tenían miedo. Después que comenzó con el proceso de aprendizaje de Crianza con Ternura, la relación con sus niños cambió: «Ahora salen corriendo pero a recibirme. Algunas veces casi me tiran al suelo, porque todos quieren que los cargue. El grande me tiene lista la pelota para que juguemos. Yo juego con ellos, aunque llegue cansado. Hoy mi familia es feliz».

Don Juanito también nos contó que sus hijos mayores le reclaman porque con ellos fue duro y ahora se dan cuenta de que con sus hermanos pequeños él es diferente. «Pero, antes, yo no sabía que las cosas podían ser diferentes con mis hijos. Yo no conocía más que la fuerza de los golpes, ahora sé lo que significa la ternura».

Estas historias no son eventos aislados sino la realidad de miles de familias de la comunidad, que a lo largo de los últimos doce años han descubierto la profundidad de la ternura y han decidido restaurar su relación y reconciliarse con Dios, con sus hijos y la comunidad. Crianza con Ternura desde la Palabra de Dios ha significado para ellos la luz de Jesús que visita sus casas y comunidad. Cristo hoy en día es para ellos un camino de redención transformadora. Redención no solo eterna, sino de cualquier relación rota por el pecado de la violencia.

LAS DIMENSIONES

Restauradora

En el texto, se indica que la reparación del daño y el cambio de actitud es lo que precede a la reconciliación. El reconocimiento y el cambio de una persona como parte del proceso de restauración, según los testimonios citados, transformó vidas. Son procesos que pueden incluirse en la iglesia como parte de la vivencia de la fe. ¿Qué prácticas y discursos bíblicos colaborarían en este proceso de preparación para la restauración?

Formativa

¿Cómo y qué enseñar de la obra de Jesús con respecto a la reconciliación con Dios como fundamento de la reconciliación entre las personas?

Transformadora

¿Qué impacto podría generar la iglesia en las comunidades al enseñar la ternura en la crianza, así como ocurrió con don Juanito, según su testimonio citado en el texto? ¿Cuáles actividades pastorales podrían contemplar en su programa los procesos de reconciliación?

Cristo, señal y signo de esperanza para la niñez

Finalmente, deseamos resignificar la resurrección de Cristo. Afirmamos que la resurrección no es solo un asunto de fe, sino un acontecimiento histórico que ha marcado la vida de todas las personas que de generación en generación hemos confesado nuestra fe en Jesucristo. Pero también afirmamos que la resurrección es símbolo y señal de esperanza. Tal como Moltmann, el teólogo de la esperanza, expresa: «no hay cruz que no esté preñada por la esperanza de la resurrección». La resurrección no solo es la conclusión perfecta de la cruz, sino que le impregna a la cruz el carácter de triunfo y victoria sobre la muerte y el pecado.

La resurrección derrota cualquier signo o señal de violencia contra la niñez de hoy en día. No importa cuán profunda sea la herida dejada por la experiencia adversa ocurrida en la vida de un niño o una niña. Tenemos esperanza de que la violencia contra ellos terminará. Tenemos esperanza de que el sufrimiento de los niños y las niñas de América Latina pueda ser transformado en vida abundante. Esto es lo que nos mueve y nos impulsa a reinventarnos y a concretar la búsqueda incesante por transformar las relaciones.

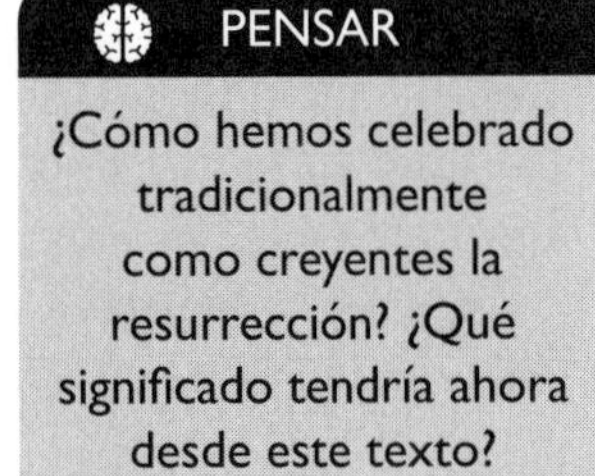

El primer paso hacia la transformación de las relaciones comienza con nuestra propia vida. Necesitamos identificar cuáles son aquellas relaciones que necesitan que Cristo las redima. Cuáles son los propios signos y señales de violencia que necesitamos transformar desde nuestra experiencia con el Cristo resucitado, con nosotros mismos, con las demás personas y con el medio ambiente. Es alcanzar a comprender lo que significa ortopraxis desde la profundidad de una genuina reconciliación con Dios. Es sacar lo religioso de la fe y concretar la fe en las relaciones transformadas con las demás personas.

El segundo paso trasciende del plano personal a la conciencia pública. Es asumir un rol profético de denunciar la violencia contra la niñez. Es levantar la voz por quienes no tienen voz, para que la violencia que ha sido naturalizada ya no se tolere. Es trabajar por la reconciliación de los padres con sus generaciones anteriores. Es ponerle nombre al dolor propio. Es aprender a recordar lo que tanto daño ha causado. Es hablar del dolor de la violencia para que la historia no vuelva a repetirse en las generaciones futuras. Es llevar a los padres y madres a comprometerse por la vida en plenitud de sus hijos y sus familias. Esto es Crianza con Ternura: permitir que Cristo sea camino de redención para nosotros hoy mismo.

El tercer paso es alcanzar las estructuras de poder, a las personas tomadoras de decisiones. Aquellas personas que, siendo garantes de la protección de la niñez, pueden asegurar que las leyes y las estructuras del Estado faciliten la plenitud de vida, el bienestar y la protección a la niñez, de cualquier forma de violencia, negligencia y explotación. Tiene que ver con el asocio con todos los que potencialmente pueden incidir en la erradicación de todas las formas de violencia contra la niñez.

Comenzamos este capítulo desde la inspiración de una pregunta de Bonhoeffer: «¿Quién es Cristo para nosotros hoy?», y nos preguntamos: ¿Quién es Cristo para la niñez violentada en América Latina hoy en día? Concluimos el capítulo con la misma pregunta, recordando que tenemos que resignificar la divinidad y humanidad de Cristo, porque Cristo es el «Hombre para los demás»; resignificar la cruz de Cristo como la solidaridad del Padre con la niñez sufriente; resignificar el dolor propio para liberar nuestro presente y futuro de la opresión de la violencia; resignificar la reconciliación con Dios y llevarla a su mayor esplendor en la reconciliación y restauración de cualquier relación rota, especialmente; resignificar la resurrección, como clave para comprender el presente y el futuro con la esperanza de la redención y liberación de la niñez.

> **ACTUAR**
>
> Tomar la fe para restaurarse a uno mismo y restaurar consigo mismas a las demás personas. Resignificar la fe.

Queremos seguir a Jesús, arriesgando el todo por el todo para proteger la vida en plenitud de los niños y las niñas. Queremos vernos como constructores de paz y ministros de la reconciliación, cuyos pies reconstruyan toda relación quebrantada. Queremos llevar la luz de Jesús, para restaurar cualquier relación enferma. Henos aquí, Señor.

Referencias

Aguilar, J. y Carranza, M. (Investigadores). (2008). *Las maras y pandillas como actores ilegales de la región.* San Salvador: Instituto Universitario de Opinión Pública-UCA.

ASODEM (Asociación Defensora del Menor Maltratado), (22 de junio del 2005). Entrevista al primer grupo de Crianza con Ternura. Entrevista realizada en PDA.

Barth, K. (1978). La humanidad de Dios. En: *Ensayos teológicos.* Barcelona: Editorial Herder.

Bethge, E. (s.f). *Cristología y cristianismo no religioso en D. Bonhoeffer.* Recuperado de *www.seleccionesdeteologia.net/selecciones/llib/vol9/36/036_bethge.pdf*

Bonhoeffer, D. (2016) *El Precio de la Gracia. El seguimiento.* Salamanca: Ediciones Sígueme.

Grün, A. (2002). *La penitencia: celebración de la reconciliación.* Madrid: Editorial San Pablo.

Moltmann, J. (1972). *El Dios Crucificado Dios. La cruz de Cristo como base y crítica de la teología cristiana.* Salamanca: Ediciones Sígueme.

Naciones Unidas, (2013). *Ocultos a plena luz. Un análisis estadístico de la violencia hacia la niñez.* Nueva York.

Schrader, A. (2002-2004). *Risk, resiliencie and parent education in Guatemala City.*

Schrader, A. (2002-2004) *Hacia una pedagogía fundamentada en el amor.* Resumen de la investigación.

World Vision Guatemala (2009). Informe de patrones de crianza.

RUTA PARA SENTIR

RETOS PERSONALES (SENTIR Y PENSAR)

Lenguajear con ternura

«La palabra dio vida a todo lo creado, y su vida trajo luz a todos (Ramírez, 2016)». Esta frase tan simbólica, que la autora incluye en el texto como antesala de la presentación de Jesús como Dios encarnado, es muy poderosa, pues hace alusión también a la creación de todo.

Este Dios encarnado en la persona de Jesús, que se conmovió con el dolor, y lo hizo con ternura, la cual expresó en todas su formas, nos muestra cómo se puede hacer de la ternura un lenguaje propio de empatía y solidaridad, como muestra el texto. Una ternura que debe expresarse, en especial, a la niñez, que es la que principalmente ha resultado afectada por esta violencia generalizada, sobre todo en los hogares.

Sentir... cómo el amor encarnado de Dios nos ha llamado a conmovernos por el dolor de las demás personas.

Pensar... ¿cómo promover entre las personas de la iglesia y las prácticas pastorales esta empatía y solidaridad de la cual nos habla?

Ponernos en su mirada

En este caso la mirada referente será la del Dios encarnado. ¿Cómo mira al mundo en medio del cual se ha encarnado? ¿Cómo ve a las personas aquel que se ha encarnado para vivir entre nosotros?

¿Qué significamos para Jesús, pues quiere vivir como propio nuestro dolor, y, al mismo tiempo, llamarnos a la esperanza mediante la resurrección?

El hecho de que nos miremos a nosotros mismos con su mirada nos podría dar otra perspectiva de la vida, y, sobre todo, de la misericordia y reconciliación con nuestra propia persona.

Sentir... cómo esa mirada de misericordia inunda nuestros corazones y nos llena de esperanza.

Pensar... ¿Cómo podemos promover en la iglesia esa mirada misericordiosa, de empatía y solidaridad?

Encarnar la ternura

Si el mismo Jesús encarnó la ternura con todo su ser para hablarnos del Reino, no podemos eludir su invitación a hacer lo mismo.

Encarnar... la ternura que nos impulsa a la empatía, a la reconciliación, al diálogo, a la misericordia, a la solidaridad y a desterrar la violencia. Encarnarla implica grandes revisiones, empezando por reconciliarnos con nuestro propio yo. Sentir el dolor de las demás personas y solidarizarnos con ellas.

Sentir... cómo esta ternura misericordiosa de Jesús nos ayuda a liberarnos a nosotros mismos y a vincularnos con el dolor de las demás personas.

Pensar... ¿Hacia dónde me lleva esta ternura encarnada en el encuentro con la otra persona?

Seguir al maestro

Si Jesús es la ternura de Dios encarnada, y con ella no solo sufre nuestro dolor sino al mismo tiempo nos provee la esperanza de la reconciliación, ¿qué retos nos plantea como sus seguidores?

La autora al final del texto nos llama a llevar la luz de Jesús para restaurar cualquier condición y relación. Es un llamado a llevar esa ternura como estandarte y a ser constructores de paz y ministros de la reconciliación.

Sentir... esa empatía que Jesús siente hacia las demás personas. Con esa empatía Jesús siente y también vive su espiritualidad. Y como sus seguidores, esa empatía nos llena de la esperanza de reconciliación.

Pensar... en las implicaciones de abrir el corazón a esta experiencia de ternura que pueden vivir todas las personas. Podemos abrir corazones al llevar la misericordia y esperanza de Dios donde nos hallemos; especialmente en nuestro trabajo, en algún grupo pastoral o dentro de la estructura de la Iglesia.

PROYECTOS PASTORALES (ACTUAR)

Sentir, luego pensar; jugar, luego actuar

Volver la mirada a esa ternura de Dios encarnada para sentir con ella todo lo que nos rodea, especialmente a las personas que necesitan la reconciliación.

Sentir la empatía, la misericordia y pensar en espacios de liberación, de escucha.

Mirar con los ojos de la solidaridad, jugar con las estructura, no dejando que nos impongan roles y relaciones, más bien siendo flexibles con ellas, analizándolas a partir de lo humano y no de las jerarquías o hegemonías. Dibujarlas desde la ternura para procurar un encuentro profundamente liberador, para actuar hacia la reconciliación en una relación más horizontal de acompañamiento y escucha.

Como iglesia tenemos la misión de llevar la esperanza de Cristo, que es la ternura de Dios encarnada, especialmente a América Latina, tan golpeada por la violencia.

La autora nos deja varias reflexiones importantes que podrían verse concretadas en la iglesia, tanto en su discurso, en sus acciones pastorales, incluso, en la liturgia, y sus actividades de encuentros. Como participantes podríamos analizarlas desde los distintos contextos y visualizar la implementación de aquellas que podrían enriquecer la vivencia de la fe de las personas y colaborar con los procesos de reconciliación y restauración

Actuar... ¿Cómo convertir la iglesia, en su totalidad, en la encarnación de la ternura de Dios, para que refleje a Cristo?

¿Cómo materializar esa voz de denuncia, esa voz profética desde las estructuras de poder de la misma iglesia hasta las relaciones externas con agentes sociales, políticos y legales para promover la ternura y ayudar a erradicar toda forma de violencia en las relaciones humanas, especialmente cuando van dirigidas contra la infancia?

PISTAS DE LAS DIMENSIONES DE LA TERNURA

FORMATIVA

RESTAURADORA

- Comprender que la violencia es generalizada para que así la víctima no asuma ninguna responsabilidad del maltrato.
- Saber que Dios encarna la ternura para sentir como propio el sufimiento de las personas y se solidariza con ellas.
- Proponer la reconciliación por medio de la misericordia y gracia de Jesús.
- Reparar el daño y cambiar de actitud.
- Anunciar la redención de Jesús y su resurrección como señales de esperanza para todas las personas.

- Impactar a la comunidad para que la crianza deje de ser foco de violencia y se eviten así más expulsiones de niños y niñas a las calles.
- Crear concienca de cómo la violencia intrafamiliar genera violencia global y de cómo esta violencia sufrida y aprendida en nuestra niñez la hemos reproducido en nuestros propios hijos e hijas.

TRANSFORMADORA

- Asumir el rol profético de denunciar toda violencia infringida contra la niñez.
- Alcanzar las estructuras de poder y a quienes toman decisiones.
- Incidir, generar o apoyar marcos legales de protección a la niñez.
- Erradicar toda forma de violencia en contra de la infancia en todas las estructuras, las prácticas, las relaciones, los discursos o lecturas bíblicas de la iglesia.
- «Alcanzar las estructuras» (Ramírez, 2016).
- Proveer protección a la niñez latinoamericana porque la situacion actual lo demada de manera urgente.
- Resignificar la fe a partir del mesaje de Jesús para la niñez de América Latina.

Capítulo 5

LA TERNURA COMO RESISTENCIA Y DENUNCIA: DESAFÍOS PARA UNA TEOLOGÍA-PEDAGOGÍA DE LA TERNURA

Viviana Machuca

> *La pedagogía de la ternura encuentra su articulación y expresión política, pública (…) cuando logra dar forma coherente, dinámica y colectiva a modos de vida que nos hagan reconocibles como miembros de la especie humana.*
>
> Alejandro Cussiánovich

Pensar una *teología-pedagogía de la ternura,* desde contextos como el latinoamericano, y particularmente el colombiano, supone el necesario redimensionamiento de la categoría de la «ternura», pero también del horizonte mismo desde el que se ha pensado la teología. Esta categoría de la ternura ya no se ve solo como un <u>determinado</u> sentimiento, asignado en general a la mujer, a los niños, o a los actos de conquista del varón; sino como potencia política, ética, teológica y pedagógica para el desarrollo

integral de la niñez y de la sociedad misma. En últimas, la *ternura* emerge como superación de las estructuras de dominación que se soportan en lo que denominaremos «cultura patriarcal-kyriarcal»[8].

Lo anterior supone pensar la *ternura* no solo en su relación con ideas tan amplias y ambiguas como el amor, el cuidado y la libertad sino fundamentalmente como un proyecto humanizador. Desde este horizonte de comprensión, retomaremos algunos de los aportes teóricos que se dan en el marco conceptual de *Crianza con Ternura* de World Vision, 2015, donde sobresalen los aportes del educador brasileño Paulo Freire y su concepto de amorosidad; la propuesta de pedagogía de la ternura en relación con la dignidad humana de Alejandro Cussiánovich y Humberto Maturana y su aporte al campo de las emociones; por otra parte, será fundamental el aporte de Leonardo Boff y su propuesta de una ética del cuidado; de Ofelia Ortega, su compresión de una eclesiología de la ternura; como del educador y teólogo colombiano Fernando Torres, para pensar el campo de la teología-pedagogía como una

> nueva territorialización del conocimiento [...] donde podamos movernos en distintas direcciones y con mayores márgenes de libertad y favorabilidad. Es ahí donde podemos dar cabida a redes y enjambres incluyentes de la diversidad, la interdisciplinariedad, la interculturalidad y el ecumenismo educativo. (2001, p. 13)

Partamos afirmando, entonces, que una teología y pedagogía de la ternura, o más bien una *teología-pedagogía de la ternura*, se viene abonando en Latinoamérica desde hace algunas décadas, y, sin embargo, resta aún un largo camino para consolidar la reflexión. Cami-

---

8 La expresión «patriarcado-kiriarcado» busca articular la importancia y vigencia de la categoría de «patriarcado» para el análisis de las violencias de género, pero en relación con la noción de «kyriarcado», en el sentido que la teóloga feminista Elisabeth Schüssler Fiorenza ha aportado, quien comprende la cultura kiriarcal como un sistema sociocultural, religioso, político y económico de poder masculino de la élite, que no solo consuma la deshumanización forjada por el sexismo, el heterosexismo y los estereotipos de género, sino que también engendra y multiplica unas con otras las estructuras de opresión de las mujeres, tales como, el racismo, la pobreza, el colonialismo y el exclusivismo religioso. (Shüssler, 2003, p. 26)

no al que este capítulo solo se suma como provocación.

Así las cosas, nos proponemos metodológicamente contraponer dos modelos epistemológicos, teológicos y pedagógicos, tratando de adentrarnos, por un lado, a una pedagogía del miedo, del terror, la guerra y el control, asociada a una lógica patriarcal-kyriarcal; y por el otro, una pedagogía de la ternura, asociada a la libertad, al respeto y a la humanización. La ternura es un eje transversal en la presente reflexión, y la entendemos como una lógica de vida en resistencia a y en denuncia de la cultura patriarcal-kyriarcal. Ella parte del profundo respeto y valoración de la otra persona, ya que no se puede obligar a nadie a que opte por la ternura. Es una expresión libre —de allí su relación con la libertad— y genuina que requiere de la receptividad de la otra persona. A su vez, la ternura cuenta con una dimensión pública y política que «entiende la democracia como una caricia social» Restrepo (1997):

> Ternura como valor a la vez íntimo y público, que entiende la democracia como una caricia social y el conflicto como posibilidad de confrontar amorosamente al diferente. Ternura como acto político, capaz de cubrir con una inmunidad ética y cultural a los niños y a los jóvenes para separarlos del crudo aprendizaje de la guerra (p. 132).

La ternura como propuesta ética y política, como valor privado y público —dos dimensiones que no pueden desligarse ya que son coconstituyentes—[9], se entiende tanto como respeto a la diferencia como la posibilidad del conflicto sin violencia. La ternura no excluye el conflicto; al contrario, es una posibilidad de confrontación amoro-

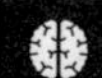

---

9 Al respecto Luis Carlos Restrepo (1994) dedica el primer capítulo de su libro *El derecho la ternura* al abordaje de esta dicotomía entre lo privado y lo público.

sa, confrontación no-violenta que permite a las nuevas generaciones visibilizar una apuesta por desatar los nudos que la cultura patriarcal-kyriarcal ha creado. Nudos basados en la homogenización cultural, teológica, epistémica, racial y generacional, que, en últimas, no son más que la expresión violenta de la fuerza y el dominio. Así pues, la ternura es una posibilidad de «cubrir» a nuestras presentes generaciones de los aprendizajes violentos y deshumanizantes que nos dejan las lógicas de dominación patriarcal-kyriarcal.

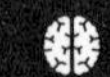

¿Qué implicaciones vemos en tejer la ternura en la iglesia, como propone la autora? ¿Por cuáles procesos se requiere que pasen las personas, la estructura, el discurso y las prácticas pastorales para implementar la ternura?

LAS DIMENSIONES

Restauradora

La ternura se propone en la iglesia como un proyecto humanizador. ¿Cómo se podrían humanizar los procesos pastorales en la iglesia para la genuina restauración de sus participantes que hayan sufrido violencia y dolor?

Formativa

Si la ternura propuesta por Machuca es resistencia y denuncia de la cultura patriarcal-kyriarcal, ¿qué insumos debería brindar la formación cristiana a la niñez y a la adolescencia junto con sus responsables dentro de la estructura de la iglesia, para que en verdad se vivencie la ternura como tal?

Transformadora

Machuca nos ofrece una perspectiva de la praxis de ternura como ética y política tanto en lo privado como en lo público. Eso nos deja el reto de cambiar no solo a nivel de relaciones interpersonales en la iglesia y en las prácticas pastorales, sino de gestionar en la sociedad y la cultura un cambio de paradigma a una democracia que sea como una caricia social.

Contexto histórico del desamor a los niños y a las niñas

La realidad social latinoamericana y caribeña ha mostrado desde los tiempos de la colonia un contexto histórico de desamor, de falta de reconocimiento de la otra persona, de violencia y desigualdad sistemáticas. Este desamor ha permanecido en el tiempo, y es, entre otros asuntos, lo que soporta las condiciones que nos ubican como el continente más violento del mundo, y en el cual más de 40 millones de personas son menores de 15 años. Es decir, hablamos de nuestras presentes generaciones que han crecido en un contexto de miedo y control, asuntos que limitan la vida plena para los niños, las niñas, adolescentes y jóvenes (World Vision, 2015, p. 2).

Específicamente desde el contexto colombiano, caracterizado por un conflicto armado de larga duración, la teología-pedagogía requiere un lugar preferencial para la ternura. Una ternura que denuncie las atrocidades contra los más vulnerables; es decir, que, aunque las guerras dejan a su paso una cantidad de víctimas civiles —mujeres y varones—, sus huellas dejan

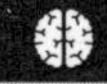

¿Qué sensaciones nos deja esta descripción de la realidad latinoamericana y el saber que estas generaciones crecen en esta coyuntura?

consecuencias particulares en la vida de los niños y las niñas. En el marco de la guerra, niños y niñas han resultado ser víctimas de casi todas las modalidades de violencia: los han asesinado en medio de la confrontación armada, los han masacrado, reclutado y vinculado de múltiples formas a los grupos armados, han caído como víctimas en campos minados, los han desplazado, secuestrado, torturado, han presenciado hechos atroces, han quedado desprotegidos en medio de la desintegración familiar que provoca la guerra, entre otros daños. Esta es la evidencia que arroja el Informe del Centro Nacional de Memoria Histórica, el *Basta Ya* (2013):

> Según datos del Registro Único de Victimas RUV, al 31 de marzo de 2013, entre 1985 y 2012, 2.520.512 menores de edad han sido desplazados, 70 han sido víctimas de violencia sexual, 154 de desaparición forzada, 154 de homicidio y 342 de minas antipersonal (p. 314).

El desplazamiento interno tiene rostro de niñez, ya que, según el RUV, de los 6 millones de víctimas, el 30 % corresponde a esta población. A estos niños, niñas y adolescente en situación de desplazamiento los obligan a vivir múltiples y dolorosas consecuencias, como lo reflejó la Corte Constitucional, mediante el Auto 251 de 2008, que indicó la huella cuantitativa y cualitativa que de manera diferencial deja el impacto del desplazamiento en esta población:

> En primer lugar, los niños, niñas y adolescentes en situación de desplazamiento forzado se enfrentaron a pérdidas y desarraigos abruptos, a un deterioro sensible de su calidad de vida por el hacinamiento, el hambre y el encierro en los nuevos lugares donde debieron establecerse de forma precaria. La vida en las ciudades los expuso y confrontó con nuevas humillaciones, exclusiones y discriminaciones (raciales, étnicas y de clase), de lo que son ejemplo las burlas referentes al origen étnico, color de piel, rasgos campesinos, modos de hablar y dialectos, así como las humillaciones por sus situaciones de

extrema pobreza. Todo lo anterior repercutió tanto en la identidad y autoestima de niños, niñas y adolescentes, como en el desarrollo de sus personalidades, que se encontraban en proceso de formación (p. 318).

Más allá del desarraigo y de la desintegración familiar en la que se ven envueltos los niños y las niñas en estos contextos, está su victimización por causa de una interseccionalidad de las violencias, pues se entrecruzan marcas de exclusión legitimadoras de la violencia como el género, la raza, la condición social, entre otras. Todas estas violencias dejan legados históricos de desamor que se legitiman y reproducen. Por ello, además de la urgencia de parar la confrontación armada, se vuelve necesario pensar este proceso de forma diferencial con esta población. Debemos pensarlo especialmente en lo relacionado con temas como la verdad, la justicia, la reparación y las medidas que garanticen la no repetición de cualquier lógica de violencia y la atención a la niñez y a la juventud como prioridad por parte del Estado y la sociedad. Verdaderamente se debe colocar a la población infantil y juvenil en un lugar central, de manera que sea posible formar nuevas generaciones que alcancen a imaginar y vivir en un país de paz, que cuenta con las garantías para su pleno desarrollo.

Empero, la infancia y la juventud no solo han sido víctimas del conflicto, sino que también han actuado como protagonistas en actividades de resistencia y en propuestas relevantes para sus contextos. Con ese protagonismo han creado alternativas que superan las lógicas violentas con las que se les ha criado, y así han dado lugar a que emerjan nuevas emociones y sentimientos hacia la otra persona, desde escenarios que ponen en práctica la resolución de conflictos por vías creativas y no-violentas. Han elegido este camino sin

Como creyentes del mensaje de ternura de Jesús para las niñas y los niños, ¿qué retos nos plantea la interseccionalidad de la marginación y violencia que implica la condición de la niñez en América Latina?

violencia para tratar de transformar a la sociedad al crear una cultura de paz; y lo han ido consiguiendo desde sus leguajes artísticos, que están en pugna por la recuperación de los espacios públicos para la recreación y el deporte, entre otros. En la actualidad, gracias a que se ha logrado que se comprenda la importancia de la participación socio-política de los niños, niñas, adolescentes y jóvenes, estos ya lo hacen mediante su vinculación a escenarios públicos y políticos, como intervenir en las mesas de participación ciudadana, en la construcción de planes de desarrollo, en los escenarios interactivos en las instituciones educativas, en comités de resolución de conflictos, en ejercicios de memoria histórica, en ministerios eclesiales y comunitarios, entre otros. En cada uno de los espacios mencionados participan como actores de los procesos y no como sujetos pasivos. Aun así, resta un largo camino por recorrer; sin embargo, no podríamos únicamente ubicar sus victimizaciones, necesitamos hacer referencia a múltiples experiencias de resistencia y de construcción de alternativas, en las que niños, niñas, adolescentes y jóvenes actúan como protagonistas.

LAS DIMENSIONES

Restauradora

Al comprender el impacto que genera en la construcción de la identidad de los niños, las niñas y adolescentes el desplazamiento por migración y guerras, además de la miseria y violencia, ¿cómo podemos, desde la iglesia, cambiar esos legados de desamor por legados de ternura?

Formativa

¿Cómo se ha preparado la iglesia de América Latina para responder a esta realidad de marginalidad infantil? ¿Qué conocimientos y estrategias hemos ido creando dentro de nuestra pastoral para paliar esta situación?

Transformadora

Para dar a las personas menores de edad la categoría de protagonistas de su propio proceso de restauración, socialmente se les debe dar un espacio público y político.

¿Qué transformación requiere la estructura de la iglesia, su discurso y sus prácticas pastorales para ayudar a que la población menor de edad se convierta en protagonista en sus comunidades?

Los legados del desamor en la cultura patriarcal- kyriarcal deshumanizante

Los legados del desamor patriarcal-kyriarcal no se limitan a contextos de guerra, y quizá esta sea la expresión más directa y contundente de la deshumanización, pero, en general, tal cultura ha transversalizado la experiencia humana en diferentes momentos históricos. Elisabeth Schüssler Fiorenza propone una actualización o redimensionamiento de la visión tradicional sobre el patriarcado en términos de la categoría «kyriarcado», entendiendo por este:

> ... un sistema sociocultural, religioso, político y económico de poder masculino de la élite; que no solo consume la deshumanización forjada por el sexismo, el heterosexismo y los estereotipos de género, sino que también engendra y multiplica unas con otras las estructuras de opresión de las mujeres, tales como, el racismo, la pobreza, el colonialismo y el exclusivismo religioso (2003, p. 26).

Un sistema que engendra, multiplica e intersecciona estructuras de opresión, de violencias basadas en el género, la raza, la condición social y, agregaríamos, etaria; es decir, todas estas violencias se han interseccionado, pues funcionan como «un sistema complejo de estructuras y opresión que son *múltiples y simultáneas*» (MacDonald, 2011, p. 10). De esto ya se había percatado también el movimiento del feminismo negro (*Black feminism)*. Así las cosas, no es lo mismo ser una niña afrodescendiente en condición de desplazamiento, que ser un niño blanco con sus necesidades básicas satisfechas; en el caso de la niña se interseccionarían múltiples y simultaneas violencias, que la ubican en una escala social y de oportunidades limitadas al respecto del varón blanco.

En el caso de Latinoamérica y el Caribe, no se podría idealizar el mundo precolombino, e indicar que la dominación y jerarquización en detrimento de la mujer y la infancia devinieron del mundo europeo colonial. Al contrario, se plantea hoy en día que en el momento de la conquista se dio un «entronque de patriarcados»; como lo llamaría la boliviana Julieta Paredes: «el del mundo español y un patriarcado presente en nuestros pueblos» (Gargallo, 2012, p. 18).

Un poder, entonces, que tiene implicaciones para las mujeres, pero además para la vida de la infancia y, como veremos más adelante, hasta para la misma tierra, «ya que se deriva también de las relaciones de dependencia desigual de otros sujetos sociales sometidos al poder patriarcal» (Lagarde 2014, p. 91)[10]. Así, aunque se trataba de patriarcados diferentes, se retroalimentaron para dar paso a una

10 Al respecto, Marcela Lagarde señala que los objetos de la opresión masculina son las mujeres, los niños, los jóvenes, los ancianos, los homosexuales, los minusválidos, enfermos, obreros, campesinos, indígenas, quienes profesan religiones y habla minoritaria, entre otros (2014, p. 92).

perpetuación del sistema de dominación patriarcal-kyriarcal, que se trasmite de generación a generación, especialmente por medio de la crianza, y que va más allá de una dominación colonial.

Empero, la cultura nos abre la posibilidad de trasformación, ya que esta no es estática, más bien es cambiante. Por tanto, la crianza es una oportunidad para la creación de nuevas lógicas de relacionamiento, para nuevas formas de concebir al otro, para el nacimiento de una nueva cultura.

Por consiguiente, una *Crianza con Ternura*[11], transversalizada por una teología-pedagogía de la ternura, supone liberarnos de la cultura patriarcal deshumanizante, para dar paso al diálogo, al reconocimiento y al respeto de lo diferente, para dar lugar a la cooperación y la solidaridad. Esta liberación debe alcanzar aun a nuestro medio ambiente, ya que tal lógica se ha visto expresada igualmente en la dominación y explotación de la Tierra.

Debemos recordar que algunas corrientes del ecofeminismo evidencian cómo la dominación a la tierra, de la *Gaia*[12], de la *pachamama* —«nombres femeninos»— inicia con la misma lógica de dominación a la mujer. Por ello, esa perspectiva feminista busca desentrañar y evidenciar, desde el punto de vista de la ideología cultural y de las estructuras sociales, las conexiones existentes entre la dominación a las mujeres y la ejercida contra la naturaleza misma (Gebara, 1998, p. 26). El ecofeminismo es, pues, una

¿Cómo podemos promover la crianza con ternura y la conexión con la Pachamama para transformar esta cultura en una de cooperación y solidaridad?

---

11 Crianza con Ternura es el nombre del enfoque de World Vision de desarrollo humano y social de la niñez que se cultiva desde relaciones de amor, mentoreo de vida y reivindicación política del derecho al cuidado libre lleno de amor y libre de toda violencia (World Vision, 2015).

12 Tierra viva y sagrada. Nombre de la diosa griega de la Tierra. Refiere que el planeta entero es un sistema vivo que se comporta como un solo organismo (Radford Ruether 1992, pp. 13-16).

postura político-crítica, que tiene que ver precisamente con el trabajo por «otro mundo posible»; es decir, trata de una lucha antirracista, antisexista y anticlasista (p. 33). Por eso, una epistemología ecofeminista Latinoamericana, afirma Gebara, tiene que trabajar a favor de las mujeres y de la vida de las niñas, los niños y adolescentes de América Latina, como un asunto práctico y cotidiano, puesto que en los medios populares:

> Son las mujeres las que tienen la responsabilidad de llevar a los hijos e hijas víctimas de enfermedades respiratorias y otras, a los servicios de salud. Son ellas las que soportan largas horas de pie con los niños en brazos, esperando turno para ser atendidas. Son ellas las que se angustian corriendo tras los medicamentos, viviendo *un vía crucis* en búsqueda de los recursos necesarios para salvar la vida que les son confiadas. Son ellas también las primeras en buscar alternativas para mejorar la calidad del aire y el aire a través de reivindicaciones públicas, organizando grupos solidarios para la limpieza de los barrios y tantas pequeñas iniciativas, a fin de garantizar condiciones mínimas de salubridad para la vida de la familia (p. 33).

Es decir, son estos contextos y sus problemáticas, junto con las resistencias y esperanzas, los que apelan a una ética del cuidado, y, agregaríamos, a una ética de la ternura, de las relaciones y también de sostener ese vínculo sagrado con la Tierra. Por tanto, una teología-pedagogía de la ternura incluiría, además, esa apuesta por relaciones tiernamente protectoras con nuestro mismo cosmos, con nuestro medio ambiente.

Cuando dimensionamos las implicaciones de las lecciones aprendidas de la cultural del desamor, de la falta de ternura, cuando reconocemos que hemos sido víctimas de tal sistema, y que a la vez lo hemos legitimado y reproducido en las pautas de crianza y las lógicas de las relaciones patricarles-kyriarcales, podemos entonces ubicar la necesidad de: «La ternura como camino que recorremos cuando nos hemos dado cuenta de la falibilidad humana, de la cercanía del odio y de la facilidad con que nos convertimos en sujetos maltratantes» (Restrepo,1994, p. 103).

LAS DIMENSIONES

Restauradora

Entender cómo la cultura patriarcal-kyriarcal es una cultura de desamor es comprender que todo lo que hacemos y pensamos, probablemente, está impregnado de sus legados. Así que, para promover la restauración como parte de la vivencia y práctica de la fe, debemos iniciar primero por una revisión de nosotros mismos y de cómo proyectamos esa cultura en nuestra fe y en las prácticas pastorales.

Empecemos por revisar nuestros legados y por sanar. Como personas adultas restauradas podemos cambiar con ternura la historia de los niños y las niñas que tenemos bajo nuestra responsabilidad. Solo si reconocemos que las relaciones de poder, jerárquicas y adultocéntricas generan violencia, entenderemos que, por el contrario, las relaciones horizontales —verme en el niño o en la niña y conocer sus necesidades de afecto y cuidado— son fundamentales en la inmensa tarea de romper con la cultura patriarcal- kyriarcal en la crianza.

Formativa

¿Cómo enseñar primero hacia dentro y luego hacia afuera de la estructura la ética del cuidado? La autora menciona la cotidianidad y a las mujeres como agentes de cambio, pero desde la estructura, las liturgias, el discurso y las prácticas pastorales, entonces, ¿qué cambios podríamos impulsar para deconstruir desde la fe la cultura patriarcal-kyriarcal?

Teología-pedagogía de la ternura como camino de trasformación de los legados patriarcales-kyriarcales

Ante tales legados de la cultura patriarcal-kyriarcal, se vuelve necesaria una teología-pedagogía de la ternura, que dé lugar a nuevos paradigmas de relacionamiento entre hombres y mujeres, entre personas adultas y niños, niñas, adolescentes y jóvenes, entre los seres humanos y la naturaleza. Es decir, la ternura es un camino de reconciliación humana y de transformación estructural.

Una teología-pedagogía de la ternura supone desatar los estereotipos de género que confinan la ternura al «amor maternal o en la relación del niño con su osito de peluche»; ya que estos no solo quitan la posibilidad de que el varón adulto actúe con ternura, sino que perpetúa cierta comprensión de la ternura en donde parece haber

> … algún dictado de nuestra cultura [que] prohíbe al hombre hablar de la ternura o abrirse al lenguaje de la sensibilidad, pues en su educación se le ha insistido en ser lugar de dureza emocional y autoridad a toda prueba (Restrepo, 1994, p. 15).

Por una parte, se niega a los varones el derecho a la ternura, y por otra, se da una cierta idealización subalternizante al respecto de las mujeres y los niños como fuentes de ternura y víctimas de la violencia ejercida «naturalmente» por los hombres. Esta comprensión, por demás, contradice la realidad, pues, tanto hombres como mujeres pueden actuar como promotores de dinámicas de violencia, así como también pueden ser fuente de ternura. De allí que se entienda la ternura como un modelo de relacionamiento. En palabras de Restrepo:

> … paradigma de convivencia que debe ser ganado en el terreno de lo amoroso, lo productivo y lo político, arrebatando, palmo a palmo, territorios en que dominan desde hace siglos los valores de la vindicta, el sometimiento y la conquista (p. 17).

De igual forma, en una teología-pedagogía de la ternura, la cotidianidad cuenta con un lugar preferencial; es en ella donde día a día y sin mayor cuestionamiento se reproducen «las estructuras políticas e institucionales que tanto criticamos en la esfera de lo público, pero cuya existencia casi nunca cuestionamos en el mundo de lo privado» (p. 17).

Los evangelios son el mejor reflejo de una teología-pedagogía de la cotidianidad educativa, como lo refleja la pedagogía de Jesús. En ellos se ve «una teología y pedagogía capaz de dar cuenta del proceso educativo vivido por un grupo de personas [...] a partir de la propuesta específica del reino de Dios anunciado e inaugurado por Jesús» (Torres, 2001, p.10). En los evangelios se presentan las experiencias de aprendizaje de discípulos de Jesús —hombres y mujeres—, de sus oyentes y sus posteriores lectores, aprendizajes en otro lugar, en los campos, los caminos, en círculos más cercanos o en círculos de disputa de modelos teológicos y pedagógicos, como en sus encuentros con escribas y fariseos. De igual forma, Jesús apela de manera constante al recurso de la cotidianidad, especialmente en el uso de las parábolas y de múltiples símbolos que pedagogizan la teología.

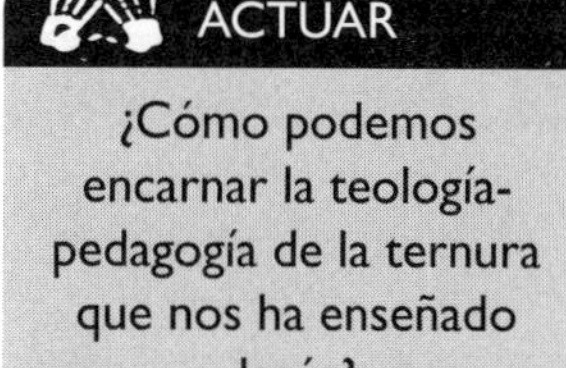

Por otro lado, los evangelios también presentan el sentido de la ternura, al exponer a Jesús como un paradigma que desafía los modelos pedagógicos y de relacionamiento de su momento histórico. Ante el autoritarismo y el cumplimiento estricto de la ley —con lo que se legitimaba la deshumanización de las grandes mayorías, de los enfermos, mujeres y niños—, en su encuentro con el maestro, las personas descubrieron un toque tiernamente humanizante, e incluso un abrazo y bendición en la que les presenta a los más pequeños como la medida por alcanzar, especialmente en Marcos 10.13-16 (World Vision, 2015, p. 18).

Jesús, entonces, muestra una relación tiernamente humanizante con las personas necesitadas, y, asimismo, denuncia las prácticas contrarias a su apuesta. Sobre todo evidencia un rostro de Dios cercano, afable, preocupado por el ser humano y por sus condiciones. Por consiguiente: «la ternura es la manera de vivir la existencia cristiana, es el modelo de pensar y sentir la existencia con generosidad como un don de Dios. Vivir de manera tierna es una expresión de la fe que acoge al prójimo como creación sagrada que procede de Dios» (World Vision 2015, p.19).

Por otro lado, una teología-pedagogía de la ternura, que supera los legados patriacarles-kyriarcales, valora la corporeidad, las emociones, la singularidad y las experiencias que emergen de lugares subordinados por la razón y el cientifismo, que asocia todas estas dimensiones al campo de lo subjetivo y, en últimas, como obstáculos para el conocimiento (Estermann, 2006). Por el contrario, diríamos que una teología-pedagogía de la ternura, debe incluir la corporeidad-emocionalidad y la singularidad como dimensiones fundamentales en los procesos educativos, en las aulas, en las iglesias, ya que:

La tarea del pedagogo es formar sensibilidades, para lo que debe pasar de la razón teórica a la razón sensorial y contextual, cincelando el cuerpo sin pretender atraparlo en la dureza del código o aplastarlo con la arrogancia profesional que desconoce los potenciales de la singularidad humana (Restrepo, 1994, p. 55).

Si se perpetúa este destierro de las emociones, del cuerpo, en los procesos educativos, se destierra la ternura y la afectividad, entonces, se continúa perpetuando la lógica guerrerista-patriarcal-kyriarcal. Esta es una lógica de aparente neutralidad sin emociones, que pretende el dominio del conocimiento, pero pasa por alto que al final de los procesos educativos queda no solo un conjunto de datos y conocimientos, sino que además un conjunto y entramado de habilidades, sensibilidades, valores, rutinas y conductas que terminan ejerciendo un gran poder sobre el educando.

Finalmente, también hace referencia a la teología-pedagogía de la ternura como un factor protector en medio de las condiciones adversas. Día a día, reconocemos múltiples casos en los que, a pesar del dolor, adversidades e injusticias, prevalecen lógicas de relacionamiento basadas en el cuidado y la protección tierna de niñas, niños y adolescentes. De manera que no por vivir en condiciones límite se ven condenados a vivir en medio de la desprotección, ya que, aun en medio de las adversidades, si existen relaciones de protección tierna, se potencializa el desarrollo de la niñez. Quizá la mejor expresión del sentido protector y creativo de la ternura se pueda ejemplificar mejor con la ayuda del cine, como en la película *La vida es bella* (dirigida y protagonizada por Roberto Benigni en 1997). En ella se expone, con gran majestuosidad, el cuidado tierno y protector de un hombre a su hijo y a su esposa, en su reclusión en un campo de concentración en Alemania. Hasta el último minuto, por medio del juego, de la creatividad y la ternura, este hombre logra que su hijo sobreviva sin mayores traumas a aquella realidad. Aunque el hijo sufre la pérdida de su padre, conserva la vida por el último acto de ternura en el que aquel hombre le entrega su vida.

Al respeto, en las oficinas de la Comisión Vida Justicia y Paz (COVIJUPA) de la diócesis de Quibdó[13], en el departamento más empobrecido de Colombia, el Chocó, se encuentra esta pintura de autor desconocido, que, desde mi opinión, podría reflejar la idea de la protección en condiciones adversas y, además, las experiencias que se viven en ese territorio:

En esta imagen, una mujer afrodescendiente —como la gran mayoría de esa zona—, mientras ve en pos de ella, con nostalgia, con dolor por la muerte que ha dejado atrás, con sus pies fuertes sobre tierra árida, acoge en sus brazos —igualmente fuertes— a su pequeño, que yace en ellos. A pesar del dolor y la tragedia, ella permanece allí, acogiéndolo y dándole protección en medio de la desolación y la necesidad. Esa es la experiencia de cientos de personas que, valientemente en medio de las necesidades, luchan por mantener la protección y la ternura para sus hijos e hijas, para quienes mentorean y enseñan, de manera que posibilitan así la creación de esperanzas de una vida diferente.

---

13 Esta Covijupa de Quibdó se ha caracterizado en el departamento por la defensa y promoción de la vida en todas sus expresiones, como condición primera para la construcción de una paz con justicia social. Vienen trabajando desde mediados de los noventa, además, cuentan con procesos de documentación de violaciones a los derechos humanos en la zona.

Referencias

__________. (1997). *Proyecto para un arca en medio de un diluvio de plomo*. Bogotá, Arango Editores.

Centro Nacional de Memoria Histórica. (2013). *Basta ya, memorias de guerra y dignidad*. Bogotá: CNMH.

Corte Constitucional de Colombia. (2008). Auto 251 (p. 318).

Cussiánovich, A. (2010). *Aprender la condición humana - Ensayo sobre la pedagogía de la ternura*. Lima: IFEJANT - Instituto de Educadores de Jóvenes, Adolescentes y Niños Trabajadores de América Latina y el Caribe.

Estermann, J. (2006). *Filosofía andina*. La Paz: ISEDET.

Gargallo Celentani, F. (2012). *Feminismos desde el Abya Yala, ideas y proposiciones de las mujeres de 607 pueblos en nuestra América* (p. 18). Bogotá: Ediciones desde abajo.

Gebara, I. (1998). *Intuiciones ecofeministas: ensayo para repensar el conocimiento y la religión* (p. 33). Uruguay: Soluciones Editoriales.

MacDonald, M. (2011). *Violencias interseccionales* (p. 10). Network: Central America Women's (CAWN)

Maturana, H. R. (2003). *Amor y juego: fundamentos olvidados de lo humano. Desde el Patriarcado a la democracia*. Santiago de Chile: J. C. Sáez.

Radford, R. R. (1992). *Gaia y Dios, una teología ecofeminista para la recuperación de la tierra* (pp. 13-16). México: DEMAC.

Restrepo, L. C. (1994). *El derecho a la ternura*. Bogotá: Arango Editores.

Schussler Fiorenza, E. (2003). *En La senda de Sofía: Hermenéutica feminista crítica para la liberación* (p. 26). Buenos Aires: Lumen- ISEDET.

Torres, F. (2001). Teologia y ternura desde la cotidianidad educativa. *Revista Alternativas, 18*(19) pp. 217-231. Serie Historia y Prácticas Pedagógicas. Nicaragua.

World Vision. (2015). Marco Conceptual de Crianza con Ternura.

RUTA PARA SENTIR

RETOS PERSONALES (SENTIR Y PENSAR)

Lenguajear con ternura

En este capítulo se explican las distintas consecuencias de vivir en una cultura patriarcal-kyrirarcal. Entre ellas se señala que genera discriminación y violencia de formas cruzadas entre variables como edad, género y condición social, entre otras (interseccionalidad), lo que muchas veces vulnerabiliza a nuestra niñez y la somete a un contexto que no le permite desarrollarse.

Pedagogizar la teología en la iglesia —parte de la propuesta de la autora— es una invitación a analizar el lenguaje en general, desde cómo concebimos la fe y la expresamos hasta el lugar que le damos a la voz de las personas vulnerabilizadas.

Darle espacio a la ternura en el lenguaje implica deconstruir este paradigma patrarcal-Kyriarcal y consecuentemente ofrecer protección con ternura a una población que crece rodeada de violencia y miseria, a la vez que pierde su identidad por el nivel de desplazamiento.

Sentir... el dolor y desesperación de nuestra América Latina y el de las personas más afectadas, (niñez, adolescencia, mujeres, y migrantes, entre otras). Sentir cómo la urgencia por la ternura es un imperativo en todos los sectores que atienden a la niñez, y en especial, en la iglesia, pues Dios la ha llamado a dar testimonio de su amor a la humanidad y del mensaje de ternura de Jesús para la niñez.

Pensar... en el reto que significa crear conciencia tanto de la estructura de nuestra cultura como de las concepciones patriarcales que se han legitimado y materializado. Para ello debemos reconocer que hemos tomado parte en ello, pues las hemos reproducido sin querer al violentar a nuestra propia persona, incluso, afectando nuestra vivencia de la fe.

Ponernos en su mirada

Con todo el dolor y la desesperanza de las presentes generaciones y de esta cultura, ¿cómo mirarán su entorno las niñas, los niños y los adolescentes? ¿Cómo podemos conocer esa mirada? Este es nuestro reto para que podamos brindarles la ternura que los ayude en sus propios procesos.

Sentir... ¿Qué carga emocional tiene la mirada de la población infantil, que ha sido margina de manera intersectorial?

Pensar... ¿Cómo nos meteríamos en su mirada y con qué propósito?

Encarnar la ternura

En este capítulo la ternura se ha propuesto como una resistencia a la cultura patriarcal, como protección a la población vulnerabilizada y como materialización de la pedagogía de Jesús. Así que hacerla real en lo concreto en la vida de la iglesia representa un gran reto.

Es urgente encarnar la ternura en el contexto latinoamericano, donde las generaciones crecen en medio de la violencia y el dolor como parte de su vida. Si se desea operar un cambio en el mundo debemos iniciar por devolver la esperanza a esta generación.

Sentir... la ausencia de ternura en nuestra vida. ¿De qué manera se ha generalizado esta ausencia en el contexto en que vemos crecer a nuestra niñez y adolescencia?

Pensar... ¿Cómo concretar la ternura en nuestra iglesia para hacerla presente en la vida de la niñez, pero también como resistencia a la cultura patriarcal?

Seguir al maestro

En este capítulo la autora nos explica cómo Jesús nos muestra una pedagogía de la ternura y las implicaciones de seguirlo en esa práctica. Especialmente al respecto del tema de denunciar estas estructuras que generan sufrimiento y dolor a nuestra niñez.

Sentir... la ternura que Jesús muestra a los niños y las niñas de su tiempo, desde su lenguaje para ellos y el lugar que les dio hasta la cercanía física y espiritual.

Pensar... en las implicaciones personales, teológicas, pedagógicas, pastorales y estructurales para encarnar este mensaje de Jesús de pedagogizar con ternura la vivencia de la fe.

PROYECTOS PASTORALES (ACTUAR)

Sentir, luego pensar; jugar, luego actuar

Antes de racionalizar el texto de Viviana Machuca sobre el patriarcado-kyriarcal, es necesario que sintamos esa cultura, que traigamos a nuestro cuerpo la experiencia de vivirla, que recordemos lo que nos pasó, lo que escuchamos, lo que nos dijeron, lo que nos hizo sentir, lo que vimos, lo que tuvimos que hacer y lo que nos reprimió cuando fuimos niños, niñas y adolescentes.

Es necesario hacerlo no solo para comprender hoy la mirada de la infancia, sino para sensibilizarnos ante todas las formas en que esta cultura nos ha marcado. Así, cuando aparezca en nuestras prácticas o en alguna situación cotidiana, seremos capaces de reconocerla. Además, comprenderemos lo que sucede y sabremos cómo resistirla mediante la ternura.

El hecho de vivenciar en nuestro cuerpo nuestra experiencia con esta cultura tiene que ver también con lograr construir lenguajes alternativos como el juego y otros, para proveer a los niños, niñas y adolescentes experiencias alternativas, para que comuniquen sus propias vidas de dolor y maltrato, pero también para ayudarles a sanar.

El tema de la ternura es algo que todas las personas de la iglesia deben vivenciar, desde las que se hallan en las bases hasta las que se encuentran en la cúspide de la estructura. Deben revisar sus propias experiencias de vida y las sensaciones buenas y duras que recuerdan, así empezarán a recorrer la ruta hacia afuera de ellas mismas, donde colaboran en la iglesia.

Debemos tratar de estimular la imaginación, el juego, el arte, la fantasía… todo lo que posibilite que los niños, niñas y adolescentes expresen en su propio lenguaje su mundo interior y se acepten así mismos, además de que expongan cómo lo resolverían desde sus propias herramientas personales.

Actuar… ¿Qué apoyo y qué obstáculos encontraríamos en la iglesia en sus distintos sectores para lograr generar cambios que nos permitan cumplir la tarea de encarnar la ternura? ¿Cómo podríamos ir trabajando en esas resistencias e ir aprovechando esos apoyos?

PISTAS DE LAS DIMENSIONES DE LA TERNURA

RESTAURADORA

- Identificar la relación entre crianza y cultura y el impacto que puede generar la ternura en la construcción de un nuevo relacionamiento.
- Devolver el estatus de sujeto a las niñas y a los niños procurando, en primera instancia, restaurar su dignidad.
- Tejer la ternura en toda la iglesia y lograr que cada persona, independientemente de su diversidad, se sienta acogida.
- Pedagogizar la teología para incoporarle la ternura, para humanizar lo racional y encarnar lo afectivo desde la fe.
- Tomar en cuenta el contexto violento en el que crecen las generaciones en América Latina para ofrecer en la iglesia espacios de acompañamiento pertinente.
- Ayudar, mediante la ternura, con los procesos de restauración para romper las cadenas de violencia.

FORMATIVA

- Promover con ahínco las enseñanzas de Jesús desde sus prácticas de pedagogía con ternura que los evangelios han dibujado en múltiples imágenes.
- Enseñar en la iglesia la ternura como herramienta de resistencia y denuncia.
- Exponer a la luz los legados de desamor que se han arraigado en nuestra identidad y prácticas pastorales.
- Formar resiliencia como una de las estrategias de la cultura de paz, con lenguajes lúdicos y creativos.
- Establecer relaciones de ternura hacia la tierra como base para el relacionamiento con todas las demás formas de vida.

TRANSFORMADORA

- El cerebro, así como la cultura, es flexible con posibilidades de transformación, por eso tenemos la posibilidad de provocar un impacto revolucionario desde la crianza en la iglesia y grupos pastorales.
- Trabajar desde lo cotidiano, especialmente las mujeres, para lograr la transformación desde lo más básico.
- La ternura es denuncia y resistencia en todo nivel, especialmente en el estructural; es la decisión de una comunidad por lo sagrado, por el vínculo de la paz, para ofrecer una respuesta transformadora a la situación de violencia de nuestra juventud, y como obediencia al mandato de nuestro maestro.

CAPÍTULO 6

PRESENCIA DE LA TERNURA EN EL PRIMER TESTAMENTO

Ofelia Ortega

La ternura no es únicamente un concepto físico. Es una frágil sensación, una emoción imprevisible, una mirada de asombro, un movimiento secreto y fugaz unido para siempre al conjunto de los sentidos. La ternura posee un brillo propio, algo que fluye desde hace mucho tiempo. Es cuando la realidad consigue superar el sueño.

La ternura es una palabra o un silencio que se convierte en ofrenda para el que sabe escucharlo con confianza. Es nuestra mirada de asombro ante todo cuanto nos ofrecen; es nuestra mirada de amor ante todo cuanto nos dan. Es saber dar y recibir al mismo tiempo; es saber aceptarnos en el momento presente; es aprender a desarrollar nuestra capacidad para no vivir de la nostalgia, de los recuerdos o de la amargura del pasado. Es aprender a no perseguir el futuro, idealizándolo o anticipándonos a él. Es aprender a aceptar realmente dónde estamos. Es una galaxia que viaja por el cielo de los encuentros, que nos prolonga hasta las estrellas de la vida.

Con todo este trasfondo, hace varias décadas nos sorprendió el reproche del novelista alemán y premio Nobel de Literatura Heinrich Böll: «Lo que ha faltado hasta ahora a los mensajeros del cristianismo de todo origen es la ternura» (Böll, 1968, p. 54). Ante tales palabras, necesitamos encontrar el valor necesario para responder al reto que esto nos presenta. De ahí que compartamos con entusiasmo el sueño de Dennis Smith, misionero de la Iglesia Presbiteriana en los Estados Unidos de América, quien ha vivido y trabajado en Guatemala, cuando nos invita a integrar «comunidades de ternura»:

> Soñamos con cultivar comunidades de ternura, reflexión, integridad, acción afectuosa (no nos corresponde crearlas; ya están allí, en todos nuestros países.) Comunidades abiertas, profundamente ecuménicas, liberadas de la necesidad de atribuirse el monopolio de la verdad. Comunidades proféticas, que trabajan por terminar con la exclusión. Comunidades que celebran la presencia del Creador en todas las expresiones creativas del espíritu humano. Comunidades que encuentran en Jesús de Nazaret —su vida, su muerte, su resurrección— un misterio de amor que nos impulsa a servir al prójimo. (Smith, s. f.)

PENSAR

El texto implica la apertura ecuménica, flexible y receptiva para que seamos verdaderamente comunidades de ternura.

Naturalmente, la ternura no es una actitud opcional, sino una vocación que humaniza a la persona, la vuelve cariñosa, capaz de escuchar, de apreciar justamente a los demás, de tolerarlos.

Fuera de la ternura, no existe auténtica humanidad. La ternura mide lo humano. Es la respuesta al designio de Dios sobre nuestra vida y sobre el mundo. Es un modo de acoger, de darse y de compartir.

La ternura siempre parte del *eros*, que se ve como un impulso, como una fuerza vital, como una afectividad. Como tal, precede al *ágape*, porque tiene un aire sensitivo de participación; es como un sobrevalor de simpatía y empatía.

Pero pasemos a ver la importancia que todo esto puede tener para nosotros en el día de hoy.

Pedagogía y teología de la ternura

José Martí, apóstol de la independencia de Cuba, afirmó en la revista *La América*, publicada en Nueva York en 1884: «Se necesita abrir una campaña de ternura y de ciencia, y crear para ella un cuerpo, que no existe, de maestros misioneros» (Martí a, 1888, p. 291). Martí consideraba que «el amor es el lazo de los hombres, el modo de enseñar y el centro del mundo» (Martí c, 1884, p. 188). Ello le permitió reconocer sin dificultad: «La enseñanza ¿quién no lo sabe? es ante todo una obra de infinito amor» (Martí b, 1884, p. 82). Para él, «siendo tiernos, elaboramos la ternura que hemos de gozar nosotros. Y sin pan se vive: sin amor ¡no!» (Martí d, s.f., p. 130).

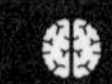

Prosiguiendo las ideas martianas, las pedagogas cubanas Lidia Turner y Balbina Pita han elaborado una pedagogía de la ternura (Turner, 2002), que nos anima a que hagamos que la escuela sea más sabrosa y útil, porque el propósito de la educación no es hacer a la persona humana infeliz, sino feliz.

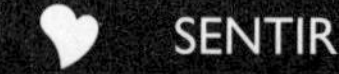

Al mismo tiempo, otros autores que han analizado el tema desde diferentes latitudes y perspectivas son el escritor colombiano Luis Carlos Restrepo, en su libro *El derecho a la ternura* (Restrepo, 1994), y el teólogo católico italiano Carlo Rocchetta con *La teología de la ternura. Un «evangelio» por descubrir* (Rocchetta, 2001).

Estas son algunas de las obras que nos impulsan a analizar cuál es la sociedad que construimos en el tercer milenio, en que nos debatimos entre una cultura de la ternura y, por ende, de amor y vida, y una anticultura de la violencia, de egoísmo y muerte.

Así pues, la ternura se presenta con las características de una opción política para la raza humana. No es casual, entonces, que el renombrado filósofo alemán Martin Heidegger considerara la atención al otro, la demanda y el cuidado del otro, y la ternura, como fenómenos constitutivos de nuestra existencia en el mundo. (Cf. Heidegger, 1951)

LAS DIMENSIONES

Restauradora

Como dice el texto, vivir el presente, escuchar, aceptarnos y no vivir solo de la nostalgia es parte de la ternura

Si pensamos ser comunidades de ternura, primero debemos abrirnos, aprender que no seremos más mensajeros de un Dios de amor sin ternura. Por el contrario, debe servir para restaurar celebrando a Dios en diversidad de formas creativas.

Así como el mensaje de Martí sobre el amor como lazo que une a la humanidad, la ternura promueve ese «*ágape*» que vincula y que sirve de restauración.

Formativa

Enseñar sobre los silencios, sobre cómo aceptarse en el presente, sobre el dar y el recibir, sobre sentirnos acogidos, profundamente humanos desde la ternura como vocación.

Que la vivencia de la fe en la iglesia sea un espacio para la ternura como vocación, una formación para el amor y la felicidad, como nos menciona el texto sobre la educación.

Transformadora

La iglesia, desde su estructura hasta sus discursos y prácticas pastorales, debe ser ese espacio para impulsar esa ternura «*ágape*», de compartir, de participación, donde se promueve la simpatía y la empatía.

Comprender desde las estructuras, los discursos y las prácticas que, como expone el texto, la ternura es una opción política, es un conjunto de prácticas y decisiones por una sociedad y una cultura de paz. Implica operar cambios de paradigmas tradicionales como el patriarcal, el androcentrista y adultocentrista; romper las jerarquías y establecer horizontalidades, dialogar en igualdad y generar prácticas de equidad que sean inclusivas a toda la población.

El paradigma de la ecoternura

En un artículo titulado «Cuando huele a Dios en todas partes», la teóloga y biblista mexicana Elsa Támez introduce el tema de la ecoternura, para invitarnos a experimentar con los sentidos la presencia de Dios en la creación:

> Quiero imaginar la paz en nuestro mundo y nuestra casa como la corola de una flor que despide un olor a Dios. Olor que lleva a discernir su presencia en cada cosa creada, ya sea por Dios o por los humanos. Porque así como no puedo asir, agarrar con mis manos el olor para apoderarme de él, así tampoco puedo dominar a las personas y los pueblos: su olor a Dios me detiene. Es un olor de paz, de reconciliación, porque se respeta el olor de Dios en el otro (Támez, 2008, p. 24).

En la misma línea, el libro *Cinco mujeres oran con los sentidos* —compilado por Isabel Gómez-Acebo— trata ampliamente la presencia de Dios en la Creación, y nos exhorta a una relación única en cada contacto íntimo y revelador de la obra de Dios. Desde esta perspectiva, el olfato se percibe como lo divino de la creación en la Creación misma. Dios invade el terreno del ser corpóreo, como una caricia, como un soplo deslizado suavemente sobre la piel. Así de cercano y así de tangible. Dios creador. Dios diferente, Dios absolutamente Dios. Dios hecho aliento de vida en lo más íntimo. Dios urgente, Dios imprescindible, Dios aroma (León, 1997, p. 75).

PENSAR

Cómo, desde el paradigma ecológico, todo lo que nos rodea es sujeto no objeto, el ser humano es uno más y nada está al servicio de él. Y la convivencia se rige bajo una ética comunitaria.

Por su parte, la teóloga anglicana estadounidense Sallie McFague, enfatiza la ecoternura en su obra *Super, Natural Christians: How We Should Love Nature*, donde basa su ética ecológica en el «modelo de sujetos en relación», también denominado «modelo sujetos-sujetos» (McFague, 1997, pp. 36-39). Esta «ética del cuidado» nos inspira a reconocer que las otras personas existen junto con nosotros en una comunidad de sujetos. Así pues, este reconocimiento tiene que llevarnos a una ética comunitaria, que implique vivir en una relación de amor y ternura con el siguiente énfasis: «soy un sujeto y vivo en un mundo de muchos y diferentes sujetos. No soy un "sujeto universal"» (McFague, 1997, pp. 36-39). La certeza es que:

> Somos tiernos cuando abandonamos la arrogancia de una lógica universal y nos sentimos afectados por el contexto, por los otros, por la variedad de especies que nos rodean. Somos tiernos cuando nos abrimos al lenguaje de la sensibilidad, captando en nuestras vísceras el gozo o el dolor del otro. Somos tiernos cuando reconocemos nuestros límites y entendemos que la fuerza nace de compartir con los demás el alimento afectivo. [...] Ser tiernos es entender que no somos el centro jerárquico del ecosistema (Restrepo, 1994, pp. 139-140).

Mujeres que con ternura defienden la vida

No deja de sorprendernos —aun desde el punto de vista humano cultural— el aprecio que en el Primer Testamento hallamos hacia la infancia. A las «crianzas» se les cuida, se les protege, ellas integran el pueblo de Dios y ocupan un lugar preferencial en la familia; son objeto de una educación especial (Proverbios 3.1-16) y, también, prefiguran la relación ideal de toda persona humana con el Señor (Salmos 130). Niñas y niños, en la visión del Creador, son actores de transformación y protagonistas del Reino.

Dentro de este contexto, resulta sorprendente el niño anónimo del Primer Testamento. Es el niño del futuro, el niño de la esperanza, de la justicia, del amor y de la paz. Es el niño que anuncia un mundo nuevo: «El lobo vivirá con el cordero, la pantera se echará con el cabrito, novillo y león pacerán juntos, y un muchacho será su pastor. La vaca pastará con el oso, sus crías se echarán juntas; el león comerá paja como el buey» (Isaías 11.6-7).

Ante la alegría de este anuncio, solo cabe el asombro y la aclamación: «Para aumentar el señorío con una paz sin fronteras sobre el trono de David; lo asentará en todo su territorio con seguridad y firmeza, con justicia y con derecho, desde ahora y para siempre». El celo del Señor del universo piensa ejecutar todo esto. (Isaías 9.6).

No cabe duda de que uno de los testimonios más elocuentes que nos presenta el Primer Testamento es el de Moisés, niño salvado y caudillo liberador. Lo interesante del relato es que al niño condenado a muerte, rescatado en la cuna, se le llama a ser el gran caudillo de Israel, el amigo de Dios (Éxodo 33.11). Entramos en el relato de la historia de Moisés como si fuera el lugar que Dios escogió para enseñarnos su amor incomparable por la niñez.

Desde las primeras páginas, el libro del Éxodo describe la liberación de los israelitas de la opresión de Egipto. En el capítulo 1 se menciona el nombre de doce de los líderes varones que formaban parte de este proceso: Rubén, Simeón, Leví, Judá, Isacar, Zabulón, Benjamín, Dan, Neftalí, Gad, Aser y José, que ya vivían en Egipto.

Pero es sorprendente la acción de Dios en este relato. Actúan doce mujeres que son los personajes principales; su participación fue decisiva para el futuro de los israelitas.[1] Dos de ellas se mencionan al principio de la historia: Sifrá y Fuá, las parteras. Ambas son presentadas por sus nombres, que es un dato excepcional si advertimos que el poderoso faraón permanece anónimo. El faraón no tiene nombre, porque lo que él trata de hacer no puede tener nombre alguno.

Casi podríamos asegurar que la historia del pueblo hebreo comienza con ellas. Es una historia de ternura en la vida de ese pueblo. Nunca se olvidarán sus nombres: Sifrá significa «belleza» y Fuá denota «resplandor». En el texto se menciona que eran comadronas de las hebreas (1.15). No es seguro afirmar de qué pueblo eran las dos mujeres, si hebreas o egipcias; pero eso no es lo más importante; lo principal es que les enseñaron a los israelitas que no tenían que temer al poder imperial. La caracterización de estas mujeres es la ternura que expresaron a través del cuidado amoroso de las «crianzas». Ellas son las únicas mujeres en Éxodo que actúan en la esfera política, en contacto directo con el faraón (1.15, 18-19).

Estos hechos son casi imposibles desde la perspectiva histórica. Dos mujeres que responden a las necesidades de las esclavas. Son las primeras en ayudar al nacimiento de la nación. Su trabajo se relaciona con la transformación, que siempre conlleva un compromiso ético riesgoso. El versículo 1.17 contrasta con los anteriores. En esta escena

---

1 La idea de las doce mujeres la hemos tomado de Siebert-Hommes, 2010.

ellas no hablan, solamente actúan (esta es la ética: defender la vida con nuestras acciones).

Lo que importa subrayar es que rechazaron el plan secreto del rey de Egipto —el faraón—, el plan de genocidio. Fue un gran acto de resistencia contra el orden injusto. Existían dos razones en la política imperial para ejercer ese dominio exterminador: si se declaraba la guerra, se aliarían con el enemigo (1.10), y si se liberaban (el motivo económico), perderían mano de obra barata. El mismo rey les dio instrucciones secretas y precisas (1.16). ¡Qué coraje tuvieron ellas! No respondieron a este mandato. Por el contrario, dejaron vivir a los niños varones (1.17).

Este primer capítulo está lleno del concepto de vida. Comienza con las dos veces en que el faraón les mandó dejar vivir a las niñas (1.16, 22). Las parteras dejaron vivir a los niños (1.17). Después el faraón les preguntó por qué los habían dejado vivir (1.18). Además, las parteras explicaron que las madres eran las que daban vida. Doce veces se encuentra la raíz «dar vida», «dar a luz». Engendraban vida y de este modo preservaban la historia de Dios, el Dios de la vida.

El papel de las parteras se introduce con una frase que indica el marco dentro del cual actuarían: «las parteras tuvieron temor a Dios» (1.17a DHH). El poder del faraón no funcionó frente a la ternura amorosa de las parteras. Los verbos *temer* a Dios y *matar* no pueden trabajar juntos. El faraón les mandó a «mirar» a las mujeres hebreas. Y las parteras, en vez de «mirar», «temieron a Dios». Como ha señalado Jopie Siebert-Hommes, «en la lengua hebrea, la expresión mirar y temer se escriben con las mismas letras, pero en un orden distinto, justo al revés. Las parteras dan la vuelta al asunto, hacen exactamente lo opuesto de lo que les ha mandado el rey» (2010, p. 310). De hecho,

Cuán poderosa es la ternura frente a un Faraón. Y cuán eficaz para empoderar a estas mujeres para que se resistan a un mandato, so pena perder sus propias vidas.

el texto de Éxodo 1.16 puede traducirse: «Cuando asistáis en un parto a las hebreas, mirad las dos piedras». Es cierto que para el parto se ocupaban dos piedras: la primera era como una especie de taburete para asistir el parto; la segunda se usaba para acostar al niño despúes de nacido. En estas dos piedras se decidía el destino del niño: ¿viviría o moriría? Las parteras decidieron dejarlo vivir.

El relato alcanza ahora una intensidad mayor: el faraón las interrogó con fiereza: «¿Por qué han dejado con vida a los niños?» (1.18). La respuesta está llena de una sabiduría tranquila, pero segura: «Las mujeres hebreas no son como las egipcias; [...] dan a luz antes de que llegue la comadrona» (1.19). No hay temor en su respuesta.

En todo caso, las parteras, con una ternura inigualable, defendieron la vida. Al final de la historia se nos cuenta que Dios fue bueno con ellas y les concedió una familia numerosa (1.21b).

Como podemos ver, los conceptos de *pacto de la alianza y fidelidad*, en el Primer Testamento, están siempre asociados con la manifestación constante de la bondad de Dios.

LAS DIMENSIONES

Restauradora

En este texto vemos cómo la ternura provee cuidado, da empoderamiento e impulsa actos de resistencia. Acá se destaca cómo la niñez, que es la población vulnerable, es la portadora de la esperanza de un pueblo y su liberación.

Debemos promover en el proceso de restauración insumos para el empoderamiento, para que las personas desfavorecidas puedan superar con resiliencia sus propias historias de dolor y violencia. La ternura en el trato y en el lenguaje debe proveer seguridad suficiente para ayudar en estos procesos.

Formativa

La ternura se presenta como un acto de resistencia ante un orden injusto de muerte y esclavitud.

Alimentar la esperanza en esa fidelidad y alianza de Dios para que mueva a las personas a confiar en él sus propias vidas, como fue la experiencia de las mujeres en el relato sobre Moisés.

En los distintos grupos de la iglesia con responsabilidad sobre la formación podría proponerse el estudio y la práctica de la ternura como fuente de confianza en Dios y como impulsadora de resistencia frente a cualquier amenaza contra la vida. Las personas responsables de niñez deben tener la conciencia de que la ternura es una especie de medicina ante los cuerpos y los corazones afectados.

Transformadora

Se nos dibuja la ternura como un llamado a desafiar el sistema como lo hicieron Sifrá y Fuá, cuando a todas luces este sea injusto y atente contra la niñez. Debemos recodar la alianza de protección de Dios y usar la ternura como resistencia para promover el cuidado de esa población vulnerable.

Debemos implementar la ternura en el lenguaje, en la construcción teológica de los discursos, en prácticas pastorales y sobre todo proféticas. Debemos hacerlo no solo al interior de la iglesia, sino también hacia afuera, en las comunidades donde está inserta la iglesia.

Otras mujeres continúan la historia de ternura y salvación

Llama la atención la insistencia del faraón en sus demandas de muerte: «Arrojen al río a todos los niños hebreos que nazcan» (1.22). Esto se debe a su anhelo por mantener el dominio y la opresión. Y es aquí donde aparecen tres mujeres que intentan cambiar el curso de la historia. Solo son presentadas como madre, hermana, hija. No tienen nombres. Ellas son sujetos, realizan un rol activo y son decisivas en la estabilidad de la promesa divina.

El capítulo 2 del libro del Éxodo continúa el relato donde suceden hechos increíbles, difíciles de describir, porque son fragmentos de una historia donde la divinidad irrumpe usando a personas de distintas clases, quienes se unen en la salvación de una criatura que Dios ya ha elegido para su proyecto de liberación. La ternura de estas tres mujeres se derrama como el caudal del río que es cómplice del evento salvífico.

En esta historia, aparece la madre de Moisés (2.1-2). Es importante la ascendencia de Moisés de la tribu de Leví. La hija del levita da a luz al hijo, y el texto destaca que «era hermoso» (2.2). Su nombre parece ser Jocabed, como aparece en Éxodo 6.20. Lo escondió de la furia del faraón durante tres meses, pero supo que para salvar su vida tenía que hacer algo más. Y aquí viene uno de los elementos más importantes de la historia: hizo un pequeño canasto de junco (el texto hebreo utiliza para hablar de esa «construcción» la misma palabra que se usa en relación con el arca de Noé, en Génesis 6.14). Es toda una imagen para ilustrar que el niño sobreviviría.

La segunda persona en la historia es la hermana del niño. Es importante señalar lo significativo de esta presencia. No se menciona su edad, pero sabemos que siempre, en los hogares humildes y pobres, las hermanitas cuidan de los más pequeños, y esa era también su tarea. Se observan gestos de ternura en la hermana mayor. Ella se quedó a poca distancia para ver lo que pasaba (2.4). El verbo «quedarse» o «quedarse fuera, a distancia», es sinónimo de «estar tranquila», y se relaciona con la presencia salvadora de

Dios, como sucedió «a la orilla del mar» con los israelitas al huir del faraón (Éxodo 14). Ahora la escena se desarrolla «a la orilla del río» (2.3b). La gran intervención de Dios, al inicio del Éxodo, ocurrió aquí, junto al río, donde el niño permanecía indefenso entre los juncos. Curiosamente, el Éxodo termina a la orilla del mar Rojo, donde Dios rescató a toda la nación.

En este texto la hermana de Moisés no tiene nombre, pero ella parece ser la hermana de Aarón, Miriam, la profetisa que aparece en Éxodo 15.20 bailando y tocando panderetas para alabar al Señor en la otra orilla del mar.

En la escena aparece la hija del faraón, que nunca la menciona el texto por su nombre, quizás porque adoptó a un niño hebreo en contra de los deseos de su padre. Más tarde, ella es identificada en la tradición rabínica en un misterioso comentario en 1 Crónicas (4.18), donde se menciona a una tal Bitiá, hija del faraón, con quien Méred se casó. A los ojos de los rabinos, esta tenía que ser la misma mujer que salvó a Moisés y que echó su suerte con los israelitas y abandonó Egipto con ellos. Pero ¿cómo adquirió ella el nombre de Bitiá, que significa «hija de Yah», que más tarde vino a ser otro nombre para el Dios de Israel? Sucede que Dios la renombró: «Porque tú tomaste uno de mis hijos como tuyos, yo te adoptaré como hija».

> **PENSAR**
>
> Es interesante ver en el texto cómo el vínculo entre las mujeres genera una red de protección con ternura y cuidado para los niños que se encontraban vulnerables a la muerte. Las mujeres hallaron en la ternura la fuerza para desobedecer un mandato que representaba a un sistema opresivo.

En cualquier caso, su papel es excepcional. Sabía lo que significaba proteger a un niño de los hebreos, que su padre había ordenado matar. Su labor fue como la de una de las parteras, dejó vivir al niño, y lo adaptó como hijo.

La hermana surgió del escondite y le ofreció el cuidado de la nodriza, la madre hebrea. ¡Qué mujeres! La relación entre las dos madres está mediada por la hermana. Nos sorprende la narración con la alianza que establecen por el bien de la criatura, incluyendo el pago por el cuidado de la misma (2.8).

Esto nos lleva a pensar que para lograr la plenitud de la vida son muy importantes las alianzas que hacemos. Necesitamos mirar alrededor de nosotros y observar, con sumo cuidado, quién está cerca o lejos, en espera de una llamada que diga: «ven, ayúdanos». Es un liderazgo compartido. Imagino que cuando llevaron a Moisés al palacio, allí se encontraban las esclavas de la realeza, las cocineras y tantas otras personas que cuidaron al niño, y el secreto fue tan bien guardado por el pueblo hebreo que el homicidio del faraón no logró consumarse. La madre adoptiva no tiene nombre, pero ella es quien le da nombre al niño: lo llama Moisés, porque lo sacó de las aguas (2.10b). «¡Sin Moisés no habría historia, pero sin la iniciativa de estas mujeres, no habría Moisés!» (Exum, 1994, pp.37-61, 52)

Mujeres y hombres que nos enseñan la relación entre ternura y hospitalidad

Una vez más nos encontramos con una escena de violencia, y esta vez el protagonista es Moisés (Éxodo2.11-12); pero Dios actuó de inmediato para hacerle ver que la violencia no es el medio para lograr la paz entre los egipcios y los hebreos (2.13-14), y de nuevo Moisés comenzó a sufrir la persecución del faraón y tuvo que huir. Esta es también una historia de mujeres, y se vincula con el concepto de liberación. Son siete hermanas, y en el Primer Testamento este número siempre significa plenitud.

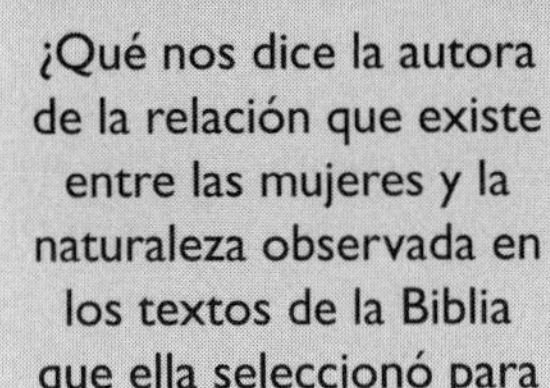

El encuentro con las siete hijas del sacerdote Reuel de Madián, ocurrió junto a un pozo. Este punto del relato nos recuerda tantas historias significativas en la Biblia que ocurren junto a pozos de agua. La escena nos muestra a un Moisés compasivo que las defendió cuando los pastores que no las dejaban dar agua a las ovejas las echaron del pozo (2.17). Hay ternura en este gesto de Moisés hacia las mujeres. No las conocía, pero comprendió que era una injusticia que tenía que resolver. Y, entonces, surgió lo que deseamos llamar «el milagro de la hospitalidad» Las hijas reconocieron a Moisés como extranjero. Es un egipcio —dijeron—. Pero el padre respondió a la acción de misericordia de él y lo recibió en su hogar (2.20-21). Y allí encontró Moisés a su esposa Séfora.

La espiritualidad de la ternura del padre en este texto se transformó en un corazón amoroso y acogedor, abierto a todas y todos, sin excluir a nadie, capaz de transformar al mismo enemigo (*hostis*) en un invitado (*hospes*). Así pues, la hospitalidad es un elemento esencial de la ternura: es exactamente lo contrario a la posesión y a la violencia; es servicio generoso, libertad, comunicación y amistad.

El término bíblico *filoxenia* (amor por los extraños) es lo opuesto a la *xenofobia* (miedo u odio a los extranjeros). La hospitalidad crea así un espacio seguro y acogedor para que las personas encuentren su propio sentido de humanidad y dignidad. La hospitalidad es una práctica absolutamente necesaria en nuestras comunidades y naciones. Y sucedió allí en Madián, con el apoyo de Moisés y de las siete mujeres hijas del sacerdote.

> **PENSAR**
>
> Las mujeres como protagonistas de la protección con ternura desde todos los roles que desempeñan en la sociedad.

El futuro de los doce hijos de Israel, mencionados al principio del Éxodo, se decidió históricamente por estas doce mujeres que Dios usó, para lograr, por medio de la ternura, la salvación del líder histórico designado por Dios para las acciones liberadoras que debían operarse en un futuro inmediato.

LAS DIMENSIONES

Restauradora

El poder de la ternura y el liderazgo, que impulsa la protección, de agrupaciones infantiles de la iglesia puede reconocerse como insumo fundamental para acompañar procesos de restauración de poblaciones que han vivido bajo violencia.

Formativa

El empoderamiento de las personas que cuidan o protegen con ternura a los más vulnerables, especialmente mujeres, según el texto, podría ser un elemento crítico en la formación de las personas que trabajan en la iglesia con niñez y adolescencia

Transformadora

Esa protección que la red de mujeres de la historia de Moisés logró darle a aquella niñez en riesgo de muerte, es la misma que podría ofrecer una red formada con la iglesia, los grupos pastorales, la estructura, instituciones o colectivos civiles externos a ella, en un esfuerzo por unir espacios de protección y cuidado a las personas menores de edad. Las personas que participan en la iglesia podrían formar parte de otras agrupaciones de protección legal, sanitaria, de seguridad y/o educación, o podrían crear sus propios colectivos con otras personas de la comunidad interesadas en la protección de la niñez y la adolescencia.

La ternura de una madre que cambia el curso de la historia

Esta historia ocurre en un momento de crisis. Hubo hambre durante tres años y persistía un fuerte sentimiento de desesperación, ya que hacía mucho tiempo que no llovía. David estaba preocupado: ¿qué debía hacerse en semejante situación? Un diálogo con Dios le dio la comprensión de los efectos dramáticos de la escasez y la sequía. Según Yahveh, ellos habían actuado mal durante el gobierno de Saúl; una masacre de los gabaonitas (sus aliados) provocó división, odio y enemistad entre ellos, aunque en ningún texto de la Biblia se menciona una masacre de gabaonitas instigada por Saúl. Y, por supuesto, las negociaciones comenzaron. David llamó a los gabaonitas y les habló. Fue una negociación exclusiva de hombres, y, como sucedía con frecuencia, se decidieron por la guerra.

Esta es una historia muy familiar… Esos que necesitaban construir la paz, la armonía para cuidar a las personas, estaban listos de nuevo para una masacre. Ellos escogieron a dos hijos de Rispá (hijos de Saúl) y a cinco hijos de Merab (hija de Saúl). La historia es cruel y despótica. Es el primer día de la cosecha, un momento de trabajo comunitario, un momento para regresar a la madre tierra, para recoger los frutos del trabajo humano. Ese mismo día ellos cometieron los asesinatos. Y, entonces, cierro mis ojos y la veo… ella se encuentra parada en medio del campo; va a mantener una larga vigilia, un ritual espiritual de resistencia (Winters, 1993, pp. 77-86, 87-104). Ella, la concubina violada, (2 Samuel 3.2) reta al poder de los hombres y a las estrategias de guerra. Rispá «se vistió con ropas ásperas en señal de luto, y se tendió sobre la peña. Allí se quedó, desde el comienzo de la cosecha de la cebada hasta que llegaron las lluvias, sin dejar que los pájaros se acercaran a los cadáveres durante el día, ni los animales salvajes durante la noche» (2 Samuel 21.10b DHH). Si en 2 Samuel 2.3 se representa a Rispá como una víctima pasiva, violada y considerada como una

> **PENSAR**
>
> ¿Cuán importante es la protección con ternura, incluso del recuerdo de las personas que han muerto? Preservar la memoria, no olvidar a las víctimas de violencia, como opción política por la ternura. Como las *Madres de la Plaza de Mayo* en Argentina, que rechazan la muerte de la memoria de sus hijos e hijas desaparecidas.

mercancía, aquí su presencia es elocuente. Entonces ella era invisible. Aquí su acción de cubrir y proteger los cuerpos fue tan impresionante y notorio que aun David, quien representaba el poder y la autoridad, no pudo ignorarla. Ella realmente cambió el curso de la historia.

Cierro mis ojos y también me imagino a las mujeres que la apoyaron con la alimentación, con agua, ropas, oraciones. Fue una vigilia de mujeres… día y noche permaneció allí desafiando al rey y a la lógica del liderazgo de los que hacen la guerra. En nombre de la seguridad nacional, les importó más mantener una alianza de muerte que optar por un acto de arrepentimiento, perdón y aceptación por la vida.

Quizás ya nos estamos preguntando, ¿realmente valió la pena lo que ella hizo? ¡Ellos estaban muertos! Sin embargo, es importante conocer que la vida del pueblo hebreo solo existe en relación con otros. La posibilidad de que los separaran de su pueblo, aun después de la muerte, representaba una amenaza terrible para los israelitas (Levítico 206). Además, aun la muerte física no podría suceder en la marginación. Como miembro de la comunidad, la persona moribunda estaba vinculada con ella y con su pueblo (Génesis 25.8; 35.29; 49.29) o con sus padres (Jueces 2.10; 1 Reyes 2.10).

La mutilación y el olvido fueron las peores humillaciones para las víctimas, y una maldición terrible. La pérdida del recuerdo de uno en la memoria de la comunidad siempre va acompañada por la pérdida de la identidad. Rispá trató de mantener viva la memoria de sus hijos. Allí en el desierto, día a día, en las noches frías y en los días de sol intenso, aun soportando el hedor de los cadáveres, Rispá resistió. Su acto fue político, pero de profunda ternura y espiritualidad.

Esto debe ser una parte fundamental de nuestra liturgia: mantener viva la memoria de las víctimas. Siempre recordamos a las madres y abuelas de la Plaza de Mayo, en Argentina, y hoy día a las familias de los jóvenes desaparecidos en Ayotzinapa, México, que aún buscan con ternura a los familiares que un día les arrebataron.

Rispá no solo lloraba como madre por sus hijos. Tenía la intención firme de restaurar la dignidad humana de las siete víctimas. Enfrentando el genocidio salvaje, ella intentó ser humana en medio de la terrible deshumanización de aquel tiempo. Rodeada de cadáveres, decidió llamar la atención de los asesinos con un acto de ternura y amor solidario. La actitud de Rispá hacia las víctimas muestra el poder que surge de quienes tienen un compromiso real con los otros.

Según el texto, Rispá comenzó con hambre y sequía. La intención al sacrificar a los siete hombres fue resolver el problema del hambre y la sequía. Sin embargo, la lluvia llegó solamente cuando los líderes de la nación reconocieron la acción de Rispá; entonces fue cuando Dios prestó atención a las súplicas de la tierra (2 Samuel 21.14b).

Conclusión

La pregunta para nosotros en el día de hoy sigue siendo esta: ¿dónde encontramos en nuestro entorno esta espiritualidad de la ternura? ¿La hallaremos en nuestras iglesias, en la vida de las comunidades locales, o en las expresiones y el mundo simbólico de la religión popular de nuestros pueblos?

Inspirada por las historias de ternura del Primer Testamento, la iglesia debe presentarse como un sacramento de la ternura de Dios. Una iglesia de la ternura es una iglesia de un Dios de bondad y de gracia, y no de un Dios de castigo y de miedo. Es la iglesia del amor y de la vida, cuya fe la sostiene la ternura absoluta de Dios.

Sin la ternura —ese secreto de armonía interior, de gozo de creer, de esperar y de amar— los cristianos corren el riesgo de transformarse en una iglesia encerrada en sí misma, rígida, ligada solo a las instituciones y privada de espíritu.

Por último, y a manera de resumen, resulta importante recordar que la ternura natural, convertida en una ternura teológica, se transforma en una ternura social, un compromiso de la iglesia y los cristianos por afirmar un modelo alternativo de desarrollo y construcción de la sociedad y su futuro.

La ternura que necesitamos hoy es precisamente la que proclama el teólogo brasileño Leonardo Boff en su libro *San Francisco de Asís: ternura y vigor*. En él nos recuerda que «el pobre de Asís» mostró en su vida que para ser santo es necesario ser humano, y para ser humano es preciso ser sensible y tierno. Cuando esto sucede, entonces, se revela que la realidad humana no es una estructura rígida ni un concepto, sino simpatía, capacidad de compasión y ternura (Cf. Boff, 1982).

Quiera Dios que estas enseñanzas animen la vida y la obra de nuestras iglesias y comunidades.

> **ACTUAR**
>
> Como nos dice la autora, en la iglesia del amor y la ternura, cuya fe está sostenida por la ternura absoluta de Dios, la espiritualidad debería ser la ternura, la teología debería ser desde la ternura y que exista un compromiso eclesial con la niñez desde la ternura.

Referencias

Boff. L. (1982). *San Francisco de Asís: ternura y vigor.* Santander: Editorial Sal Terrae.

Böll, H. (1968). *Lettera a un giovane cattolico* (p. 54). Vicenza: La Locusta.

Exum, J. C. (1994). You Shall Let Every Daughter Live: A study of Exodus 1.8-2.1. En: Brenner, A. *A Feminist Companion to Exodus to Deuteronomy* (pp. 37-61, 52). Sheffield, Reino Unido: Sheffield Academic Press.

Heidgger, M. (1951). *El ser y el tiempo.* México: Fondo de Cultura Económica.

León, T. (1997). Orar con el olfato. En: Gómez Acebedo, I. (ed.) *Cinco mujeres oran con los sentidos* (p. 75). Bilbao: Desclée De Brouwer.

Martí, J. a (mayo de 1884). Maestros ambulantes. *La América, mayo,* Nueva York. En: *Obras*

Martí, J. b (14 de noviembre de 1884). Cartas de Martí. *La Nación.* Buenos Aires. En: *Obras completas,* ed. cit., t. 11, p. 82. *completas 8* (p. 291). La Habana: Editorial Nacional de Cuba.

Martí, J. c (14 de noviembre de 1884). Bronson Alcott, el platoniano. En: *Obras completas,* ed. cit., 13, (p. 188).

Martí, J. d (s. f.). Cuaderno de apuntes 3. En: *Obras completas,* ed. cit., t. 21, p. 130.

McFague, S. (1997). *Super, Natural Christians: How we Should Love Nature* (pp. 36-39). Minneapolis: Fortress Press.

Restrepo, L. C. (1994). *El derecho a la ternura* (pp. 139-140). Bogotá: Arango Editores.

Rochetta, C. (2001). *Teología de la ternura. Un «evangelio» por descubrir.* Salamanca: Ediciones Secretariado Trinitario.

Siebert-Hommes, J. (2010). Las salvadoras del liberador de Israel. Doce «hijas» en Éxodo 1 y 2. En: Mercedes Navarro, M. y Fischer, I. (eds.), y Taschl-Erber, A. (colab.). *La Torah 1* . Estella, Navarra: Editorial Verbo Divino.

Smith, D. *Comunidades de ternura.* Recuperado de Red Crearte http://www.feautor.org/id/11926444672

Támez, E. (2008). Cuando huele a Dios en todas partes. En: Consejo Mundial de Iglesias. *La paz: imagínala. Meditaciones bíblicas y material litúrgico para el tiempo de Adviento* (p. 24). Ginebra: Consejo Mundial de Iglesias.

Turner Martí, L. y Céspedes Pita, B. (2002). *Pedagogía de la ternura.* La Habana: Editorial Pueblo y Educación.

Winters, A. (1993). La memoria subversiva de una mujer y Méndez Pénate, A. Una espiritualidad para la mujer. En: Saravia, J. *Espiritualidad de la resistencia* (pp. 77-86, 87-104). San José, Costa Rica: DEI.

SIGAMOS LA RUTA...

RETOS PERSONALES (SENTIR Y PENSAR)

Lenguajear con ternura

En este capítulo la autora ilustró la ternura desde el relato de la protección que gozó Moisés y de la red de cuidado que se tejió entre las mujeres en torno a la liberación de Israel del faraón de Egipto.

Elementos como el cuidado, la valentía, la protección, el empoderamiento el desafío al sistema opresor y demás fueron acciones y lenguajes que la ternura generó y que resultaron en cambiar la historia de un pueblo.

Lenguajear los cuidados, el acompañamiento, la protección y otros elementos que nos hablan de una relación tierna con otro ser que el sistema opresor ha vulnerabilizado frente a la muerte porque ve en la niñez una amenaza.

Lenguajear con ternura implica reconocer en esa niñez la liberación del pueblo y por ende su inmediata protección

Sentir... el nivel de vulnerabilidad de nuestra niñez en América Latina y la demanda de ternura y protección en los entornos familiares, comunitarios y de fe.

Pensar... que brindar protección y ternura a nuestra infancia vulnerabilizada es un desafío al que debemos responder como iglesia creyente del mensaje de amor.

Ponernos en su mirada

¿Qué elementos han vulnerabilizado a la niñez de América Latina y cuáles son las necesidades con las que mira al mundo y nos mira a las personas adultas de las cuales espera protección?

Sentir... el miedo, el cansancio, la ansiedad la inseguridad, con la que vive nuestra niñez y adolescencia en Latinoamérica y su necesidad de ternura.

Pensar... ¿cómo ven estos ojos de niño y niña a la iglesia?

Encarnar la ternura

La autora nos brindó un recorrido bíblico que nos permitió ver cómo una red de mujeres encarnó la ternura mediante el cuidado y la protección de un niño y de un pueblo entero.

… al desafiar al sistema incluso con el riesgo de perder la propia vida, en espera de que la ternura actúe de forma decisiva para salvar la vida, incluso la dignidad aun después de la muerte.

… al entender que la ternura es un acto de dignidad humana, y que esta opción es incluso resistencia contra el sistema de muerte; que encarnarla es empoderarse para la protección y el cuidado de las personas más vulnerabilizadas.

Sentir… la necesidad de cuidado y protección que vive a diario la niñez y adolescencia en nuestros países de América Latina.

Pensar… en los retos que plantea, primero a nivel personal y luego como iglesia, el encarnar esta ternura en cuidado y protección.

Seguir al maestro

En este capítulo la autora nos describe a varias maestras de la ternura; algunas permanecen anónimas y otras con nombre, pero todas en sus distintos roles logran desafiar con valentía al sistema para cambiar la historia, para no dejar que triunfe la violencia y la muerte sobre la esperanza.

Seguir al maestro… en esas mujeres valientes, que carecen de poder, pero gozan de gran capacidad de decisión y convicción de lo que hacían.

Seguir al maestro… tejiendo redes de resistencia a los gestores de la muerte para lograr hacer una gran diferencia entre lo que impone el sistema sobre la vida de las personas y lo que puede lograr la ternura mediante el cuidado.

Sentir… la valentía y el empoderamiento que tuvieron las protagonistas de las historias que expuso la autora.

Pensar… la formación y el trabajo de sensibilización para motivar a las personas a que se empoderen al respecto de la protección de la niñez ante cualquier sistema actual que la vulnerabilice de cualquier forma.

PROYECTOS PASTORALES (ACTUAR)

Sentir, luego pensar; jugar, luego actuar

Sentir el nivel de vulnerabilización que genera a nuestra niñez y adolescencia esta cultura deshumanizante, y pensar desde la ternura la respuesta que la iglesia podría dar.

Jugar con los niños y las niñas y adolescentes a construir un mundo mejor desde su mirada, para actuar poco a poco en la transformación del mismo.

Actuar... creando redes de protección tierna, empoderando a las personas en el cuidado y defensa de las niñas y niños, y honrando incluso la memoria de esas personas que han muerto por violencia, pero con la mirada en la esperanza.

PISTAS DE LAS DIMENSIONES DE LA TERNURA

RESTAURADORA

- La ternura es presente, es ofrenda, es aceptación, pero también es protección, defensa y empoderamiento para restaurarnos.
- La ternura define lo humano, la espiritualidad, la resistencia ante el sistema que promueve la violencia incluso la muerte.
- La ternura es instrumento de Dios con el que invade lo corpóreo y sana desde el amor y la protección.
- La ternura es un acto de dignidad humana y de protección de la memoria de las personas que han muerto como víctimas de la violencia, es una forma de sanar las heridas que deja la muerte violenta de seres queridos.

FORMATIVA

- Sensibilizar la vocación a la ternura.
- Motivar la sana relación con la naturaleza, pues es la antesala de la relación con las personas, especialmente con las más vulnerabilizadas.
- Formar a las personas para que se empoderen mediante la ternura para proteger a las niñas, los niños y adolescentes.
- Hacer de la educación un vehículo de la ternura.

TRANSFORMADORA

- Optar por la ternura es un acto de resistencia a un sistema promotor de la muerte.
- Estructurar y crear redes para la tierna protección de la niñez y adolescencia.
- Despertar conciencia de que la iglesia debe ser sacramento de la ternura de Dios.
- Entender la ternura como motor de resistencia a todo lo que procure la muerte y como vehículo de transformación de las personas empobrecidas, marginalizadas y esclavizadas por cualquier sistema deshumanizante.
- La creación de redes de protección y cuidado con ternura desde la iglesia al interior y hacia las comunidades donde está presente.

Capítulo 7

MÁS ALLÁ DE LA TERNURA: EL ABRAZO, EL MOVER LAS ENTRAÑAS Y EL AMOR AL PRÓJIMO EN EL SEGUNDO TESTAMENTO

Francisco Mena

Hablar de ternura en el Segundo Testamento parece una cosa fácil, que no debería ofrecer ningún problema significativo a quien quisiera hacerlo. Pero en realidad es todo lo contrario. La ternura no es un concepto que aparezca como tal en el Segundo Testamento. No se encuentra ninguna exhortación a que seamos personas «tiernas» o a vivir de acuerdo con la ternura o alguna palabra equivalente. El mundo del Segundo Testamento es un mundo patriarcal, en el sentido estricto, en donde la persona que es cabeza de todo orden es siempre varón, y este debe actuar con benignidad hacia sus semejantes pero no con ternura o afectividad, ambas categorías serían consideradas una muestra de debilidad.

Este capítulo presenta, primero que todo, a este mundo tal cual, como cultura mediterránea del siglo primero y el papel del amor y la compasión dentro de dicha cultura, que dista de la nuestra, tanto la cultura como el idioma. En segundo lugar, ofrece un enfoque más sólido sobre Jesús

Como en el Segundo Testamento, en nuestra cultura la ternura también es signo de debilidad, debido a la persistencia del sistema patriarcal que ha legitimado el uso de la violencia en la crianza.

y la niñez y la juventud desde el punto de vista exegético de Marcos 10.13-16 y Lucas 15.11-32. En tercer lugar, revisa algunos textos de Pablo vinculados al tema.

El concepto de ternura, el de ellos y el nuestro

El concepto de ternura se especifica mejor por su campo semántico, en palabras de Cussiánovich:

> Entre las (palabras) más recurrentes podemos mencionar: la compasión, la misericordia, el cariño, el afecto, la delicadeza, la amistad, la afectuosidad, la amorosidad, la «*amorevolezza*» (amor, afecto) y del griego, el eros, la *philia*, el ágape. Posiblemente se quedan fuera muchas otras. (Cussiánovich, 2010, p. 47)

Al comparar el campo semántico de la ternura con el campo semántico de la formación en las tradiciones bíblicas, en este caso el libro de Ben Sirá, la oposición entre ambos es clara:

> [1] El que ama a su hijo, le azota sin cesar, para poderse alegrar en su futuro. [2] El que enseña a su hijo, sacará provecho de él, entre sus conocidos de él se gloriará. [3] El que instruye a su hijo, pondrá celoso a su enemigo, y ante sus amigos se sentirá gozoso. [4] Murió su padre, y como si no hubiera muerto, pues dejó tras de sí un hombre igual que él. [5] En su vida le mira con contento, y a su muerte no se siente triste. [6] Contra sus enemigos deja un vengador, y para los amigos quien les pague sus favores. [7] El que mima a su hijo, vendará sus heridas, a cada grito se le conmoverán sus entrañas. [8] Caballo no domado, sale indócil, hijo consentido, sale libertino. [9] Halaga a tu hijo, y te dará sorpresas, juega con él, y te traerá pesares. [10] No rías con él, para no llorar y acabar rechinando de dientes. [11] No le des libertad en su juventud, y no pases por alto sus errores. [12] Doblega su cerviz mientras es joven, tunde sus costillas cuando es niño, no sea que, volviéndose indócil, te desobedezca, y sufras por él amargura de alma. [13] Enseña a tu hijo y trabaja en él, para que no tropieces por su desvergüenza. (Ben Sirá 30.1-13, BJ[3])

Este párrafo de Ben Sirá nos ayuda a entender la cultura de la época cercana a la redacción del Segundo Testamento. La niñez no se considera como personas independientes que tienen su propio futuro y el derecho de realizarse y tomar su propio camino. Los varones tienen la responsabilidad de llevar adelante el linaje de su padre y actuar de acuerdo a las tradiciones de su familia y lugar de nacimiento. Por esta razón, no es posible imaginar un mundo con derechos de la niñez, todo lo contrario, niños y niñas en sus respetivos papeles de género, se deben a su familia y su futuro está marcado desde su nacimiento, así como sus profesiones y sus opciones de matrimonio. Nunca dejan la familia propia, aun casados, los varones, forman parte de la familia paterna y las mujeres formarán parte de la familia de sus esposos. Es en este sentido que no podrán tener libertad, o que no podrán siquiera pensar en desobedecer el camino ya prefijado. Un hijo o hija que cause vergüenza por su desobediencia causará un daño terrible a su familia.

En este contexto se debe leer el párrafo de Ben Sirá, párrafo terrible, violento, inmisericorde, pero párrafo que expresa la urgencia de mantener a los hijos e hijas dentro de sus responsabilidades familiares. Y esto no fue solo una perspectiva aislada de este autor. José Guillén en su monumental obra *Urbs Roma* describe la forma en que enseñaban los maestros en Roma:

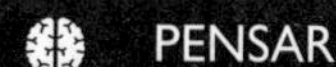

Además de los testimonios de los literatos, nos lo describe gráficamente la pintura de un colegio en Pompeya, en que vemos a un niño sostenido en las espaldas de un compañero, recibir los vergazos del maestro en las desnudas carnes, mientras otro niño le sujeta las piernas para que no patalee. En otros documentos gráficos se ve al maestro castigar a un alumno, quedando los otros impasibles, unos leyendo, y otros hablando entre sí. Los niños llegaban a insensibilizarse y a recibir las azotainas como la cosa más natural del mundo, como aconsejaba que hiciera a su hijo Ausonio. En cambio, considerando esos procedimientos a unos cuantos años de distancia no dejaban de protestar y de maldecir los tétricos años de la escuela (Guillén, 1977, p. 224).[1]

Este es el contexto pedagógico tanto de padres como de maestros que predominaba en la época de Jesús. No se trata de una visión extrema sino de la forma como el amor se prodigaba a los hijos. Habrá que considerar que el concepto de amor descrito no tiene que ver con nuestra concepción del amor. El significado de amor en toda la Biblia es lealtad (Pilch, 1998, p. 127). La lealtad es el vínculo fundamental de la cultura mediterránea y se refiere tanto al vínculo familiar como al vínculo con el lugar de origen, la ciudad y la tierra, así como con los ancestros. Lo opuesto a la lealtad en cuanto a hijos e hijas sería la desobediencia, la terquedad, el pretender tener un camino propio diferente al de las responsabilidades familiares. Por esta razón, Pilch indica «La sumisión obediente al castigo físico es una forma legítima del amor filial» (Pilch, 1998, p. 127). La peor desgracia para los padres es tener un hijo desobediente como lo señala claramente tanto Ben Sirá 22.3ss como las disposiciones contenidas en Deuteronomio para este tipo de hijo (Deuteronomio 21.18-21).

Este contexto cultural hace muy difícil asumir que la ternura pueda ser una práctica positiva en el mundo de Jesús.

---

1 El mismo autor cita a San Agustín de Hipona «Se obliga a los niños a costa de castigos y dolores sin cuento, a aprender las artes liberales. El mismo estudio, que se les constriñe con castigos, les es tan duro, que a veces prefieren aguantar las penas a estudiar. ¿Quién no sentirá horror, y si se le propone la disyuntiva, morir o volver a la infancia, no elegirá la muerte?» Idem.

Todo lo contrario, la ternura, tal y como la entiende Cussiánovich sería un peligro en aquella época. Más bien, lo que le corresponde a un padre amoroso es la rigidez y la disciplina marcadamente violenta. Una de las mayores amenazas al sistema patriarcal descrito fue la conducta de Jesús. Una conducta que proviene de lo que sería tipificado como un hijo desobediente, alguien que está «fuera de sí» y a quien su familia debe ir a buscar para llevarlo a casa y ponerle orden (Marcos 3.31-35).

LAS DIMENSIONES

Restauradora

Del texto podemos rescatar dos puntos importantes para revertirlos hacia procesos de restauración:

- La perpetuidad del linaje familiar.
- El uso de la violencia en la crianza y educación.

Dejar de proyectar en nuestra niñez nuestros deseos o anhelos personales o familiares, mediante la imposición de nuestros sueños y usando hasta la violencia para acabar con sus propios sueños.

Aprovechar para revisar nuestra niñez con el fin de restaurar nuestros sueños rotos y nuestros anhelos no cumplidos.

Formativa

Reconocer en la iglesia la lectura y los discursos que se articulan bajo estos principios de lealtad, de violencia legitimada y de rigidez contra lo vulnerable y la ternura, para iniciar procesos de deconstrucción y acompañamiento informado, para revertir en las conciencias colectivas estos aprendizajes tradicionales patriarcales.

> **Transformador**
>
> La iglesia, desde su reflexión teológica, puede generar interpelaciones a estas lecturas y contextualizarlas y proponer a la luz del humanismo y la ternura otras lecturas, y trasformar el lenguaje y las prácticas para impactar en las dinámicas relacionales y en el aporte que pueda hacer a las comunidades donde está inserta.

Jesús abraza a la niñez

Marcos 10.13-16 presenta una perspectiva diferente. El abrazo se constituye en una acción divergente con la postura de Ben Sirá. La palabra griega usada en 10.16, tomar en brazos, abrazar, solo aparece cuatro veces en la Biblia griega y en el Segundo Testamento, en Proverbios 6.10, 24.33 y Marcos 9.36 y 10.16. En Proverbios, este verbo no tiene que ver con abrazar sino con cruzar los brazos para descansar. En el versículo paralelo en Mateo 19.15, el evangelista utiliza la frase «después de poner las manos sobre ellos», mientras que Lucas omite todo el versículo que contiene esta acción de Jesús. El detalle del abrazo de Jesús en Marcos 10.16 debe considerarse muy significativo, en especial al compararlo con la tradición rabínica posterior que muestra, también, una distancia de la relación entre la niñez y las personas adultas, Abot 3.11 señala «el sueño durante la mañana, el vino al mediodía, la conversación con niños y el sentarse en las casas de las "gentes de la tierra" sitúan a una persona fuera de este mundo» (como lo cita Marcus, 2011, p. 825). La idea de abrazar a los niños y/o a las niñas es extraña a la cultura mediterránea en la época del Segundo Testamento como se ha indicado.

Mucho más extraño que abrazar a la niñez es esta afirmación contundente de Jesús: «… pues de estos (de los niños) es el reino de Dios. Amén, les digo, el que no reciba el reino de Dios como un niño, de ningún modo entrará en él». (Marcos 10.14-15). Estos versos contienen dos elementos muy significativos, el abrazo y la afirmación de la centralidad de la niñez en el reino de Dios. Esto es así porque Jesús constituye una familia sustituta entre las personas que lo seguían. Quienes lo siguen dejan a sus familias propias, pero esto es posible solo

El reto que nos deja como seguidores de un maestro de la ternura que nos demuestra el significado del abrazo y la afirmación de la centralidad de la niñez en el reino de Dios.

si se constituyen en una nueva familia, una familia en la cual reciben apoyo y solidaridad mutua. No obstante, la nueva familia está marcada por un linaje alternativo en donde se han eliminado los padres (Marcos 10.28-31[2]) y se ha asumido a Dios como padre único con implicaciones radicales en cuanto a las relaciones entre quienes forman la nueva familia de Dios. Se constituye una familia sustituta ya que sustituye a la familia de origen y que tiene por Padre a Dios[3].

---

2 Para hacer esta observación se ha comparado el versículo 10.29 con el versículo 10.30. En el versículo 10.29 se lista lo que han abandonado: casa, hermanos, hermanas, madre, padre, hijos o hacienda; mientras que en el versículo 10.30, quienes hayan abandonado todo eso, recibirán cien veces más: casas, hermanos, hermanas, madres, hijos y haciendas. En el versículo 10.30 solo se ha eliminado la palabra padre de la lista.

3 «El patronazgo de Jesús, finalmente, es también extendido a las más vulnerables y marginalizadas personas de la sociedad mediterránea del siglo primero, es decir, mujeres y niños. Porque en la estructura social patriarcal, mujeres y niños en el mundo Mediterráneo del siglo primero fueron tratados como propiedad. El estatus de varón cabeza de la casa se basaba sobre la convicción que la vida estaba embebida en el semen del varón, y que la mujer "proveía nada más allá de un lugar para que la semilla creciera hasta el nacimiento" (Malina-Jacobs, 1993, p.1). A causa de esta convicción, los varones se vieron como superiores a las mujeres. Esta posición de los varones se expresó en términos de honor, mientras que las mujeres en términos de vergüenza, y como un resultado, mujeres y niños fueron vistos como meras propiedades. La posición de los niños en el Mediterráneo del siglo primero fue aun peor que la de las mujeres. Los niños fueron vistos como "nadies" (Crossan, 1991, p. 269), "los más débiles y más vulnerables miembros de la sociedad" (Malina & Rohrbaugh, 2003, p. 336) con poco

Es plausible afirmar que Marcos 10.13-16 constituye el corazón del evangelio de Marcos.

La conducta de Jesús hacia la niñez se puede explicar si entendemos que, por lo menos en el evangelio según Marcos, Jesús es un niño sin padre a quien Dios ha asumido como hijo amado (1.9-11 y 9.7). A diferencia de Mateo y Lucas, Marcos no contiene ninguna mención a José y su linaje. Marcos 6.3 más bien lo identifica como hijo de María que es una afirmación por demás extraña para su época (Mena, 2011)[4]. Por esta razón se infiere que Jesús fue formado al margen de la presión paterna que se describe en Ben Sirá. María, su madre, sería la formadora de Jesús:

> En el evangelio de Marcos, Jesús no tenía linaje paternal, ¿qué relación tendría este estatus de Jesús con su especial ternura por los niños y las niñas y las personas desamparadas por el sistema?

En tiempos de Jesús, la mujer llenaba primeramente el rol de género específico de producir hijos. La conducta típica de la mujer incluía tomar el último puesto en la mesa, servir a otros, perdonar injusticias o males, tener compasión y atender heridas (véase Malina, 2001, p. 50). El rol de la madre de la casa, como administradora de la casa, sin embargo, no estaba determinada específicamente por su género (véase Matthews y Benjamin, 1993, p. 25). Ella era la «maestra» de otras mujeres y los hijos de la casa. En cuanto a los varones este rol se transfería al padre una vez que el niño se transformara en un hombre joven y participara en las labores comunales de la villa (Van Aarde, 2002, p. 76).

De este modo, la práctica de Jesús muestra una serie de acciones que corresponden no a la compasión como el valor que apreciamos hoy como modelo de conducta para varones y mujeres, sino como una

---

estatus entre la comunidad o la familia. Los menores, por ejemplo, tenían un estatus lado a lado con los esclavos, y los huérfanos fueron el estereotipo de los más débiles y más vulnerables miembros de la sociedad (Malina & Rohrbaugh 2003:336).» Van E. E. 2013, pp. 10-11.

4 En este estudio se discute y afirma la autenticidad de la lectura corta de Marcos, así como el modelo tipo de Adries van Aarde de un niño sin padre en la época de Jesús.

condición propia de las mujeres, no de los varones. En consecuencia Jesús sigue el camino de las mujeres en sus actos de compasión no el de los varones de su época. Van Aarde concluye:

> Jesús, sin embargo, no usó la metáfora de padre como el camino a Dios, sino la de niño. Esos que no son como niños no experimentarán la presencia de Dios. Aún más radical que esto es que Jesús no usó al niño que había sido legitimado por el padre como un símbolo. Apuntó a un niño ilegítimo como un símbolo de esos que pertenecen al espacio de Dios. Jesús expresó su propia experiencia religiosa fundamental a través de este símbolo. Como una figura sin padre, Jesús se vio a sí mismo como el protector de los niños sin padre de Galilea, tanto como de las mujeres que no «pertenecían» a un hombre, dentro del sistema patriarcal. De muchas formas Jesús actuó como una mujer. Por ejemplo, tomó el último lugar en la mesa, sirvió a otros, perdonó males, mostró compasión, y sanó heridas. Pero esto también significa que protegió a las mujeres sin patriarca y a los niños sin padre, no como un patriarca o padre en sí mismo, no desde arriba, sino desde la posición de ser uno de ellos. Jesús no solo llamó a Dios «Padre» sino que también vivió entre los marginados como si ellos fueran todos hijos de Dios. En otras palabras, Jesús vivió como un hermano sustituto (2001, p. 197).

Este razonamiento puede sin duda crear inconformidad, en particular porque la niñez atendida en los milagros tiene como intermediario a la madre o al padre: 5.21ss (la hija de Jairo); 7.24ss (la hija de la sirofenicia); 9.14ss (el hijo con un espíritu impuro). En el caso de Marcos10.13 no aparecen mencionados los padres sino simplemente la frase «le traían». Sin embargo, Juan Mateos señala que si bien la frase «Llevaron unos niños a Jesús para que los bendijese» implica una condición pasiva de

> **PENSAR**
>
> ¿Cuál fue el rol de la mujer en los tiempos de Jesús y cuál es su rol actualmente en la iglesia?

los niños, esta condición de los mismos cambia en el resto del texto ya que el regaño de los discípulos está dirigido a los niños («Los discípulos reñían a quienes los llevaban») así como las palabras de Jesús a los discípulos: «Dejen que los niños vengan a mí y no se lo impidan» (10.14). La frase tiene como complemento a los niños, no a quienes los traían (Mateos, 1982, p. 169). En consecuencia, al menos en este caso debe considerarse que a los niños mencionados en 10.13-14 no se les identifica por sus familias. Tampoco cabe duda de que Jesús atendió a mujeres a quienes no se les liga con un esposo. Tanto en 5.25, como en 7.24, las mujeres se ubican en espacios públicos, fuera de su entorno propio dentro de las casas, lo que las posiciona como ocupantes de un espacio de los varones, acción del todo irregular.

> ♥ **SENTIR**
>
> El amor y la ternura manifestados por Jesús tienen rasgos que asociaríamos con el amor maternal. ¿Qué nos hace sentir esa imagen del amor maternal de Jesús por los niños, las niñas y las personas vulnerabilizadas?

Se debe resaltar el verbo *aganakteō* que se repite en 10.41 y 14.4 y se traduce por el verbo español indignarse. Es una respuesta muy fuerte a la acción de los discípulos y cabe también como elemento que refuerza el significado que Jesús ha dado a estos niños.

La idea de que el Reino es de los niños (v. 10.14) no se modifica con lo que se indica en el versículo 10.15, más bien cimienta la idea de la pertenencia del Reino a la niñez. Al ser este grupo el referente fundamental para el ingreso al Reino, quienes deseen alcanzar esta meta, lo harán homologándose a quienes forman dicho grupo. No se trata de una metáfora que luego la asumen los discípulos, al contrario, es una realidad que debe asumirse como tal. El contexto explica también que este referente se ha colocado allí por la búsqueda de los discípulos de distribuir u obtener los puestos de mayor honor en torno a Jesús y a la familia sustituta de Dios (10.41-45). El tema de la niñez surge como una transposición de la experiencia de Jesús a quienes como él han sido vulnerables y solo encuentran un apropiado recibimiento en Dios. La grandiosidad de los poderosos encuentra su negación al interior de la familia de Dios. En Marcos 10.13-16 se posiciona el modelo de vulnerabilidad: la niñez, como punto único de acceso al reino de Dios.

¿Qué nos provoca la premisa de Jesús sobre la vulnerabilidad infantil como acceso al reino? ¿Qué implicaciones tiene en la vivencia de la fe?

El abrazo de Jesús expresa una dimensión profunda de la ternura en perspectiva teológica. La experiencia de Jesús como un hijo sin padre permea su espiritualidad y da fundamento a la forma de relacionarse en la nueva familia de Dios. Esta familia sustituye a la familia de origen y establece formas no competitivas ni violentas de interacción, en particular en el cuido de la niñez. Marcos 10.42-45 da las pautas de relacionamiento, en lugar de dominar y oprimir como hacen los poderosos de la tierra, ser el esclavo de todos, el que sirve y el que da su vida en rescate para todas las personas. La ternura se realiza en el respeto y el cuido de las personas más vulnerables.

LAS DIMENSIONES

Restauradora

Para iniciar la restauración según la construcción de la imagen de Jesús en este texto, hay que romper con el paradigma patriarcal de la rigidez y de la violencia legitimada e incorporar el abrazo, el afecto físico a niveles maternales como nos ha enseñado Jesús.

Abracémonos primero con ternura nosotros y nosotras mismas y luego generemos en la iglesia espacios de afecto físico para los niños y las niñas.

Dar y recibir afecto con ternura, mostrar vulnerabilidad, ya no serían una debilidad en la vivencia de la fe, más bien sería una búsqueda del Reino, pues ese es su camino.

Formativa
Como nos señala Mena, existe toda una tradición bíblica en contra de la ternura, que sostiene la violencia en las relaciones parentales poniendo el linaje familiar por encima del afecto.
En la formación que lleva a cabo la iglesia se debe revisar si los principios patriarcales están presentes en el lenguaje y las prácticas para empezar a deconstruirlas y fomentar más las imágenes y el mensaje de Jesús en cuanto a la vulnerabilidad y la ternura física.

Transformadora
La iglesia en su misión pastoral debe extender estas nociones de cuidado maternal de Jesús en prácticas que operen un cambio en sus estructuras y discursos.
En su dimensión también profética, debería denunciar la violencia legitimada que se presenta a todo nivel no solo en la iglesia sino también en la comunidad donde se encuentra.

El Padre que corre, abraza y besa a su hijo

Si bien es cierto lo dicho antes, que Lucas borra de su texto el contenido de Marcos 10.15, es decir, Jesús nunca abraza a los niños en Lucas, es también cierto que aporta una metáfora única, de su propia tradición. La parábola de «El hijo pródigo» (Lucas 15.11-32), ya ha recibido bastante atención de parte de las iglesias sobre todo en la predicación.

La parábola trata de las acciones de un joven que pide la herencia anticipada a su padre, y tomándola se va a otra región y malgasta la herencia recibida, lo cual lo obliga a pasar necesidad hasta el punto de tener que trabajar en otra región en una porqueriza. Allí, en medio de los cerdos y muerto de hambre, reflexiona y decide volver a la casa de su padre, pedirle perdón y que le deje allí como un jornalero. A este escenario se suma otro, la reacción del hermano mayor del muchacho que le reclama al padre por su actitud de falta de autoridad frente a su recién llegado hermano. El hermano mayor no entra más en la casa para estar junto a su padre y a su hermano.

¿Cómo hemos imaginado ese abrazo del padre en la parábola del hijo pródigo? ¿Cuánta sanación pudo darle al cuerpo y al corazón de este hijo que vuelve de vivir en la miseria y lleno de vergüenza?

El padre de la parábola es la figura central: da la herencia, espera a su hijo menor, lo recibe, le prepara fiesta, habla con su hijo mayor para que entienda por qué aceptó de nuevo a su hermano menor. La parábola presenta una situación no deseable, una ruptura con los lazos familiares. Bruce Malina y Richard Rohrbaugh lo explican de la siguiente forma:

> Al solicitar no sólo su herencia, sino el derecho a disponer de ella en vida de su padre, el joven rompe violentamente con su padre, su hermano y la comunidad en la que viven. La hostilidad sería manifiesta tras su regreso, especialmente cuando supiese su familia que había disipado su parte de la propiedad familiar con no-israelitas. Las familias del pueblo tendrían miedo de que a sus hijos jóvenes se les ocurrieran semejantes ideas. En el país lejano donde se encuentra, el joven se pone a trabajar con un patrón local y accede a desempeñar un trabajo degradante para un hijo de Israel (Malina, 1992, p. 282).

Si todo lo anterior es cierto, lo que se espera del padre es que rechace al hijo menor y lo abandone a su propia suerte, de modo que sirva de ejemplo para la comunidad. Kenneth Bailey indica que, en su peregrinaje desde Marruecos a la India y de Turquía a Sudán, ha preguntado sobre las implicaciones de la solicitud del hijo menor mientras el padre aún vive, y la respuesta ha sido la misma:

—¿Ha hecho alguna persona una solicitud como esta en su villa?

—¡Nunca!

—¿Podría alguna persona hacer esta solicitud?

—¡Imposible!

—Si alguno la hiciera, ¿qué pasaría?

—¡Su padre lo golpearía, por supuesto!

—¿Por qué?

—¡Esta solicitud significaría que la persona desea que el padre muera! (Bailey, 1983, p. 161-162)

> **🧠 PENSAR**
>
> Luego de leer las implicaciones sobre las acciones del hijo pródigo, en relación con su linaje paterno, ¿qué mensaje habría dejado Jesús al construir esta parábola sobre el amor del padre y su protección?

Si la solicitud del hijo menor es un acto contra el padre y pone en peligro el fundamento de la familia, no lo es menos que el padre la acepte. En consecuencia, también el padre se ubicaría en una mala posición dentro de la comunidad. Las dimensiones de la crisis aumentan.

Veamos algunos elementos importantes para la comprensión del relato. A nuestro juicio es clave la palabra «unirse», que se usa en el versículo 15.15: «y yendo se unió a un ciudadano de la región». Este término se usa cuarenta y nueve veces en toda la Biblia (versión griega de la Biblia Hebrea y Segundo Testamento). Aunque no revisaremos todas las citas, es importante ver algunas apropiadas para nuestro pasaje:

- Deuteronomio 6.13, «al señor, el Dios tuyo temerás y a él servirás y a él te unirás y con el nombre de él jurarás» (también Deuteronomio 10.20).

- Deuteronomio 29.20, «No querrá Jehová perdonarlo, sino que entonces humeará la ira de Jehová y su celo sobre ese hombre, se asentará (unirá) sobre él toda maldición escrita en este libro y Jehová borrará su nombre de debajo del cielo.»

- 1 Reyes 11.2, «gentes de las cuales Jehová había dicho a los hijos de Israel: "No os uniréis a ellas, ni ellas se unirán a vosotros, porque ciertamente harán que vuestros corazones se inclinen tras sus dioses". A estas, pues, se juntó Salomón por amor.»
- 1 Esdras 4.20 (LXX), *«un hombre a su propio padre abandona el que le crio y a la propia región y a su propia mujer se une.»*
- 1 Macabeos 3.2 (LXX), «y ayudaban a él todos los hermanos y todos cuantos se unieron al padre de él y peleaban la batalla por Israel con alegría.»
- Salmos 119.31, «Me apego (me uno) a tus testimonios; Señor, no me avergüences.»
- Eclesiástico 2.3 «Adhiérete (únete) a él, no te separes, para que seas exaltado en tus postrimerías.»
- Jeremías 13.11, «"Porque como el cinturón se adhiere a la cintura del hombre, así hice adherirse (unirse) a mí a toda la casa de Israel y a toda la casa de Judá" — declara el Señor—"a fin de que fueran para mí por pueblo, por renombre, por alabanza y por gloria, pero no escucharon".»
- Mateo 19.5, «y dijo: *"Por esto el hombre dejará padre y madre, y se unirá a su mujer, y los dos serán una sola carne"*.»
- Hechos 5.13, *«y de los demás ninguno se atrevía a juntarse con ellos; sin embargo, el pueblo los alababa grandemente.»*
- Hechos 9.26, «Cuando llegó a Jerusalén, trataba de juntarse (unirse) con los discípulos, pero todos le tenían miedo, no creyendo que fuera discípulo.»
- Hechos 10.28, «*Y les dijo: —Vosotros sabéis cuán abominable es para un judío juntarse* (unirse) *o acercarse a un extranjero, pero a mí me ha mostrado Dios que a nadie llame común o impuro.»*

Según estas citas, podemos deducir tres ámbitos contenidos en la palabra «unir»: (1) unión con Dios; (2) unión con una compañera o con una prostituta; (3) unión con un grupo. Es importante que se utilice este término en nuestro relato, pues determina una condición más radical del joven. Este, al verse en una situación de necesidad, ya no puede volver a la casa paterna; entonces continúa la profundización de la ruptura: se une a un ciudadano de la región. Dos elementos complementan al verbo unirse; el primero tiene que ver con la tarea que se le asigna: cuidar cerdos, actividad de por sí degradante para un auditorio de la Casa de Israel; el segundo está en la frase del hermano mayor: «más cuando este hijo tuyo, el que devoró tu hacienda con prostitutas vino…» (v. 15.30). En los versículos 15.13 y 14 no se menciona que el hijo menor gastara su dinero con prostitutas. Así lo ve el hermano mayor, y en esta frase resume el sentido negativo de la tradición de la Casa de Israel sobre la conducta del hermano menor. Veamos algunos ejemplos:

- Proverbios 29.3, «*El hombre que ama la sabiduría alegra a su padre; el que frecuenta rameras perderá los bienes.*»
- Eclesiástico 9.6, «*A prostitutas no te entregues para no perder tu herencia.*»
- Jeremías 5.7, «*¿Cómo te he de perdonar por esto? Tus hijos me dejaron y juraron por lo que no es Dios. Los sacié y adulteraron, y en casa de prostitutas se juntaron en compañías.*»

La relación entre adulterio, fornicación y unirse a prostitutas es una forma clásica de hablar sobre la idolatría y sobre la impureza. Por estas razones el hijo menor, a los ojos del hermano mayor, ha vivido en estado de impureza, lo cual no sería de extrañar de quien ha roto los fundamentos de la familia y de la justicia que esto conlleva. Dicha experiencia conduce, sin duda, al rechazo de Dios y a la muerte; la densidad de elementos referidos a la muerte marcan el actuar del joven, tanto social como físicamente. La toma de conciencia sobre su situación y el regreso a la casa paterna, así como las afirmaciones del joven, deben entenderse como muestra real de una obra de arrepentimiento (Bailey, 1983, p. 179-180). También Bailey (1983, p. 181), como lo señalaba Malina, comprende que el regreso del joven supone el peligro de la reacción violenta de la comunidad.

Hasta aquí se puede apreciar que el hijo menor ha roto de forma irremediable el vínculo con su familia y su comunidad. Su retorno es un riesgo que debe correr, que entiende como parte de su proceso de reincorporación a la comunidad. Probablemente espera el castigo debido según su trasgresión; este castigo bien puede ser la muerte a manos de la comunidad. Entonces, la decisión de volver a la casa paterna no es fácil de tomar. La esperanza de que lo reciban como un jornalero sería la única alternativa, entendiendo con eso que no lo recibirían como un hijo obediente que regresa luego de cumplir una tarea encomendada por el padre. Asumiría

¿Cómo se podría vivenciar desde la iglesia este amor paterno, que con tanta ternura, pasa por alto la estructura cultural de castigo a la traición?

la humillación y se acogería al perdón, aun cuando este implique un estatus menor que el de un hijo. No obstante, existe la posibilidad de que no lo perdonen. El hijo menor ha perdido su honor ante su familia y ante la comunidad. Del mismo modo el padre también ha caído en deshonor, la situación lo permea de vergüenza ante su propia familia y ante la comunidad. Si el padre se hubiese preocupado por su familia tenía el deber de moler a palos a este hijo desobediente.

El hijo mayor ha captado todas estas implicaciones y entiende que toda esta actuación está mal, que es incorrecta, y enfrenta al padre anteponiendo su condición de justo: «he sido tu esclavo, no te he desobedecido en nada jamás». Más allá de ver en las acciones del hijo mayor una actitud mala, si bien enfrenta al padre y lo pone en jaque, el espíritu que lo mueve debe valorarse dentro de las relaciones padre-hijo tan estrechas en la antigüedad. El hijo mayor se concibe como una persona justa y reclama este reconocimiento al padre, que debería, en consecuencia, reaccionar en contra del hermano menor.

Sin embargo, como señala Sharon Ringe en su comentario a Lucas (1995, pp. 208-209), el padre actúa con el hijo mayor del mismo modo que con el menor, sale a su encuentro, esta vez para invitar al hijo mayor a participar en la fiesta. El argumento del padre es simple: «este, tu hermano estaba muerto y ha vuelto a la vida…» Así la visión del padre está por encima de los valores de la familia y la comunidad, la restauración de la vida es lo que importa.

Las acciones del padre siguen un derrotero que implica deshonor, como bien lo señalan Malina y Rohrbaugh:

> La gente mayor del Próximo Oriente no solía correr, salvo en caso de emergencia. Arremangarse la túnica para poder correr era una falta de dignidad; además enseñar públicamente las piernas era causa de deshonor. Pero el padre corre porque el hijo está en peligro inmediato, pues la gente del pueblo puede reaccionar de manera hostil. No corre para dar la bienvenida al hijo, tal como han pensado los comentaristas occidentales. Al salir corriendo hasta la entrada del pueblo, el padre se adelanta a la reacción hostil de la población; con sus besos y su abrazo hace ver que el hijo errante está otra vez bajo su protección (1992, p. 282).

Con esta cita nos encontramos ante el significado real de la palabra griega que, usualmente, se traduce como «compasión"»: *splagchnizomai*. Este término significa el mover de las entrañas. El concepto de compasión, aunque valioso, no refleja la experiencia corporal propia de una reacción visceral ante un hecho peligroso. El padre no reacciona a partir de un valor en sí que se conceptúa con el término

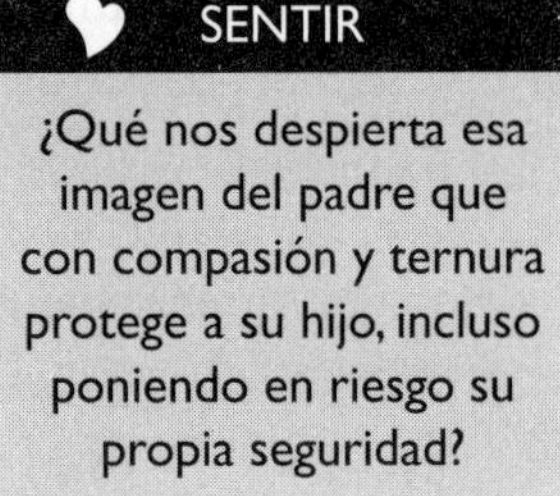

compasión; al contrario, su impulso es propio de un momento de ceguera producido por el impacto de muchas emociones. Las entrañas del padre le ganan la partida al deber social y cultural: no teme perder dignidad, teme por la vida de su hijo y reacciona para protegerlo. La forma verbal *splagchnizomai* es clave en la parábola ya que este verbo subvierte las reglas del juego del honor y el orden. El mover de las entrañas es una metáfora de la afectividad aplicada, no un concepto. Por lo mismo, y dado que se puede decir que el padre de la parábola es Dios, la teología explícita en este verbo muestra la corporalización del sentir de Dios. Entonces, no se puede hablar de ternura, pero sí se puede hablar del mover de las entrañas como el sentir de Dios.

Tanto Marcos 10.13-16 como Lucas 15.1-32 muestran dos aspectos sobre las dimensiones de la ternura: la revalorización de las personas vulnerables y el mover de las entrañas ante el peligro que corre un ser querido. Para elaborar una reflexión sobre la ternura en el Segundo Testamento se requiere prestar atención a estos dos pasajes que resultan clave por el contexto cultural en donde los relatos se narran y del cual provienen. El concepto de ternura contendría un profundo sentido del cuido de las personas vulnerables y una profunda empatía hacia quienes están en peligro familiar y social. Pero, además, en ambos casos estaría marcado por su restitución social dentro de la familia de Dios y, por ende, dentro de la comunidad. No es solo protección sino restauración dentro de un nuevo orden de las relaciones sociales. Estos elementos hacen convergente el significado del abrazo y del mover de las entrañas con nuestras prácticas del cuidado y, desde allí, con el campo semántico de la ternura.

> **PENSAR**
>
> En los dos aspectos de la ternura que nos aporta el autor: la revalorización de las personas vulnerables y el mover de las entrañas ante el peligro (empatía y cuidado).

Ternura como restauración social de las personas vulnerables, cuido de las mismas, respeto hacia estas. Al usar un término actual, como el de ternura, que no se encuentra tal cual en el Segundo Testamento, necesitamos revisar aquellos pasajes que nos dan las pistas para hacer un puente intercultural y nos darían ideas para operar acciones similares. En estos dos pasajes se muestran estas pistas para luego hacer una teología bíblica de la ternura.

LAS DIMENSIONES

Restauradora

Este texto es muy rico en imágenes de cómo la ternura tiene gran poder para restaurar incluso a la persona más humillada.

La cantidad de características que el autor nos ofrece del padre que recibe a su hijo, incluso poniendo en riesgo su propia vida, para protegerlo tiernamente, es muy rica, y motiva a la iglesia mostrarlo como modelo de restauración, especialmente familiar y de relaciones, de actitudes como la humillación y de reconciliación, que pueden ayudar en el proceso de sanación.

Formativa

Con la ayuda que nos ha dado el autor para dimensionar el peso del mensaje de la actitud de este padre hacia su hijo, sería una verdadera tarea para iglesia, especialmente dentro de los grupos, enseñar el poder que tiene la ternura de este padre en medio de su contexto, con las implicaciones que tiene en nuestra vivencia de la fe y nuestra vocación al amor y a la misericordia a la que se nos ha llamado.

Transformadora

La iglesia tiene la misión de llevar ese amor de padre del que nos habla Jesús ahí, donde sus hijos son pródigos. La dimensión transformadora de la ternura implica trasgredir el propio sistema cultural para restaurar la dignidad de las personas, desde las propias estructuras de la iglesia hasta impactar la comunidad donde está presente.

Pablo, comunidades y el amor mutuo

Resalto el hecho de que Pablo no se refiere en principio a personas individuales sino a comunidades, a grupos que se han formado en torno a Jesús. Aun cuando Pablo no narra relatos sobre la vida de Jesús, hay una constante que debe considerarse: «Amarás a tu prójimo como a ti mismo» (Romanos 13.9). Esta misma idea se ha remarcado en Marcos 12.28-34. El segundo mandamiento en prioridad como señala Marcos, en Pablo «el amor constituye la plenitud de la ley» (Romanos 13.10). Tanto el sustantivo amor como el verbo amar hacen referencia a la lealtad al grupo. Es el valor que expresa la adhesión al grupo, aquello que los pega y no necesariamente está vinculado con sentimientos de afecto (Pilch, 1998, p.127).

En el capítulo 13.7, Pablo exhorta a darle a cada quien lo que se le deba: impuestos, tributo, temor (respeto), honor. Pero es en el versículo 13.8 en donde se explica la razón y el fin de actuar de este modo: «Si con alguno tienen ustedes deudas, que sean de amor». Esta exhortación, dentro del marco de la lealtad al grupo de Jesús, implica asumir a Dios como único Padre o Patrón, por ende, lo que corresponde es ser leales unos con otros, que es la segunda parte del versículo 13.8 y avanza con la idea anterior: «pues quien ama al prójimo ha cumplido la ley». Ley dada por Dios, por lo que es a Dios, en última instancia, a quien se exalta al amarse unos a otros (ser leales unos con otros).

> **PENSAR**
>
> Luego de leer las características del mensaje de Pablo y de las primeras comunidades cristianas, ¿qué vivencias del amor, el cuido y la unión alcanzamos a ver actualmente en la iglesia y cuáles no?

Por esta razón, entre el grupo de Jesús al que escribe Pablo se llama la atención a una conducta consecuente con lo anterior:

Bendigan a los que os persiguen, no maldigáis. Alegraos con los que se alegran; llorad con los que lloran. Tened un mismo sentir los unos para con los otros; sin complaceros en la altivez;

atraídos más bien por humilde; no os complazcáis en vuestra propia sabiduría. Sin devolver a nadie mal por mal; procurando el bien ante todos los hombres; en lo posible y en cuanto a vosotros dependa, en paz con todos los hombres… (Romanos 13.14-18, BJ[3])

Se dibuja así la dinámica comunitaria deseable en donde las luchas por alcanzar los puestos de honor se elimina, así como otros elementos de la cultura mediterránea que son generadores de violencia social legítima. Siguiendo este camino, Gálatas 5.14 vuelve sobre el tema de Romanos 13.10: «Toda la ley se cumple, si se cumple este solo mandamiento: *Amarás a tu prójimo como a ti mismo*». Es significativo el dicho expresado en Gálatas 5.15: «Pero si andan mordiéndose y devorándose unos a otros, terminarán por destruirse mutuamente».

La referencia a las obras de la carne es también significativa en el contexto de un grupo de Jesús como aquel que se reúne en la iglesia de Galacia: fornicación, impureza, libertinaje, idolatría, hechicería, odios, discordia, celos, iras, rencillas, divisiones, disensiones, envidias, embriagueces, orgías (Gálatas 5.20-21). Si bien uno puede acentuar aquellas obras que tienen un carácter moral hoy en día como fornicación, libertinaje, orgías, lo mejor es prestar atención a aquellas que son factores de destrucción de la comunidad, que son las que dan más volumen a estos versículos: odios, discordia, celos, iras, rencillas, divisiones, disensiones, envidias. Nueve conductas están referidas a acciones que destruyen la comunidad de quince obras de la carne. Esto debe llevarnos a considerar seriamente que Pablo está más preocupado por el bienestar y unión de la comunidad que por otros asuntos. En el caso de las obras del espíritu se aprecia lo mismo: «amor, alegría, paz, tolerancia, amabilidad, bondad, lealtad, humildad y dominio de sí mismo. Ninguna ley existe en

En este momento, ¿dónde está la iglesia sosteniendo la mirada, en la desunión de la comunidad o en los pecados de la carne? ¿En qué enfoca sus discursos y prácticas?

contra de todas estas cosas» (Gálatas 5.22-23). Estas conductas están vinculadas directamente al cultivo del fortalecimiento de la comunidad. Y sugiere después en los versículos 5.25-26: «Si, pues, vivimos animados por el Espíritu, actuemos conforme al Espíritu. No busquemos vanaglorias, enzarzándonos en rivalidades y envidiándonos unos a otros».

Este tipo de exhortación tiene una particular marca cultural en el Mediterráneo. Esta es una cultura en donde el honor de una persona es fundamental y constantemente ese honor se pone a prueba. A esto se la llama luchas de reto-respuesta, y cada varón mediterráneo fue formado, de la manera más violenta por su propio padre, para salvaguardar el honor de sí que es el honor familiar, como se vio tanto en Marcos 10.13-15 y Lucas 15.11-32. En este sentido, no hay duda de que Pablo se refiere a cómo este tipo de interacción social profundamente arraigada no cabe en el grupo de Jesús que conforma la comunidad a la que se refiere en la Carta a los Gálatas. Se trata de una lucha permanente por defender el honor que es un bien que permite a una persona ser confiable y que establece su lugar en la sociedad (Malina, 1981, p. 33; Neyrey, 1998, pp.657-681). Este tipo de dinámica genera celos, envidias, discusiones, y demás conductas que Pablo describe como obras de la carne y por las cuales la comunidad de un modo u otro se mantiene en una alerta constante.

Esto no sucede dentro de una familia, allí el honor está a salvo. No obstante, los grupos de Jesús a los que se refiere Pablo no son familias con un mismo linaje, sino personas o familias distintas que se han agrupado en torno a Jesús y la buena noticia. Esto hace que dentro de la comunidad de fe se reproduzcan las mismas luchas que se viven fuera.

El llamado de Pablo a asumir el valor del amor al prójimo como cumplimiento de la ley implica que las personas pertenecientes a la comunidad de fe deben poner este valor sobre el de las luchas por el honor. La lealtad a la familia va primero y esta lealtad es el amor a las personas cercanas, aquí al hermano que forma parte de la misma familia de Dios debe actuar por encima de su familia de origen. De este modo la ternura puede entenderse como el acto de no buscar hacer violencia a los otros y hacerlos vulnerables arrebatándoles el honor.

En resumen: Sobre la ternura en el Segundo Testamento

Si bien la palabra ternura no se encuentra en el Segundo Testamento si podemos inferir algunos modelos en donde el encuentro con la otra persona expresa aspectos de ese concepto. Jesús abraza a la niñez y los pone como punto central de referencia para la entrada al reino de Dios en Marcos 10.13-16. El padre a quien se le han movido las entrañas corre, abraza, besa y viste al hijo desobediente que regresa a solicitar que este lo acoja como a un jornalero, de este modo le sal-va la vida ante el enojo de la comunidad y el rechazo de su hermano justo. En Pablo, el amor al prójimo se transforma en actos que contradicen la cultura de los retos por el honor y la violencia. El honor de la familia de Dios se deriva de Dios mismo, el Padre que constituye el nuevo linaje de esta familia, así que todos y todas son hermanos y hermanas en la familia de Dios.

Las prácticas que se critican directa o indirectamente en estos pasajes muestran que Jesús y Pablo asumieron una forma de vida que transformó su cultura y puso el cuidado de la otra persona por encima del honor y el linaje. La visión general es que la nueva familia de Dios se fundamenta en estos valores y prácticas consecuentes. La ternura, como la describe Cussiánovich, se enriquece de esta experiencia impulsada por Jesús y Pablo. El centro de la acción de Jesús es el cuido de las personas vulnerables y para Pablo es la constitución de una familia de Dios en donde primara la lealtad (amor) de unos por otros.

Referencias

Bailey, K. (1983). *Poet and Peasant, and Through Peasant Eyes. A Literary-Cultutral approach to the Parables in Luke* (pp. 161-162, 179-180, 181). Michigan: William B. Eerdmans Publishing Company.

Cussiánovich Villarán, A. (2010). *Aprender la condición humana. Ensayo sobre pedagogía de la ternura* (p. 47). Lima: Ifejant,

Guillén, J. (1977). *Urbs Roma. Vida privada y costumbres de los romanos, 1. La vida pública* (p. 224). Salamanca: Ediciones Sígueme.

Malina B. J. (1981). *The New Testament World: Insights from Cultural Anthropology* (p. 33). Atlanta: John Knox Press.

Malina, B. J. & Rohrbaugh, R. L. (1992). *Social Science Commentary on the Synoptic Gospels* (p. 282). Minneapolis: Fortress Press.

Marcus, J. (2011). *El evangelio según Marcos (Marcos 8-16).* (p. 825). Salamanca: Ediciones Sígueme.

Mateos, J. (1982). *Los Doce y otros seguidores de Jesús en el evangelio de Marcos* (p.169). Madrid: Ediciones Cristiandad.

Mena, F. (2011). Marcos 6:3: crisis de la identidad cristiana. En: *Vida y Pensamiento*, 31(1).

Neyrey, J. H. (1998). Questions, Chreiai, and Challenges to Honor: The Interface of Rhetoric and Culture in Mark's Gospel. *Catholic Biblical Quarterly, 60*(4) 657-681.

Pilch, J. & Malina, B. (1998). *Handbook of Biblical Social Values* (p. 127). Massachusetts: Hendrickson Publishers.

Ringe, S. H. (1995). Luke (pp. 208-209). Louisvile: Westminster John Knox Press.

Van Aarde, A. (2001). *Fatherless in Galilee: Jesus As Child of God* (p. 197). Harrisburg, Pa: Trinity Press International.

Van Aarde, A. (2002). Jesus as fatherless child. En: Stegemann, W., Malina, B. J. and Gerd Theissen. *The Social Setting of Jesus and the Gospels* (p. 76). Minneapolis, MN: Fortress Press.

Van E. E. (2013). Mission, Identity and Ethics in Mark: Jesus, the Patron for Outsiders. En: *Hts Teologiese Studies / Theological Studies 69*(1, 13), 10-11.

RUTA PARA SENTIR

Lenguajear con ternura

Revisar hasta dónde la rigidez, el honor, la lealtad y la proyección propia en la descendencia ha formado parte de nuestra propia cultura, encarnada en el lenguaje con el que nos relacionamos, y, luego, revertirlo en la ternura, la compasión, la empatía, el mover de las entrañas, que el texto nos explica.

Sentir... el mover de nuestras entrañas, primero ante mi propia realidad interna y la de la niñez que acompaño en su crecimiento ya sea en la familia o en la iglesia. ¿Cómo me mueve esta empatía a transformar el lenguaje y el trato basado en la ternura?

Pensar... ¿Cómo promover este lenguajear con ternura en todas las actividades de la iglesia y generar en todas las personas mayor empatía, y así impactar la cultura de la violencia legitimada?

Ponernos en su mirada

Aprender la vulnerabilidad es el requisito de la centralidad de la niñez en el mensaje del Reino de Jesús según Mena. Lo que nos ubica más que en clave de protección en clave de inocencia, de confianza y de esperanza.

Imaginar la mirada de la niñez sin supuestos de seguridad, control ni poder.

La mirada que quizá tuvo el hijo pródigo al volver humillado ante su padre, sin esperar nada a cambio

Sentir... el amor y la ternura con la que el padre recibió al hijo, la sensación que pudo haber sentido el hijo en ese abrazo, que debería ser un abrazo de compasión, primero a nosotros mismos para sanar nuestra propia historia, y luego a la niñez.

Pensar... en los cambios que, para la estructura, especialmente para la jerarquía de la iglesia, implica ponerse en el lugar de los niños y las niñas para mirar la iglesia con su mirada y todas las implicaciones de horizontalidad de escucha y de interés por dar otro espacio de participación a la niñez.

Encarnar la ternura

En el texto Mena nos perfila a un padre que corre al encuentro de su hijo, no lo espera en la casa sino que corre a abrazarlo y a protegerlo con ternura.

Encarnar la ternura no es una acción o una decisión racional, sino que es un impulso nacido en las entrañas. El padre corrió de inmediato al saber que su hijo regresaba, y lo abrazó instantáneamente, no se detuvo aun cuando ponía en riesgo su reputación.

Sentir... definitivamente la ternura, así es como se encarna. Sentirla hacia nuestra propia persona y luego hacia las demás; sentir que se nos mueven las entrañas y dejarse llevar, actuar, abrazar, dar afecto. No pensar ni calcular, sino las acciones con ternura no se dan.

Pensar... en las implicaciones de que cada persona seguidora de Jesús actúe con el impulso de ese padre para proteger al hijo que creía perdido. Para que las personas sientan la libertad de experimentar la ternura en sus relaciones, que la comunidad de la iglesia derribe los paradigmas de violencia en sus prácticas y discursos y proponga la empatía y la vulnerabilidad como nuevos valores cristianos.

Seguir al maestro

Jesús, aun conociendo lo que implicaba, para el entorno de su momento, la traición a la lealtad del hijo pródigo, nos propone el abrazo compasivo y empático del padre. Es claro el mensaje de compasión, empatía y ternura supera toda violencia lo socialmente legitimada.

La trasgresión de Jesús supera incluso el estatus del varón de su época y en su sensibilidad y empatía por las personas vulneradas muestra su grandeza en su propia vulnerabilidad, al mostrar su amor maternal.

Sentir... la vulnerabilidad que muestra Jesús ante el dolor humano, cómo se le conmueven las entrañas y se siente responsable de sanarlos y de denunciar su situación de opresión

Pensar... en el compromiso cristiano que requiere seguir esa propuesta de compasión y empatía que Jesús nos modeló con su vida. Se necesita primero abrazar de forma compasiva y tierna la propia historia y de proyectar esa compasión y ternura en las demás relaciones.

PROYECTOS PASTORALES (ACTUAR)

Sentir, luego pensar; jugar, luego actuar

Sentir... Todo el texto trata de sensaciones físicas, desde el mover de las entrañas, el abrazo, el beso, la prostitución, el hambre... todo pasa primero por el cuerpo, las entrañas en este caso Sentir.

Cómo la vivencia de la fe es una experiencia que demanda usar el cuerpo, el afecto, la acción con sentimientos (conmoción), el experimentar a Dios en las demás personas y vivir la misericordia de Dios en el afecto, luego vienen las razones y los pensamientos.

Jugar, celebrar, lo festivo, como hizo el padre al recibir a su hijo, esa fue su manera de aceptarlo y de agradecer por verlo llegar, celebrar con todas las personas.

Actuar... movilizando las ideas y los sentimientos de las personas de la iglesia, empezando por las autoridades o jerarquías, para que sientan empatía, deseos de afecto físico. Celebrar lo que se ha experimentado desde la misericordia, esa alegría llena de ternura por la otra persona que ha pasado penurias, pero que vuelve, que no se perdona pues no se percibe algún daño, sino solo su presencia en el momento presente y la felicidad que eso provoca.

PISTAS DE LAS DIMENSIONES DE LA TERNURA

FORMATIVA

RESTAURADORA

• Mover las entrañas, la empatía, sobre todo en situación de vulnerabilidad, para valorar la situación de indefensión de los niños y las niñas y el reconocimiento con ternura de su necesidad de protección.
• Reconocer la vulnerabilidad como acceso al reino de Dios. La centralidad de la niñez nos pone en la situación de revisar nuestra propia niñez para recuperarla, celebrarla.
• Dar un abrazo y un beso aunque se trasgreda la cultura y el grupo social. Se espera el castigo legitimado, pero la empatía, la ternura y la misericordia lo superan.
• Celebrar el reencuentro, no solo sanar sino celebrar lo que se era, por lo que se pasó y lo que ahora se tiene y celebrar el amor que puede experimentarse después de todo lo sucedido.

• Plantear las lecturas bíblicas más contextualizadas para comprender el trasfondo de las palabras de Jesús y vivenciar el poder de su mensaje desde la fe.
• Procurar evidenciar la misericordia del abrazo y la celebración de la restauración en las actividades de formación, para fortalecer la sanación de la violencia vivida.

TRANSFORMADORA

• Determinar las prácticas de violencia legitimada por la cultura especialmente hacia la crianza; identificar las espectativas de los padres al respecto de los hijos, denunciarlas y trabajar por revertirlas.
• Correr hacia el hijo vulnerable, desprenderse del estatus para reconocer que el amor y la compasión mueven más que la propia seguridad
• Identificar desde la iglesia estos estatus de jerarquía legitimados y confrontarlos con la compasión y la conmoción de correr al encuentro del vulnerable, y encarnar la ternura disfrutando el afecto físico.

CAPÍTULO 8

LA FUERZA INSURGENTE DE LA TERNURA

Dan González

> *Que la América es libre é independiente de*
> *España y de toda otra nación, gobierno*
> *ó monarquía, y que así se sancione, dando al*
> *mundo las razones. [...]*
> *Que la soberanía dimana inmediatamente*
> *del pueblo, el que solo quiere depositarla*
> *en el Supremo Congreso Nacional Americano,*
> *compuesto de representantes de las provincias*
> *en igualdad de números. (Morelos y Pavón)*

En la actualidad las líneas de arriba resultarían poco impresionantes; tal vez insulsas, para cualquier sistema democrático. Su valor al inicio de este capítulo estriba en que emana de un texto conocido como «Los sentimientos de la nación», documento escrito por un mulato mexicano en 1813, el sacerdote insurgente José María Morelos y Pavón. La intención de colocar este ejemplo, de muchos que hay en la formación de los actuales estados latinoamericanos, es que el título del documento logre armonizar con su contenido. Este texto, que se convertiría en la primera Constitución del México independiente a pesar de que aún restaría mucho para que la guerra de independencia triunfara, logra conectar con el sentido del título de nuestro capítulo al considerar consonancia entre insurgencia y ternura. En el pensamiento latinoamericano, como podemos ver en «Los sentimientos de la nación», existe una expresa vinculación entre los reconcomios por la búsqueda de libertad, inclusión cultural y la ternura colectiva que movilice la transformación de una sociedad desigual.

En este capítulo de *Teología y ternura* se consideran algunas reflexiones que permiten pensar la ternura como un motor hacia la restauración, formación y transformación de la dinámica de vida humana que experimenta los embates del actual orden económico mundial. Desde este lugar, la ternura se torna en una fuerza insurgente desde una perspectiva latinoamericana.

Con base en esto, hago un punteo de algunas reflexiones que ligan ternura-economía-Biblia, con el anhelo de resultar pertinente al contexto presente desde América Latina. Y concluyo esta parte introductoria evocando al gran obispo metodista argentino que se anticipó proféticamente a este tema del siglo XXI, al enseñarnos a cantar a la esperanza con las siguientes palabras: «Porque atacó a ambiciosos mercaderes / y denunció maldad e hipocresía; / porque exaltó a los niños, las mujeres / y rechazó a los que de orgullo ardían» (Pagura, 1996, p. 129).

El presente orden económico mundial y su brutalidad

Al tratar de encontrar un antónimo adecuado para expresar una oposición fundamental a la ternura, me encontré con varias posibilidades con las que concuerdan los diccionarios del castellano moderno: dureza, rigidez, severidad, desprecio, odio… Sin embargo, decidí que la palabra que me ayuda más a describir lo que sucede hoy en día en el mundo de la economía, que se opone a los procesos de ternura es «brutalidad».

El diccionario de la Real Academia Española define brutalidad de diversas maneras. Las mejores definiciones son: «Excesivo desorden de los afectos y pasiones. Acción torpe, grosera o cruel (RAE, 2010).» Brutalidad, si mis clases de latín no me fallan, deriva etimológicamente de *brutus*: tonto, irracional, por legado del indoeuropeo *gwru-to*, que significa «pesado».

Mis preocupaciones por la descripción del presente económico global se fundamentan en lo que el teórico Immanuel Wallerstein llama «sistema mundo» y que él describe de la siguiente manera:

Un sistema-mundo no es el sistema del mundo sino un sistema que es un mundo y que puede ser, y con mucha frecuencia, ha estado ubicado en un área menor a la totalidad del planeta. El análisis de sistema-mundo arguye que las unidades de realidad social dentro de las que operamos, y cuyas reglas nos constriñen, son, en su mayoría, tales sistemas-mundo (distintos que los ahora extintos y pequeños minisistemas que alguna vez existieron sobre la Tierra). El análisis de sistema-mundo arguye que siempre han existido sólo dos variedades de sistema-mundo; economías-mundo e imperios-mundo. Un imperio-mundo (como lo fuera el imperio romano o la China de Han) es una enorme estructura burocrática con un centro político y un eje de división de trabajo pero culturas múltiples (Wallerstein, 2013, p. 72).

Creo que este «sistema mundo» resulta violento en su actuar pues pretende imponer su «lógica» a la mayoría de los pueblos en el planeta. Hoy en día, hasta algunos economistas afines al capitalismo han criticado agudamente el nivel de rapacidad con que se construye el «1 %» de la población, quienes manejan y concentran las riquezas de la producción mundial.

Cuando el egoísmo hace presa de todo un sistema que impide que al distribuir la justicia y la dignidad estas alcancen a todas las personas, nos hallamos ante lo que considero una «brutalidad». Sí, pues el desorden de afectos y pasiones de unos pocos impacta directamente la vida de la mayoría de la humanidad en forma torpe, grosera y cruel.

Edmundo O'Gorman afirmó esto una vez: «La Navidad es la venganza de los mercaderes contra Jesús por haberlos expulsado del templo» (Tal como lo cita Tumonie, s.f.). ¡Creo que tenía razón!

En un orden mundial que impone al «mercado» como dios al cual adorar, donde lo que se liberan es la circulación de las mercancías y el dinero, pero se construyen muros infranqueables para el tránsito de personas, justicia y dignidad, nos encontramos con un sistema casi «a-teo». Y digo casi porque la divinidad está oculta... ateo, por lo menos, del Dios de las tres religiones llamadas «Abrahámicas» (judaísmo, islam y cristianismo).

El Dios de Jesús, en el cual se fundamenta la teología de estas religiones, es un Dios que ha creado el universo para que sea disfrutado y compartido con justicia y misericordia. Para lograr un equilibrio de relaciones entre todas las creaturas, es menester que el Dios creador administre esas relaciones, las controle. Al ser este Dios un punto de equilibrio de justicia y misericordia, la dinámica del mundo debe regirse bajo esos principios.

El actual sistema de mercado resulta ateo de este Dios pues lo que intenta, para lograr sus brutales fines, es eliminar cualquier control. La justicia, la misericordia y la paz se convierten, pues, en monedas de cambio. Si ciertos valores y principios, como estos, no convienen a los intereses de quien administra el poder y las riquezas, entonces esos valores y principios se cambian por otros más adecuados a la situación presente.

El actual orden mundial sigue intentando reproducir el sistema mundo del imperio romano del tiempo de Jesús. En este sistema, se da más al que tiene más y al que no tiene aun lo que tiene se le arrebata para dárselo a aquel primero.

El proyecto de Jesús se oponía con firmeza al sistema mundo imperial que se reflejaba aun en la religiosidad judía de su tiempo, coaptada por el clientelismo romano. Lo que en el Evangelio Según

Juan es llamado por Jesús «Vida Eterna» se opone fundamentalmente a la autodesignada «Roma eterna», esta pretendía afirmar su derecho a existir declarando que era un designio de los dioses que no tenía ni principio y que nunca llegaría a tener final. Jesús, aún en la tradición juánica de Apocalipsis, se presenta como «el principio y el fin» (Apocalipsis 22.13), siendo antagónico a las pretensiones desmesuradas del señor (*Kyrios*) en turno de aquella «Roma eterna», que se imponía en forma brutal bajo dinámicas económicas clientelares, un sistema de patronazgo en la sociedad, la dominación popular a través de la paz (*pax*) impuesta por militares (ejército) y por la religión que veía en las figuras imperiales a su dios (César).

El colmo de la brutalidad con que el imperio (político, social, económico, militar y religioso) respondió al proyecto de Jesús, tiene su signo visible en «la Cruz». El actual orden económico mundial, desde una lectura cristiana que considere los elementos acá vertidos, sigue «crucificando» aquello que se oponga a sus desmesurados intereses enmascarados en un concepto de desarrollo que da a quien tiene y le quita aun lo poco a quien no tiene nada.

Con base en lo anterior, el símbolo de la «Resurrección» cobra un sentido fundamental para avivar la esperanza en la ternura de una viabilísima «Vida Eterna».

La economía de la ternura o la ternura económica como insurgencia
Etimológicamente economía deriva de dos palabras griegas, a saber, *oikos* (casa) y *nomos* (leyes o normas). Los economistas acomodan estos términos para intentar fijar una definición moderna de economía al hablar de dos vertientes de ella. Por un lado, está la «macro»-economía, que tiene que ver con el funcionamiento y las reglas que marcan la conducta de las finanzas a gran escala, hablando de estados naciona-

> **PENSAR**
>
> En la propuesta del autor frente a la realidad del imperio y su dios y al neoliberalismo, en la vida eterna basada en la economía de la ternura y su relación con la iglesia y su misión pastoral y profética.

les. Por otro lado, tenemos la «micro»-economía que referiría la dinámica del flujo de necesidades, satisfactores, valores e intercambios al interior de un país, una región, una comunidad e incluso una familia.

Ya he referido en el segmento anterior cómo es que la economía llamada «neoliberal» se torna brutal en la implementación de normas que, teológicamente, vuelven al mercado como dios invisible en el actual orden mundial.

Pero la economía, en sí, no es mala ni buena. Creo que eso depende directamente de las personas y los proyectos que se imponen o se construyen en una sociedad o en el conglomerado social que trasciende fronteras (el intercambio transcultural).

El proyecto propuesto por Jesús, al que, como vimos anteriormente, Juan llamó «Vida Eterna», los evangelios sinópticos lo recuerdan en boca de Jesús como «Reino de Dios» o «Reino de los Cielos». Ese concepto no era nuevo, lo rescataron de la teología de los profetas del Antiguo Testamento.

Al categorizar política y, por consecuencia, económicamente el proyecto de Jesús como alternativa social, sin dudas de llamarlo «Reino», lo hace mucho más elocuente en sí mismo. Ya los estudios bíblicos han dado cuenta de este concepto, y creo que hacerlo aquí sería redundar. Por esa razón prefiero mantenerme en la propuesta de la teología juánica del Nuevo Testamento, donde se usa aquella categoría distinta: «Vida Eterna».

«Vida Eterna» es un concepto religioso, político, social, económico y hasta existencial, muy pero muy desafiante. Además, nos introduce en forma clara y contundente al ámbito de lo que queremos entender que «la ternura se define como la experiencia placentera del amor» (Grellert, 2015, p. 41).

Como bien apuntó Luis Carlos Restrepo:

> Ternura es un término medio entre el amor y el odio, ambos sentimientos muy humanos que se presentan a diario en nuestras relaciones afectivas, políticas y laborales [...] la ternura [es] como un conjuro social que nos enseña a convivir con seres diferentes, que aunque no responden por completo a nuestras exigencias y demandas, nos brindan desde su singularidad calor y compañía, enriqueciéndonos con su presencia. La ternura es el camino que recorremos cuando nos hemos dado cuenta de la falibilidad humana, de la cercanía del odio y de la facilidad con que nos convertimos en sujetos maltratantes. (1010, p. 67)

En seguimiento del argumento de Restrepo, la ternura es como la actitud de un gato, el cual, ante las caricias responde con docilidad y afecto pero, ante el maltrato, saca las uñas. La ternura sería la capacidad de afrontar las circunstancias de la vida con afectividad apegada a los valores del amor pero con la firmeza de decir ¡No! en forma enérgica ante las situaciones de injusticia.

De eso trata la propuesta de «Vida Eterna» en el discurso de Jesús, una apuesta al ¡No! ante la imposición de un sistema imperial que pretende dominarlo todo aun a través de la violencia.

Los evangelios colocan las dinámicas religiosas, políticas, pero sobre todo económicas, en clave de ternura. La mujer que dispone perfumes de «alto precio» para derramarlos de balde sobre Jesús es una muestra de ello (Mateo 26.6-13; Marcos 14.3-9; Juan 12.1-8), pues abre la puerta a la gratuidad.

La gracia es la oportunidad de concederle valor a las relaciones más allá del precio de los bienes. En el relato bíblico importa más la generosidad de dar y recibir, que los «denarios» (dineros) que se «derrochan» en aquel acto de espontaneidad, se transita de lo cuantitativo a lo cualitativo de la acción.

Jesús mismo se arropa de la economía de la ternura cuando no escatima sus lágrimas ante el amigo perdido; cuando Lázaro muere,

Jesús llora (Juan. 11.1-44). La manifestación de la ternura no es solo el llanto del nazareno, su clímax está en la acción posterior: Jesús se niega a abandonar la memoria de Lázaro y llama a su amigo para que salga de entre el lugar de los muertos.

En este sentido, la resurrección es un signo de la economía de la ternura. La vida eterna en la agenda ministerial de Jesús plantea la posibilidad de decir ¡no! a la muerte. Jesús contraviene la «economía» de la religiosidad judía de su tiempo pues, quienes visitaban a los muertos eran las mujeres y máxime cuando el cuerpo «ya hiede». En este relato podemos inferir quiénes eran los amigos y amigas de Jesús: Marta, quien después habrá de «derrochar» trecientos denarios al ungir a Jesús con perfumes, no tuvo, ni su hermana María, el dinero suficiente para embalsamar el cuerpo de su hermano Lázaro, lo podemos entender así porque solo habían transcurrido cuatro días desde la muerte. Jesús contaba entre sus amigas a mujeres pobres y ello le movía al compromiso de darse a sí mismo. En Betania habían intentado matarlo y Tomás, su discípulo, asumió que lo matarían si volvía ahí. Jesús y sus discípulos fueron capaces de poner el cuerpo en razón del cuerpo de su amigo.

La economía de la ternura en Jesús se transfigura, pues, en ternura económica al considerar la vida eterna como proyecto con base en la «Resurrección». No importa estar dispuestos a donar la vida pues Jesús es la resurrección.

La ternura se plantea como regla (*nomos*) en el intercambio de lo humano, haciendo de este su hogar (*óikos*). Para Jesús no existe otra forma de entender la resurrección más que como la afirmación de la vida poniendo a disposición del bien común su propio cuerpo.

El término griego que se usa para hablar de resurrección es *anástasis*, lo cual no es asunto menor. La raíz griega *stásis* significa literalmente «insurgencia» (que surge desde abajo hacia arriba). O sea, el «levantamiento» de un pueblo, posiblemente ante actos de injusticia: «insurrección». Resurrección bien pudiera traducirse también como «revolución» en un sentido socio-político, lo cual tampoco es desdeñable.

La resurrección-revolución planteada por Jesús en su plataforma económica de vida eterna, cobra sentido en la expulsión de los mercaderes del templo de Jerusalén (Mateo 21.12-13; Marcos 11.15-18; Lucas 19.45-46; Juan 2.13-22). No se puede acceder a Dios a través de la compra-venta de la expiación de pecados.

La ternura como economía plantearía, entonces, que la resurrección-revolución es la posibilidad de que la gente pueda acceder a Dios sin sacrificios previos. Dios es gracia (gratis). La ternura cobra acá tintes de insurgencia, no por el eventual látigo que Jesús pudo haber usado, sino por la firmeza con que sostiene ese látigo en pro de la dignificación de quienes han sido vulnerabilizados por un «sistema mundo» que tiene como dios al dinero.

En esto, el relato de Mateo es aún más vívido y desafiante, aun con una nota magnífica de inclusión: «se acercaron a Jesús, en el Templo, algunos ciegos y tullidos, y él los curó» (Mateo 21.14). La insurgencia que el evangelio plantea cuenta a personas concretas. Surgen, desde lo invisible del mundo, hombres y mujeres que son restituidos en su dignidad a través del signo de la sanidad y esto es un desafío profundamente económico pues está acompañado de las mesas «volcadas» de los cambistas.

De hecho, en la versión mateana del proyecto de Jesús («reino de los cielos»), la perspectiva apocalíptica está presente, para él los «últimos tiempos» están marcados en forma indeleble por la justicia descrita en el capítulo 25.31-46. Hagamos de cuenta que el texto de Mateo es un tejido; en él hay un hilo conductor que le da firmeza a todo el entramado del evangelio. Ese cordón lo representa la palabra: «pequeños». Entonces, la enseñanza de Mateo es que se vive ya en los últimos tiempos donde la mano de Dios, que lo cambiará todo, puede verse en acción cuando las personas participan del reino de Dios y, esto queda claro, según la forma en que las personas se relacionan con «los pequeños».

Para Mateo los «pequeños» son personas concretas, lo vemos en los versículos anteriores del mismo capítulo y en todo el evangelio, «los pequeños» son niñas que mueren, mujeres despreciadas, siervos, esclavas, ciegos, enfermas, hambrientos, sedientas, personas en situación de cárcel, extranjeros, migrantes, etcétera.

Mateo le anuncia a la iglesia que, gracias a la resurrección de Jesús, el mensaje cristiano es de fortaleza aun en medio de las acciones de los violentos que no quieren tratarlos con justicia por ser « pequeños», por considerarlos insignificantes.

Para este «Apocalipsis de Mateo», Jesús se vuelve una «epifanía» constante. Jesús se manifiesta a través de «los pequeños»; en el rostro de ellos y ellas se lo ve a Él.

Hoy en día «ser pequeño» sigue siendo una categoría teológica para comprender nuestras dinámicas humanas, pues tampoco han cambiado las intenciones de «grandeza» de unos cuantos que manejan el poder en este mundo. Por ello la iglesia de Jesucristo está llamada, aun en la actualidad, a hacerse «pequeña». Así como Jesús siendo Dios se hizo pequeño al encarnarse, así la iglesia «es» pequeña —por sus propias cuitas—. O debe «hacerse» pequeña en solidaridad con los seres humanos más desfavorecidos del mundo.

Ser «pequeño» es hacerse pobre con los pobres, solidario con las viudas, acompañante con los migrantes, grito en boca con los que marchan por la calle reclamando justicia; es orar con fe por quienes no han perdido la esperanza de encontrar a sus desaparecidos, a sus muertas, o a sus hijos.

Como en la «Vida Eterna», según Juan, y como en «el Reino» según los evangelios sinópticos, también en la insurgencia de la resurrección encontramos la economía de la ternura expresada en lo humano como foco. Los seres humanos desechados son el centro del interés económico de Jesús, es el pueblo definido en el griego como *laos* (literalmente: vómito) y no *demos* (ciudadanos). De ahí que la iglesia primitiva tomara del griego la palabra «liturgia» (*laos*[1] y *ergón*[2]) para describir lo que significaban sus reuniones donde compartían las oraciones, la Palabra, el pan y «todos los que habían creído estaban juntos y tenían todas las cosas en común» (Hechos 2.44) y donde «El grupo de los creyentes estaba totalmente compenetrado en un mismo sentir y pensar, y ninguno consideraba de su exclusiva propiedad los bienes que poseía, sino que todos los disfrutaban en común. Los apóstoles, por su parte, daban testimonio de la resurrección de Jesús, el Señor, con toda firmeza, y se los miraba con gran simpatía» (Hechos 4.32s).

LAS DIMENSIONES

Restauradora

El autor nos explica que el proceso de restauración tiene que ver con la dignificación de las personas. Las sanaciones que Jesús operaba no se limitaban a lo físico, sino que también restauraba a las personas en los otros niveles: emocional, espiritual y social.

Así que el proceso de restauración implica reparar la dignidad de las personas y sanarlas en todas sus dimensiones

Formativa

Estudiar los evangelios desde el aporte que pueden hacer para reparar la dignidad de las personas, mostrar a este Dios gratuito en la economía de la ternura de la que nos habla el texto.

Que en los procesos formativos se promueva una profunda criticidad y, sobre todo, sensibilidad de la realidad de violencia, que hace imperativa la ternura, especialmente hacia la niñez y adolescencia

---

1 Pueblo sin ciudadanía romana.

2 Servicio, trabajo o acción.

La lectura del evangelio: posibilidad de ternura insurgente

Hasta el momento he tratado de no situarme en un lugar que no me corresponde. En la responsabilidad que me asiste como autor de esta sección de *Teología y ternura* he de identificarme como lo que, seguramente, ha quedado evidenciado en mis líneas previas. No soy un economista que habla de la ternura, tampoco un sociólogo o politólogo. Quien escribe estos párrafos es apenas un pastor aficionado y apasionado por la lectura bíblica.

Desde ahí hay poco por teorizar respecto de lo que el evangelio puede significar para una propuesta de ternura insurgente.

Si algo me ha dado la experiencia del caminar ecuménico latinoamericano, es el conocimiento de algunas tradiciones cristianas que viven de manera muy latente una forma de ternura que puede resultar cristianamente insurgente.

Es en la tradición heredera de la llamada «Reforma Radical» donde encuentro trazas dignamente elocuentes de una suerte de militancia insurgente de la economía como ternura. Los movimientos anabautistas con su énfasis en los movimientos de «no violencia activa» han sido, al través de la historia, baluartes imperecederos de la crítica profunda desde la fe y el compromiso cristiano ante circunstancias de brutalidad.

El actual orden económico mundial, reproductor del sistema mundo imperial, con su dinámica económica de proyectos brutalmente megalómanos, puede encontrar resistencia en el espíritu de la tradición de «Reforma Radical». La lectura comunitaria de las Escrituras, con ojos creativos desde la persecución de propios y extraños,[3] puede ser una alternativa para motivar a la construcción de la ternura en forma pacífica, militante e insurgente.

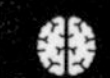

Cabe notar que esta propuesta, en tanto que emana de la ternura, es firme pero pacífica. Esta Resurrección-Revolución (in-surgente) es la construcción no violenta de un mundo distinto. Y es decididamente pacífica, pues tomar las armas en medio de tanta violencia resultaría contrarrevolucionario,[4] y de lo que se trata es que esta experiencia de ternura restaure, forme y transforme la dinámica de vida humana a nuestro pequeño redor.

Sistematizar una propuesta de este talante sería razón de un capítulo aparte, y ante la imposibilidad de espacio prefiero, a manera de conclusión, poner a consideración de usted la siguiente relectura del Evangelio Según Mateo 25.14-46, muy desde la situación mexicana presente, la cual me apela en forma directa. Espero que quien lea desde cualquier otra latitud pueda comprender a pesar de las particularidades y la limitación del casi dialecto mexicano.

¡Salud!

Parábola y Apocalipsis, talentos y juicio, brutalidad y ternura

Vivir con base en la ternura es un riesgo… como si Carlos Slim[5] un día

---

3 Al movimiento anabautista del siglo XVI lo persiguieron tanto la iglesia de Roma como los protestantismos luterano y calvinista.

4 Escribo desde México donde se vive un clima de violencia generalizado desde que en 2006 empezamos a vivir una guerra absurda «contra la delincuencia».

5 Empresario mexicano que en varias ocasiones ha sido reconocido como el hombre más rico del mundo.

se fuera lejos, pero antes llamara a algunos de sus corredores de bolsa y les encargara sus negocios. A uno le confió la empresa de telecomunicaciones (Telmex), a otro le encargó una compañía constructora (Grupo CARSO) y a otro le dejó sus acciones en empresas menores en Medio Oriente y Asia. A cada uno le asignó responsabilidades conforme a sus competencias y así inició su retiro.

El que recibió Telmex invirtió en acciones de telecomunicaciones y logró conformar un gran monopolio nacional y hacer parte de varios oligopolios internacionales. También el que recibió el Grupo CARSO ganó contratos importantísimos para la firma. Pero el que recibió negocios en Medio Oriente y Asia retiró las acciones y las guardó en una caja fuerte.

Después de sus merecidas vacaciones volvió el jefe de aquellos empleados y arregló cuentas con ellos. Vino el que había recibido Telmex y trajo acciones de otras compañías presumiendo: «Jefe, usted me confió Telmex, acá le entrego además Telcel, Claro Internacional, MVS Radio y Televisión». Su jefe le dijo: «Empleado del año, de mi personal de confianza, con poco has sabido ser emprendedor, un ascenso te daré, entra en el círculo íntimo de tu Benefactor».

Vino también el que había recibido el Grupo CARSO y presumió: «Jefe, usted me confió CARSO, acá le entrego contratos con el gobierno de la Ciudad de México por la remodelación de todo el centro histórico, la línea 12 del metro y contratos con el Gobierno de la República que contemplan, entre otras cosas, el nuevo aeropuerto internacional». Su jefe le dijo: «Empleado del mes, de mi personal de confianza, con poco has sabido ser emprendedor, un ascenso te daré, entra en el círculo íntimo de tu Benefactor».

Pero vino el que había recibido negocios en Medio Oriente y Asia y con ternura dijo: «Jefe, sabía que tenías una personalidad brutal, que obtienes ganancia sobre tus ganancias y dividendos donde no invertiste, por lo cual tuve miedo de arriesgar tu negocio y retiré las acciones para guardarlas en la caja fuerte, acá tienes lo que te pertenece.» Con severidad su jefe lo reprendió: «Empleaducho de quinta, eres pobre porque quieres, si sabías que soy brutal obteniendo ganancias sobre ganancias y acumulan-

do dividendos donde no invierto, por lo menos, hubieras puesto mi dinero en bancos o en inversiones de bajo riesgo, por lo menos créditos chiquitos pá pagar poquito entre "nacos"⁶ y, al venir yo me hubieras dado por lo menos lo mío con los mínimos réditos de la usura. ¡Despojen a este holgazán de su dinero y dénselo al que tiene Telmex! "Porque al que tiene, le será dado y tendrá más y; al que no tiene, aun lo que tiene le será quitado". Y al empleaducho de quinta me lo despiden sin finiquito ni liquidación, ahí llorará lágrimas de sangre pues no habrá quien lo contrate nunca más (¡ojalá aún existiera el circo romano para echarlo a los leones!).»

Mas cuando el hijo de vecina marche con los movimientos sociales y, todas las iglesias cristianas con él, entonces tomará el control del universo y, la manifestación terminará con un mitin cósmico; y se pondrán las cosas en su lugar, como se parte el queso de cabra cuando se tiene el cuchillo.

Y se pondrá lo rescatable en «la izquierda» y, a lo putrefacto en «la derecha» —y esto solo para reivindicar los lugares políticos de México, porque hoy parece que tenemos dos brazos derechos en la política.

Entonces, el Servidor Público, disfrazado de anarquista,⁷ dirá a quienes se mantuvieron con honestidad y transparencia en la izquierda: «Vengan, elegidos de mi Presidente, asuman la ciudadanía de este "Otro México Posible" que ha sido preparado para ustedes desde el "primer sol". Porque moría de desnutrición en la selva y te uniste a la lucha por los derechos de los pueblos originarios; se secó mi campo de cultivo por la falta de lluvias y compartiste conmigo la escasez de los mantos acuíferos de tu pozo casi seco. Fui migrante centroamericana y me ayudaste a pasar por México mientras me perseguía la patrulla fronteriza para violarme; en mi niñez estuve viviendo en una cloaca y abriste las puertas de tu iglesia para hacerme tu hermano. Cuando organizamos el Frente de Pueblos Unidos por la Defensa de las Tierras, en San Salvador Atenco, México, te uniste

---

6 Forma despectiva en que la gente adinerada se referirse a la gente que no es de su nivel socio-económico-cultural.

7 En México muchos denominados «anarquistas» o «neo-anarquistas» se cubren el rostro en las marchas y manifestaciones multitudinarias para evitar represalias de la policía o el estado.

a nuestra causa y fuiste presa política junto conmigo. El día que desaparecieron a nuestros cuarenta y tres hijos estudiantes de la Normal Rural de Ayotzinapa, te sumaste a la búsqueda y exigencia de presentación con vida de nuestros muchachos y, no creíste en la "verdad histórica" del gobierno corrupto que solo quiere aplacar nuestro movimiento.»

Entonces, con honestidad, ellos y ellas responderán: «Mi Jefe, ¿cuándo te vimos comiendo tierra con los niños y niñas de la selva, a quienes ayudamos a dar leche en su escuela? o ¿cuándo te vimos sin agua para tu cosecha y te compartimos de la poquita que el pozo nos da? y... ¿cuál de las chicas migrantes eras...? han pasado tantas por aquí... ¿eras Nica o Salvadoreña, de Honduras o Guatemala?, tal vez eras chiapaneca acusada de centroamericana... (¡Ja! Como si eso fuera importante, somos de la misma cultura y la misma sangre antigua) ¿Y cuándo te vimos en una de las alcantarillas de la ciudad? Son cada vez más los rostros de adolescentes que aparecen en ellas... Cuando me arrestaron en Atenco... éramos tantos... hombres y mujeres, jóvenes y viejos... podías haber sido cualquiera, no te reconocí. ¿En cuál marcha por los cuarenta y tres de Ayotzinapa nos encontramos? Éramos miles los que pedíamos justicia para las familias de ellos y para las de veintitrés mil personas desaparecidas en el país.»

Y el Servidor Público les responderá: «Debo decirles la verdad: al haberlo hecho con cualquiera de estas personas invisibilizadas, mis hermanas, lo han hecho conmigo también.»

Entonces les dirá también sus cosas a los de la derecha: «Ni se me acerquen, malditos, váyanse al infierno junto con Peña Nieto,[8] sus reformas estructurales, su casa blanca y todas sus peticiones de: «ya supérenlo»[9]. Porque me moría de hambre en la Sierra Tarahumara,[10] y tú invertías en monocultivos de Monsanto (de paso matando los nutrientes de la tierra); la deshidratación me consumía... tenía sed mientras cruzaba el

---

8 Presidente de México (2012-2018).

9 Mensaje del presidente a los padres y madres de los estudiantes de Ayotzinapa desaparecidos por policías y entregados al crimen organizado para su desaparición.

10 Zona indígena de la etnia «raramuri» en el norte de México, región altamente pauperizada.

desierto mexicano para llegar a los Estados Unidos, y tú permitías que se privatizaran las fuentes Agua Azul para así vender agua embotellada por el mundo. Salí jovencita de mi casa para ir de empleada manufacturera a Ciudad Juárez y tu silencio me convirtió en una estadística de 5000 mujeres violadas, muertas y desaparecidas; me contrataste en mi pueblo… acepté sin saber que me convertía en tu esclava para uno de los laboratorios clandestinos donde se procesa la amapola. Me usaste como mula de carga para transportar droga en mi cuerpo, o me raptaste siendo niña para que me usaran como juguete sexual los pervertidos. Estuve viviendo en la calle y me ofreciste por primera vez "la mona"[11] gratis, luego me la vendías y para poder comprarlo empecé a delinquir. Hoy soy un adolecente delincuente, me llaman "alconcillo",[12] y estoy dispuesto a matar antes que me maten, al fin, traigo "cuerno de chivo"[13] y una camionetota para poder presumir.»

Entonces, este distinguido grupo adinerado responderá también: «Señor, ¿cuándo te vimos desnutrido, deshidratado, mujer en trata, niño de la calle, con antecedentes penales, o manifestándote por las calles y no te dimos tu limosnita?»

Entonces les recriminará: «Debo decirles la verdad: al no haberlo hecho con cualquiera de estas personas invisibilizadas, mis hermanas, no lo han hecho conmigo tampoco.»

Y se irán estos a la… ¡a perder elecciones!

Y las personas honestas a vivir eternamente en «Otro Mundo Posible», donde abunde la justicia y se viva en paz.

> ♥ **SENTIR**
>
> Como parte de un pueblo de América Latina, explotada por un sistema opresor, ¿qué sentimientos nos despierta la relectura desde el contexto mexicano de Mateo 25.14-46? ¿Hacia qué acciones nos impulsan estos sentimientos?

---

11 Sustancia altamente tóxica, puede ser algún solvente, que se usa como droga.

12 Niños y adolescentes reclutados por los cárteles del narcotráfico para funcionar como espías.

13 Armas de alto calibre llamadas AK-47.

Referencias

Morelos y Pavón, J. M. *Los sentimientos de la nación*. Consultada el 9 de febrero de 2016. Recuperado de http://www.ordenjuridico.gob.mx/Constitucion/1813.pdf

Pagura, J. F. (1996). Tenemos esperanza. En: *Mil voces para celebrar: Himnario Metodista* (p. 129). Nashville: The United Methodist Publishing House.

RAE. Consultado el 12 de febrero de 2016. Recuperado de http://dle.rae.es/srv/fetch?id=6C6LNIZ

Wallerstein, I. (2013). *Análisis de sistemas-mundo* (p. 72). México: Siglo XXI.

Luna Tumonie, M. G. En: La Navidad fiesta universal. *El Universal*. Zacatecas. Consultado el 12 de febrero de 2016. Recuperado de http://www.oem.com.mx/elsoldezacatecas/notas/n4032862.htm

Grellert, A. (2015). *Crianza con ternura* (p. 41). México: CUPSA.

Restrepo, L. C. (2010). *El derecho a la ternura* (p. 67). Bogotá: Virtual Box Imagen & Comunicación.

RUTA PARA SENTIR

Lenguajear con ternura

Es muy interesante ver el contraste que presenta el autor entre la ternura y la brutalidad. Lenguajear en la cotidianidad implica revisar constantemente esta dualidad en la que vivimos, entre la ternura que nos propone Jesús y la brutalidad que impone el mundo y su organización política y económica. Es reconocer cuánto ha calado en nuestra forma de concebir el mundo, las personas y la realidad para reconstruirnos a partir de nuestra fe en lo que nuestro maestro nos enseña.

Sentir... la cultura de la brutalidad como manifestación del patriarcado, la violencia legitimada con la que se crece en América Latina y la urgencia de esa caricia tierna de Jesús cuando abraza a los niños o el padre del hijo pródigo. Lenguajear con ternura y restauraren el proceso.

Pensar... en la forma de identificar la brutalidad que se ha permeado en la iglesia, en sus estructuras, sus discursos y prácticas. Y pensar a la vez en implementar esa ternura de Jesús en las relaciones cotidianas y las prácticas pastorales.

Ponernos en su mirada

El texto de González Ortega nos habla sobre el concepto de Mateo de «Ser pequeños». Así que la mirada es desde abajo, mirar desde donde miran los niños y las niñas, desde las cimientes, desde la raíz mirando hacia arriba, con la mirada de los pequeños, inocente, limpia, juguetona, pero en su realidad de maltrato y violencia, también con temor, desconfianza y dolor.

Sentir... la sensación de vulnerabilidad que pueden sentir todos los días los niños y las niñas al despertarse, al salir de la casa y al recorrer su barrio para ir a la escuela o trabajar.

Pensar... las implicaciones que tiene para nosotros como personas adultas, en nuestra posición legitimada de poder y de reconocimiento social, el mirar desde abajo, mirar a las demás personas hacia arriba.

Encarnar la ternura

Según el texto encarnar la ternura es contraponerse a la brutalidad, es romper la hegemonía con su dios de neoliberalismo, es insurgencia a este sistema de muerte. Es reconocer el sistema y enfrentarlo proponiendo a la ternura como base,

Sentir... la intensidad del mensaje de Jesús y la dinamita que representan los evangelios en su contexto de represión a las personas vulnerabilizadas.

Pensar... en lo que significa en este contexto Latinoamérica que ha perpetuado el sistema que denunció Jesús; en la ternura como fuerza de insurgencia.

Seguir al maestro

En este texto seguir el mensaje de Jesús es trasgredir el sistema tal cual está establecido desde la brutalidad. Seguir a Jesús es arriesgarse a recibir la reacción violenta de ese sistema.

Sentir... la empatía que tenía Jesús para ocuparse de sanar a las personas de todas sus dolencias, a pesar de la negatividad del contexto en el que se encontraba

Pensar... en el mensaje que Dios nos dio sobre lo gratuito que es Dios y su accesibilidad sin requerir sacrificios.

PROYECTOS PASTORALES (ACTUAR)

Sentir, luego pensar; jugar, luego actuar

Hay una idea que el autor nos dejó sobre la economía de la ternura que podría repercutir en la forma en que vivimos la fe.

... considerar la vida eterna como proyecto que se basa en la «Resurrección». No importa estar dispuestos a donar la vida pues Jesús es la resurrección. (González, 2016)

La esperanza de que la vida va más allá que esta. La promesa de Jesús de nuestra resurrección puede darnos mucha fuerza para superar las dificultades presentes.

Sentir esa esperanza y animarnos en comunidad, mediante la celebración de la promesa de la resurrección.

Recordar que el acceso a Dios no requiere sacrificio pues la gracia es gratuita. Cristo ha pagado en su pasión, muerte y resurrección el costo de la gracia que gozamos.

Sentir en nuestra vida toda esa misericordia, primero encarnarla para que mediante nuestra práctica pastoral las personas con las que nos relacionamos en la iglesia prueben esa gracia con ternura.

Luego pensar en discursos que refuercen la idea de la vida eterna, de la resurrección como insurrección; revisar textos y lenguajes a la luz de la gracia gratuita que nos menciona el texto de González Ortega.

Jugar como lo hacen los pequeños, romper los paradigmas adultocéntricos de mirar de arriba hacia abajo y mirar desde las raíces hacia arriba, desde otra perspectiva, ver las cosas de maneras distintas, experimentar otra realidad desde la inocencia y la confianza con la que miran los niños y las niñas.

Actuar... si la brutalidad de este sistema impide la distribución de la justicia y la dignidad para todas las personas, como apunta González, nuestro actuar como iglesia tiene que ser consecuente con nuestra misión profética de impactar las estructuras sociales, políticas e incluso económicas para construir un mundo mejor, más justo.

PISTAS DE LAS DIMENSIONES DE LA TERNURA

RESTAURADORA

- La restauración inicia con la dignificación de la persona.
- La sanación que opera Jesús es integral, no solo sana lo físico, sino también lo emocional y lo espiritual; es un modelo de restauración en toda las dimensiones humanas.
- La conciencia de vulnerabilidad se redimensiona al proponerla Jesús como el acceso al Reino, recuperarla para valorarla a pesar de que se ha violentado es un paso importante en el proceso de restauración, especialmente vinculado a la fe.

FORMATIVA

- Incluir temas personales en los procesos de formación, como autoestima, dignidad y otros valores humanos necesarios para acompañar los procesos de fe, con el fin de enriquecer la economía de la ternura.
- Mediante los procesos formativos de la fe, fomentar la sensibilidad y la crítica de la brutalidad del sistema hegemónico, para identificar trazas de esta en nuestro diario vivir y especialmente en nuestras relaciones interpersonales.
- No renunciar a la dignidad con ayuda de la ternura como resistencia a este sistema que Jesús denunció en su tiempo y que sigue vigente. Los textos bíblicos y las actividades pastorales serían un espacio para desarollar esta resistencia.

TRANSFORMADORA

- Los temas de la vulnerabildad, dignidad y resistencia en una dimensión transformadora no deberían quedarse para el interior de la labor pastoral desde la fe, sino también de incidencia y denuncia política, social y económica en las comunidades donde la iglesia tiene presencia.
- Señalar la brutalidad desde aspectos familiares como la crianza, hasta culturales y políticos es parte de la concepción de la ternura como insurgencia.
- Transformar el sistema económico hegemónico que resulta brutal para los pobres y oprimidos.

CAPÍTULO 9

LA GLOBALIZACIÓN DESIGUAL DE LA TERNURA

Manfred Grellert y Anna Grellert

«*La abuela que cuida al hijo de la madre que salió a trabajar está cansada*», proclama una pancarta, con lo que describe la situación que las familias latinoamericanas y caribeñas enfrentan debido a la feminización de la migración y la consecuente globalización desigual de la ternura, dentro de un marco económico concentrador e injusto (Molano & Robert, s.f.). Cuando mujeres migran en un contexto marcado por la persistente desigualdad económica y de género, llevan en su corazón la ternura del Sur al Norte globalizado. Por otro lado, en el Sur, otras mujeres, como la abuela, tía, vecina o hija mayor asumen el cuidado de los hijos de la migrante que quedaron en el país de origen. Debido a los estereotipos de género, que incluye la feminización de la ternura, el abandono del hogar, y las demandas del trabajo productivo, los padres, en general, no logran llenar el vacío de la ternura que ha dejado la madre migrante, que está ausente.

I. Reflejos de la migración sobre la globalización de la ternura

Como las dinámicas de Crianza con Ternura son vivenciales, la vida es el palco que mejor describe el fenómeno de la globalización desigual de la ternura. La historia de Areal, una madre profesional que migra en búsqueda de mejores condiciones de vida para sus hijos, mientras su madre asume el cuidado de los nietos, captura las complejas dinámicas de vida que caracterizan la globalización desigual de la ternura:

> [...] Areal, de cincuenta y un años, regresó a su natal Argentina tras vivir catorce años separada de sus hijos, tiempo en que sus tres hijos estuvieron bajo el cuidado de la abuela. La maestra argentina, quien renunció a su carrera profesional para trabajar como niñera en San Diego y Los Ángeles, aceptó hablar —vía telefónica— de su reciente reencuentro con sus tres hijos.

> «¿Qué ganó y qué perdió?»

> «Valió la pena porque mis hijos, ahora que ya están maduros, son unos jóvenes que ya han hecho sus vidas independientes y están muy agradecidos. Pero se perdió la expresión corporal, mis hijos no son de venir a darme besos y abrazos y a veces estos son tan necesarios» —indica Areal.

> En 1998 renunció a su trabajo como maestra de primaria en Buenos Aires, pues el salario que ganaba, 450 USD al mes, no era suficiente para sostener a sus hijos [...].

> Ese mismo año voló, ayudada por su visa de turista, de Buenos Aires a Los Ángeles, en donde empezó a trabajar en la limpieza de baños públicos y niñera.

> En 2005 fue contratada, en Chula Vista, en el condado de San Diego, para cuidar a un bebé de cuarenta días y a sus hermanitos de cuatro y seis años. Durante cuatro años hizo todo tipo de tareas: cuidó niños, cocinó, limpió, atendió tareas y necesidades afectivas. «Me sentía bien; pensaba que daba a otros niños el cuidado y afecto que no podía darle a los míos».

> Su patrona era una prominente empresaria latina, quien pasaba mucho tiempo fuera de casa y las jornadas de la niñera se extendían más de ocho horas. Peor aún, los hermanos de la patrona empezaron a llevar a sus hijos para que la niñera los

cuidara pero sin pagar por el servicio. Areal renunció y encontró un nuevo trabajo como niñera.

Cuando vivía en San Diego, Areal hablaba diario por teléfono con sus hijos en Argentina, pero ahora que está físicamente allá ha podido intimar con ellos. «Hace poco, platicando con mi hijo me dijo, "De qué sirve usar un par de Nikes si nunca te pude contar cuando le di el primer beso a una chica, dijo Areal"» (De la Vega, 2012).

Desde finales de la década de los noventa, la migración internacional de América Latina y el Caribe, asume una nueva característica: la feminización. Las mujeres están cada vez más presentes en los flujos migratorios desde América Latina y el Caribe hacia Estados Unidos de Norte América, Canadá y Europa, así como en flujos migratorios intrarregionales (Martínez, 2007). En 1980, dos millones de mujeres latinoamericanas migraron a Estados Unidos de Norte América. Para el año 2000, este número subió a siete millones y actualmente existen cerca de diez millones de mujeres latinas migrantes en este país (Canales, 2014).

Además de femenino, el rostro de la migración latinoamericana y caribeña es también maternal. El 66 % de las mujeres peruanas ocupadas en el oficio doméstico en Argentina son madres; 72 % de las mujeres nicaragüenses ocupadas en trabajo doméstico en Costa Rica son madres; esta cifra sube a 85 % de mujeres peruanas empleadas en el oficio doméstico en Chile; y a 87 % de mujeres colombianas empleadas en oficio doméstico en Venezuela (Martínez, 2007).

En las dinámicas migratorias de la región persiste una nefasta ironía. La ternura que las madres latinas y caribeñas podrían brindar a sus propios hijos en su crianza, se la entregan a los niños de las familias que las contratan en un país vecino, pero especialmente en el Norte. Una de las principales formas de trabajo que asumen las mujeres migrantes en el Norte es el mercado de cuidado de niños. A nivel global, uno de cada cinco trabajadores domésticos es un migrante internacional y en su gran mayoría son mujeres (78 %) (OIT, 2015). Aunque existe un 5 % de mujeres latinas migrantes que asumen roles ejecutivos en Estados Unidos de Norte América, y otras profesiones, por lo menos una de cada cuatro se dedica al mercado de cuidado (Canales, 2014).

La globalización de la ternura se experimenta en la lógica de Cadenas Globales de Cuidado. Estas, las propuso por primera vez Arlie Hochschild, para caracterizar las experiencias migratorias de mujeres filipinas en Estados Unidos (Orozco, s.f.). Hochschild define las Cadenas Globales de Cuidado como la articulación global de los vínculos relacionales entre personas que ejercen actividades de cuidado, sean estas remuneradas o no (Arriagada, 2012). De manera concreta, una mujer del Sur cuida a los hijos de otra mujer del Sur que migró para cuidar los hijos de una mujer del Norte. El flujo de capital y de ternura que se mueven a través de las Cadenas Globales de Cuidado es profundamente desigual. La mujer que queda con el cuidado de los niños en el Sur recibe un sueldo muy inferior al que recibe la mujer que migró al Norte. Los niños del Norte reciben la ternura tanto de las mujeres que migraron para cuidarlos como la de sus propios padres. Así ocurre un superávit de ternura en el Norte. Mientras, los niños del Sur, quedan solo con la ternura de la persona que los cuida. Esta generalmente no solo cuida a los hijos de la madre que migró, sino también a sus propios hijos y/o nietos. En el Sur ocurre un déficit de ternura.

Aun cuando la tecnología de comunicación electrónica pueda favorecer las dinámicas de diálogo y mentoría de vida entre los hijos y

PENSAR

La migración se lleva consigo la ternura maternal, transformando el contacto físico vital en relaciones virtuales.

sus madres a través de las fronteras, esta jamás podrá sustituir el toque tierno de la caricia corporal. Estudios relevan que, a través del contacto tierno de los cuerpos se libera la oxitocina en el cerebro, tanto en el cuidador que acaricia como en el niño que recibe la caricia (Pankseep & Biven, 2012). La oxitocina es el neurotransmisor que hace posible el vínculo afectivo. La liberación central de oxitocina, a través del tierno contacto corporal, genera el sentido de serenidad, confiabilidad, protección y afirmación incondicional en el niño criado con ternura (Pankseep & Biven, 2012). La relación personal y afectiva, también conlleva un sentido de disfrute y confianza en la persona que cuida, pues es capaz de consolar, calmar y afirmar no solo intelectualmente, sino también afectivamente. Todos los niños tienen una necesidad biológica de contacto físico. Cuando la distancia impide el contacto físico y afectivo se generan carencias con impactos profundamente adversos en el desarrollo de la niñez. Esto ocurre especialmente cuando un cuidador en el Sur no asume un rol maternal tierno y comprometido con el niño. Esta realidad ilustra el efecto adverso de la desigualdad en el acceso a la ternura sobre el desarrollo de los niños del Norte y del Sur.

II. Los efectos del modelo económico neoliberal sobre la globalización de la ternura

La globalización desigual de la ternura pasa por varias intersecciones: (1) La crisis globalizada de los cuidados, debido a la creciente demanda de este tipo de servicios, frente a las limitadas garantías estatales para gozar del derecho al cuidado, en la mayoría de países. (2) La inequidad de género, que sostiene que las mujeres por naturaleza son las tiernas cuidadoras de la niñez, resultando, por un lado, en la feminización de la ternura y, por otro, en la omisión masculina. (3) El régimen de migración injusta para con las mujeres del Sur que, con su trabajo de cuidadoras, liberan la mano de obra profesional femenina del Norte para mover su matriz productiva y aumentar su ingreso personal. (4) Finalmente, el sistema económico capitalista neoliberal, que permite la explotación laboral de la madre migrante, generando la concentración desigual de capitales en familias y empresas del Norte.

Crianza con Ternura demanda una postura política crítica frente al presente sistema capitalista neoliberal. Este sistema se revela como concentrador de riqueza hacia arriba y como excluyente hacia abajo. Pocos tienen cada vez más y muchos no tienen lo suficiente. La globalización desigual de la ternura la sostiene también sistema capitalista neoliberal que desarticula los procesos productivos y reproductivos. La economía de mercado tiende a limitarse al flujo de capitales entre los que consumen y los que producen y especulan, sin considerar cómo este capital promueve la calidad de vida para todos y la formación de personas de bien. Consecuentemente, este sistema no considera el trabajo de la mujer migrante cuidadora como significativo para la economía, pues lo ubica en la dimensión reproductiva y privada de la familia. No le atribuye valor económico alguno.

Al excluir los cuidados de la lógica económica, los estados capitalistas neoliberales tienden a no generar políticas sociales y laborales que aseguren el derecho al cuidado de todos los ciudadanos. Esta situación es notable en Estados Unidos de Norte América, que actualmente no garantiza el derecho de las familias al tiempo adecuado para el cuidado de los recién nacidos. Aproximadamente, 60 % de la fuerza laboral de este país cualifica a doce semanas de licencia maternal *no* remunerada, bajo la Política de Licencia Maternal y Médica de 1993 (Torrieri, 2013).

♥ SENTIR

Las consecuencias del sistema económico sobre la ternura: crisis del cuidado, inequidad de género, feminización de la ternura y explotación laboral.

Esta garantía solo se aplica a empresas con más de cincuenta empleados y para empleados que hayan mantenido un periodo laboral de doce meses y 1250 horas. Aun cuando las familias puedan tomar licencia maternal, ellas tienen que asumir todo el costo del cuidado y crianza de los recién nacidos sin recibir sus salarios durante las doce semanas de licencia maternal.

El capitalismo neoliberal tiene como fin, no el sostenimiento de la vida, ni de la creación, sino que la acumulación de capitales. Hoy en día estos procesos se consideran insostenibles. La economía requiere un nuevo ordenamiento. No puede limitarse a las dinámicas de mercado, especulación y consumo. La economía debe estar al servicio de la calidad de vida de todas las personas. El sistema económico tampoco debe destruir la creación por sus instintos de ganancias. Como bien lo expresa Amaia Orozco en su conferencia «Los cuidados como parte de la economía» (publicada 27 de marzo de 2015), la vida no es un arte de magia; la vida solo es posible si alguien la cuida, protege, consuela, alienta, alimenta, viste y educa (Pérez, 2015):

> Parece que el dinero entra en la casa y sale convertido en personas por arte de magia. Lo que decimos es que no es por arte de magia. No entra dinero y salen personas lavadas, preparadas, vestidas, alimentadas, emocionalmente recuperadas, disciplinadas, para ir a los mercados. Esto es todo un trabajo que hay que sacar a la luz. […] La vida no es por arte de magia. […] La vida es si se cuida, si no se cuida, no hay vida. Y la labor de hacerse cargo para que la vida vulnerable se sustente, en esta doble dirección material y emocional, son los cuidados.

Este modelo económico que no promueve la vida, mucho menos la Crianza con Ternura, es incompatible con la vida plena que Cristo propagó: «El ladrón no viene más que a robar, matar y destruir; yo he venido para que tengan vida, y la tengan en abundancia». (Juan 10.10, NVI).

LAS DIMENSIONES

Restauradora

El proceso de restauración, según los aportes de los autores, inicia con la recuperación de la ternura materna que migra y que deja a los hijos y a las hijas de América Latina al cuidado de la abuela cansada. Implica restaurar las relaciones fragilizadas por la distancia física y afectiva.

La iglesia está invitada a devolver la ternura a esta población de hijos e hijas abandonados involuntariamente, o sea, como consecuencia de las injustas dinámicas económicas globales, que fuerzan la migración de madres y padres para responder a las necesidades económicas de las familias.

Apoyar a las abuelas que cuidan a niños y niñas en familias transnacionales, para que encuentren en los distintos grupos de la iglesia ese cariño fundamental que distingue la vivencia de la fe cristiana.

Motivar a las personas que conviven en la familia a reforzar el afecto físico, promover el cuidado y la incorporación del varón en las esferas de la ternura.

Formativa

Cultivar la imagen de la ternura maternal de Jesús para el cuidado y atención a la población más vulnerabilizada, como vivencia del compromiso cristiano de la comunidad, sin distinción de género.

Empezar por hacer conciencia de esa misericordia y empatía; primero por la condición propia de vulnerabilidad y luego hacia la vulnerabilidad de las demás personas de la iglesia, especialmente la niñez y adolescencia.

Acompañar a los varones a descubrir la ternura en su identidad y vocación, y así reflejarla en el cuido comprometido y amoroso de los hijos e hijas.

Sensibilizar a las iglesias sobre los niños y niñas que crecen en familias transnacionales, para prevenir su estigmatización.

Transformadora

En el texto se expone cómo la globalización de la economía ha resultado en la distribución desigual de la ternura, con su superávit en el Norte y déficit en el Sur globalizados, y las implicaciones de estas dinámicas económicas y flujos afectivos en los procesos de crianza, especialmente en América Latina.

Así que la iglesia por su labor profética está llamada a denunciar el modelo económico neoliberal que genera la distribución inequitativa de la ternura, y a servir de voz de los niños y niñas de familias transnacionales, y de sus madres que desde lejos los añoran.

Convocar a la sociedad civil, a la empresa privada y al estado para proponer alternativas económicas más tiernas, justas y solidarias al modelo económico hegemónico vigente.

III. Un ejemplo bíblico que inspira el potencial de la globalización de la ternura

La erradicación de la globalización desigual de ternura requerirá un proceso de liberación de un sistema político y económico que no promueve la vida plena como su fin último. La liberación del niño Moisés de las aguas del río Nilo por una cadena internacional de mujeres, que desafiaron el sistema económico y político opresor de Faraón, sirve como texto bíblico que permite discernir algunas claves teológicas para la transformación de la globalización desigual de ternura (Éxodo 1.1-2.10).

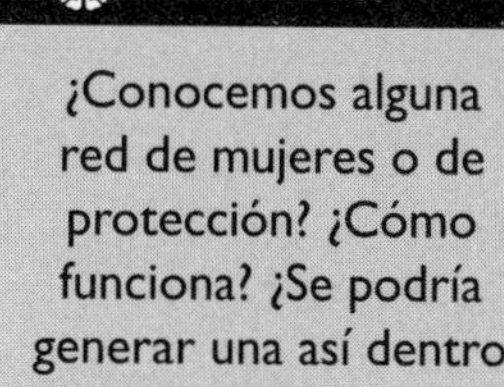

El contexto en el cual se desarrolla la cadena internacional de cuidado que salva la vida del libertador Moisés es uno de opresión y esclavitud. Posterior al fallecimiento de José y de sus hermanos, los descendientes de Israel se quedaron en Egipto donde se salvaron de la hambruna que había amenazado su supervivencia. Bendecidos por Dios, los descendientes de Israel se multiplicaron y prosperaron en tierra extranjera. Con el tiempo representaron para Faraón una amenaza, pues ya no los veía con buenos ojos:

> Subió por entonces al trono de Egipto un nuevo rey, que no había conocido a José, y dijo a su pueblo: —¡Dense cuenta de que los israelitas se están multiplicando y haciéndose más fuertes que nosotros! Actuemos sabiamente respecto a ellos, no sea que sigan multiplicándose y, en caso de guerra, se pongan del lado de nuestros enemigos, luchen contra nosotros y se marchen del país. (Éxodo 1.8-10)

Bajo la perspectiva de sospecha inició la esclavitud y el trabajo forzado de los israelitas. Con su poder político y económico, Faraón impuso a los israelitas la condición de esclavos, los oprimió cruelmente con trabajo forzado, que resultó en el enriquecimiento injusto de Egipto. A pesar de la situación de opresión, los israelitas siguieron multiplicándose, de acuerdo a la promesa que Dios hizo a sus antepasados. Faraón, de «corazón duro», tramó un plan perverso. Convocó a parteras israelitas, entre ellas Sifrá y Fuá, para ordenarles asesinar a los bebés varones de las madres israelitas. Sin embargo, relata el texto:

> Las parteras temían a Dios, así que no siguieron las órdenes del rey de Egipto sino que dejaron con vida a los varones. (Éxodo 1.17 NVI)

Por practicar la desobediencia civil contra las órdenes injustas y antivida de Faraón, los niños se salvaron y los israelitas siguieron multiplicándose.

Como la primera estrategia de asesinar secretamente a los niños israelitas no fue exitosa, Faraón recrudeció su maldad, y decretó a todo su pueblo:

¡Tiren al río a todos los niños hebreos que nazcan! A las niñas, déjenlas con vida. (Éxodo 1.22 NVI)

La situación de opresión y muerte que vivían los israelitas es muy próxima a la realidad que experimentan miles de niños latinoamericanos. Los niños migrantes arriesgan su propia vida al lanzarse al Río Grande, que divide al Sur y al Norte globalizado. El número de niños migrantes desacompañados o separados de su familia detenidos en la frontera norteamericana incrementó de 4.059, en el 2011, a 10.443 en 2012, y se duplicó a 21.537 en 2013 (UNCHR).

Estados corruptos y/o incompetentes del Sur atentan contra la vida de los niños al malversar fondos públicos necesarios para asegurar el derecho a la salud, educación y protección de su niñez. El poder económico del narcotráfico, de maneras ilícitas, logra subordinar los cultivos de alimentos para producir la coca. Según la Dirección Nacional de Niñez y Familia de Honduras, el crimen organizado, maras y pandillas, han generado, solo en Honduras, 202.032 niños huérfanos de madre, padre o ambos

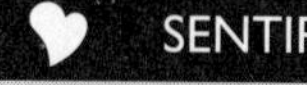

(SISNAM, 2010). Políticas migratorias, económicas, sociales, injustas e inhumanas, no garantizan el derecho a la movilidad humana segura, lo cual provoca que muchos niños pierdan su vida en su travesía hacia el Norte. También en América Latina, como en los tiempos faraónicos de Egipto, existen situaciones de opresión que ponen en riesgo la vida de miles de niños.

En medio de la situación en que vivían los israelitas, nació un bebé hermoso. Aquí inicia la confabulación de una red internacional de mujeres que desafió el decreto injusto de Faraón. Las parteras no atentaron contra la vida del niño a la hora de su nacimiento. La madre del bebe, Jocabed, de la tribu de Leví, escondió a su infante por tres meses. Cuando, el bebé creció, y Jocabed ya no podía ocultarlo en su casa, construyó un cesto impermeable para protegerlo mientras lo escondía en el río Nilo. Jocabed envió a su hija Miriam a vigilar y cuidar a su hermanito, protegido en el cesto.

Sin embargo, es importante observar que en el Egipto opresor también existe un capital de misericordia. Al bañarse en el río Nilo, la hija del Faraón miró el cesto y ordenó a sus esclavas que fueran a recogerlo. Las esclavas le llevaron el cesto que protegía al niño. La hija del Faraón miró al niño que lloraba y «sintió compasión». Luego, Miriam, de manera muy sagaz, preguntó a la hija del Faraón si necesitaba a una nodriza para alimentar y criar al niño. Frente a la afirmación de la hija del Faraón, astutamente, Miriam llamó a su madre, Jocabed, para que se presentara como nodriza ante la hija del Faraón. Esta ofreció un sueldo a Jocabed para que criara el niño hasta que fuera mayor.

Posteriormente, acordaron que Jocabed llevaría el niño al palacio del Faraón, donde su hija lo adoptaría. Así se hizo. Cuando el niño creció, Jocabed lo llevó al palacio para que la hija del Faraón lo adoptara. En este momento el niño recibió su nombre, Moisés, que significa «¡Yo lo saqué del agua!».

IV. Cuatro claves bíblicas para promover la globalización equitativa de la ternura

La historia de la revelación de Dios muestra que el amor y la justicia caminan juntos en los procesos de liberación. Antes de que rescataran a Moisés de las aguas del río Nilo, Dios ya se había compadecido del clamor de los israelitas esclavizados y había trazado el plan para su liberación (Éxodo 2.23-25).

El vulnerable niño Moisés es la respuesta misericordiosa de Dios para la promoción de la justicia. La liberación del yugo opresor de Faraón es un acto de justicia fundamentada en la misericordia de

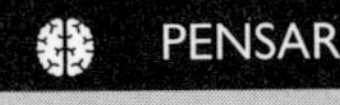

La globalización equitativa de la ternura sería una respuesta misericordiosa de Dios, mediada por la iglesia, a los oprimidos, en este caso la niñez y adolescencia.

Dios. De igual manera, la globalización equitativa de la ternura, requerirá la búsqueda de la justicia y la práctica del amor. Para iluminar este caminar, se disciernen cuatro claves bíblicas tomadas de la historia del niño Moisés, desde la perspectiva intersectada de justicia y amor.

1. La globalización equitativa de la ternura demanda la desobediencia civil ante políticas que violentan la vida de la niñez. Esta es la obligación moral para lograr la globalización equitativa de la ternura. Todas las mujeres que salvaron la vida de Moisés tenían un compromiso con la vida y practicaron la desobediencia civil para sostenerla.

En la Biblia se hallan varios ejemplos de prácticas de desobediencia civil. Entre estos, se observa la desobediencia de Daniel al decreto de Darío (Daniel 6). Daniel continuó la práctica de su vida de oración a pesar de la prohibición del decreto imperial. Pagó un precio por esto. Otro ejemplo son los apóstoles de la iglesia primitiva cuando el Consejo les prohibió predicar sobre Jesucristo, lo desobedecieron y también asumieron las consecuencias de sus hechos (Hechos 4.18-21). Estos ejemplos tienen que ver con la libertad religiosa. También hay que recordar la frecuente denuncia profética contra todos aquellos que impedían el derecho a la vida del pobre, de la viuda, del huérfano y del extranjero o migrante irregular (Jeremías 22.3).

Sin embargo, el comportamiento de Jesús de Nazaret es el que mejor ilustra la desobediencia civil a favor de la vida. Todos los milagros relacionados con las deficiencias físicas o mentales tienen que ver con la restauración de la vida plena y la reinserción responsable de los sanados en la vida de la comunidad. Para restaurar la vida, Jesús quebró la ley del sábado, pues, para Cristo, la vida es más importante que la guardia legalista del mismo (Marcos 3.1-6, Lucas 13.10-17 y Mateo 12.1-8). Había que quebrar la observancia del sábado para restaurar la vida plena.

En el texto de Éxodo, las parteras practicaron la desobediencia civil, la madre, la hermana y la misma hija de Faraón. Todas ellas estaban comprometidas con la vida, posiblemente porque eran cuidadoras de niños. Quien cuida se compromete con la vida ante las mayores adversidades. Quien cuida se compromete. Los evangelios ilustran este cuidado de las madres con sus hijos con aquellas que llevaron los suyos a Jesús para que él los bendijera. Los discípulos hombres intentaron impedirles que lo hicieran, pero Jesús los acogió en sus abrazos con ternura y los bendijo. Esta fuerza del comprometimiento femenino aparece también en la pasión de Cristo. Los discípulos huyeron, aparentemente a excepción de Juan, mientras que su madre y otras mujeres valientes permanecieron con Cristo hasta el fin. Algunas mujeres fueron las primeras que buscaron cuidar su cuerpo para embalsamarlo. Así se convirtieron en las primeras testigos de la resurrección, la victoria de la vida sobre la muerte.

Gracias a Dios, en toda América Latina está presente esta fuerza valiente del comprometimiento femenino con la vida. Muchas veces lo encarnan madres solas. Estas mujeres cuidadoras son una valiente fuerza de resistencia contra todas las políticas de antivida.

La articulación de esta fuerza cuidadora de la vida se requiere para resistir y desobedecer civilmente las políticas injustas que la amenazan. Cuidar la vida del recién nacido es apenas el primer paso. Igualmente importante es asegurarle servicios de salud, educación, profesionalización y recreación que mantengan su vida con dignidad. Para que la globalización de la ternura sea más equitativa, existen dos luchas que persisten: una es por más justicia social y económica para que las personas no se vean obligadas a migrar del Sur hacia el Norte, y la otra es por un régimen migratorio que garantice el derecho de movilidad humana segura a todas las personas de bien.

2. La globalización equitativa de la ternura requiere vigilar y proteger la vida de la niñez ante situaciones de injusticia y violencia. El cesto impermeable y las miradas protectoras de Miriam revelan la inventiva creatividad del amor y del compromiso ineludible por la protección de la vida. Existen situaciones de opresión e injusticia que demandan una resiliencia total en la lucha por la vida. En el Sur, la creatividad del amor, ante injusticias estructurales, se evidencia en los millones de madres y abuelas que se sacrifican a sí mismas para garantizar la continuidad de la vida de sus hijos y nietos.

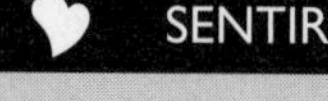

En el presente contexto internacional, se vive el cuadro trágico de más de un millón de migrantes del Oriente Medio, especialmente de Siria e Irak hacia Europa, que van en busca de la posibilidad de sobrevivir a la desgracia de la opresión y de la guerra. Por primera vez, desde que inició la crisis migratoria de Siria a Europa, migran más mujeres y niños que hombres.

Actualmente, 60 % de los refugiados que llegan a Europa son mujeres y niños (El Comercio Mundo, 2016). Según la EUROPOL, se estima que más de diez mil niños refugiados han desaparecido en Europa (UNICEF, 2016). Las marchas interminables de madres y padres que llevan en sus brazos a sus hijos son marchas por la vida; es más que la evidencia de la tenacidad del espíritu humano que no se rinde. La lucha por la vida de la niñez no mide sacrificios.

La globalización equitativa de la ternura requerirá una militancia tanto política como social para proteger la vida de la niñez ante situaciones de injusticia y violencia. El profeta Miqueas resumió el mensaje profético del Antiguo Testamento con una sentencia lapidar: «¡Ya se te ha declarado lo que es bueno! Ya se te ha dicho lo que de ti espera el Señor: Practicar la justicia, amar la misericordia, y humillarte ante tu Dios (Miqueas 6.8). Aprender a andar con Dios, lleva ineludiblemente a la práctica del amor y la justicia. Nuestro Señor Jesucristo al confrontar a los religiosos hipócritas de su tiempo hace eco al llamado de Miqueas, afirmando que el centro de la voluntad de Dios son «justicia, misericordia (amor) y fe». En la concepción judía, fe significa «andar con Dios».

En toda la biblia, está presente un valiente, aunque muchas veces olvidado, reto para que los hombres y mujeres de fe no solamente crean en un Dios justo sino que también busquen, promuevan y practiquen la justicia. Amós, el profeta campesino, ochocientos años antes de Cristo, evalúa la realidad social, política, económica y religiosa de su tiempo a partir de su inquebrantable fe en la justicia de Dios. Al encontrarla en falta, la denuncia con ánimo de restaurarla. Todos los profetas del Antiguo Testamento articulan un mensaje contundente contra la injusticia social. Buscan promover la justicia para los oprimidos, en especial para los pobres, huérfanos, viudas y los extranjeros sin protección legal (Jeremías 22.3). De igual manera, nuestro Señor Jesucristo no solo llamó bienaventurados a «los que tienen hambre y sed de justicia», sino también a «aquellos que son perseguidos por causa de la (promoción de la) justicia» (Mateo 5.6, 10). Esto deja muy en claro que un compromiso con la justicia es una dimensión central del carácter de los seguidores de Jesús. Además, Jesucristo reta a quienes lo seguimos a que hagamos la búsqueda más significativa de nuestra vida: «el reino de Dios y su justicia» (Mateo 6.33).

Jesucristo no solamente llamó bienaventurados a los que practican la justicia, sino también a los misericordiosos, los que aman de forma concreta (Mateo 5.7). El evangelio enseña que la salvación se recibe por la gracia mediante la fe (Efesios 2.10-12); sin embargo, esta fe debe hacerse operativa mediante el amor concreto, a través de las obras (Gálatas 6.5 y 2 Tesalonicenses 1.11). Santiago recuerda, que la fe sin las obras es inocua, no vale nada (Santiago 2.18-20, 26). Por eso, el evangelio también enseña que la vida de uno será juzgada por las obras conforme la significativa parábola de Jesucristo sobre el juicio final (Mateo 25). Lo que hicimos a los que sufren hambre, sed, encarcelamiento, desnudez, abandono lo hacemos al propio Cristo, y heredamos la vida eterna. Cuando, la fe es meramente individualista, intimista, sentimentalista, desvinculada de toda práctica de amor concreto, ella recibe la condena del Señor (Mateo 25). Apocalipsis enseña que el juicio final se ejecutará por las obras concretas, jamás solo por el discurso o el sentimiento (Apocalipsis 20.12).

La globalización equitativa de la ternura que salva la vida se fundamenta en dos dimensiones discernidas desde la fe cristiana. Una es practicar el amor. Es participar personalmente en la acción social que protege la vida. La otra es participar de la lucha por la justicia. Es participar de los espacios políticos que promueven calidad de vida para todos, especialmente para la niñez. La acción social concreta y la lucidez política deben caminar juntas para garantizar la globalización equitativa de la ternura.

3. La globalización equitativa de la ternura requiere el encuentro solidario de clases sociales para buscar respuestas concretas que viabilicen la vida digna para todos. La Crianza con Ternura propone la lucha solidaria por más justicia social (2 Pedro 3.13). Es en el encuentro entre Miriam, hebrea esclavizada, y la hija de Faraón, elitista privilegiada, que se logra concebir una salida concreta para la sobrevivencia de Moisés, el gran libertador del pueblo de Dios. Debe notarse que en el corazón de la hija de Faraón también hay misericordia, la capacidad de amar concretamente. Es en la negociación entre la astucia de Miriam y la ternura faraónica, mujeres que representan dos clases sociales distintas, que se elabora una salida de vida frente a la muerte inminente. Los encuentros del Norte y del Sur están cargados de potencialidades y pueden darse en diferentes escenarios. El hogar donde la madre migrante cuida al niño de la madre del Norte es un espacio para la concientización de las problemáticas del Sur que obligan la migración. La iglesia, donde todos son iguales ante Dios, busca ser un espacio para el encuentro fraterno y veraz entre las diferentes clases sociales (Efesios 2.11-22, 2 Corintios 12.13, Gálatas 3.26-27, Hechos 11.19-26, y Apocalipsis 13.7 y 17.5).

Los años de guerra civil y conflicto armado desangraron la vida de cientos de miles de guatemaltecos, salvadoreños y nicaragüenses. El enfrentamiento armado entre la clase pudiente opresora y la clase campesina oprimida no restauró la justicia social ni económica, tampoco la solidaridad entre clases de estos países. Actualmente, América Latina y el Caribe, aunque menos pobre, mantienen niveles de desigualdad entre los más elevados del planeta. En la búsqueda de maneras transformacionales de la inequidad, la ternura surge como una oportunidad distinta de confrontar la injusticia. La ternura promueve el encuentro solidario de las clases para construir la justicia. Este encuentro supone una cercanía con las personas y las realidades sufrientes que estas viven. El encuentro confrontador con el dolor humano es lo que rompe el corazón y hace brotar la ternura que alienta la búsqueda de la justicia. El profeta Oseas describe la conmoción visceral ante la injusticia y violencia que Israel cometía, diciendo: «mi corazón se conmueve dentro de mí, se enciende toda mi compasión» (Oseas 11.8). Del corazón roto y tierno surge la capacidad creativa del amor generoso, solidario y comprometido con el cambio de la injusticia. Un ejemplo concreto de un corazón roto ante la injusticia es Monseñor Oscar Romero. Al confrontarse con el asesinato de su amigo Padre Rutilio Grande, y regresar a las realidades dolientes y sufrientes del campesinado salvadoreño, gestó lo que fue la síntesis de su vocación pastoral y profética «sentir con la iglesia». Para sentir con el hermano hay que estar cerca y comulgar con su realidad.

> Para Romero, «sentir con la Iglesia» significaba evangelizar en las circunstancias concretas de la arquidiócesis, exponiendo el pecado personal, y las estructuras pecaminosas que marginaban a los pobres, proclamando y promoviendo el amor y la justicia del Reino de Dios, sin dejarse amilanar por las fuerzas represivas que se guiaban por criterios muy diferentes. (Marcouiller & Sobrino, 2004)

Mientras estaba en su función de Arzobispo de San Salvador, en 1977, abandonó la arquidiócesis para vivir en el Hospitalito, una institución humilde y cercana a los empobrecidos, donde hermanas carmelitas de Santa Teresita atendían enfermos terminales de cáncer, cuyo derecho a la salud se les había negado. El encuentro solidario de las clases implica despojarse del poder y las riquezas y hacerse pobre para servir a los empobrecidos. Es importante que los entusiastas y sentimentalistas que quieren abrazar la ternura sin compromiso de vida reflexionen sobre lo que nos dice Jesucristo: «Las zorras tienen guaridas y los pájaros nidos, pero el Hijo del hombre ni siquiera tiene dónde recostar la cabeza» (Mateo 8.20). El encuentro solidario de las clases se da cuando el rico y poderoso, confrontado por las realidades sufrientes de los empobrecidos, se despoja de su poder y reparte sus riquezas como gesto de compasión y compromiso por una vida digna para todos.

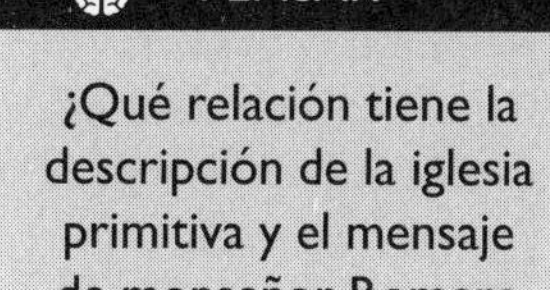

En la iglesia primitiva se encuentran experiencias creativas de cómo clases sociales distintas convivían en el espíritu del Evangelio.

De la iglesia multilingüe de Jerusalén se dice: «En cuanto a los creyentes, vivían todos de mutuo acuerdo y todo lo compartían. Hasta vendían las propiedades y bienes, y repartían el dinero entre todos según la necesidad de cada cual» (Hechos 2.44-45). La institución del diaconato buscaba responder a las necesidades sociales de los que estaban al margen, las viudas griegas en un ambiente judío (Hechos 6.1-7). Amor y justicia formaban parte de la práctica de la primera iglesia cristiana.

La segunda iglesia, la de Antioquía, una iglesia intercultural, también se caracterizó por la solidaridad con la iglesia hambrienta de Judea al enviarles el socorro necesario (Hechos 13.1, Hechos 11.27-30). Una vez más se practicaba la solidaridad entre clases sociales de diferentes grupos étnicos. En 2 Corintios 8, Pablo promueve una colecta entre cristianos helenistas para los cristianos empobrecidos judíos de Jerusalén. Se sostienen las dos motivaciones básicas: el amor, la generosidad de Jesucristo, y la equidad, que significa justicia en la vida eclesial (2 Corintios 8.13-15). Santiago presenta una muy interesante enseñanza contra la discriminación social dentro del cuerpo de Cristo (Santiago 2.1-13).

> ❤ SENTIR
>
> Luego de leer las imágenes que aportan los evangelios sobre cómo Jesús tuvo un compromiso preferencial con las personas vulnerabilizadas por el sistema económico de su época, revisemos cómo podemos encarnar hoy ese compromiso como, seguidores de Jesús y como miembros de su iglesia.

Finalmente, Apocalipsis asegura innumerables veces, que en el reino venidero habrá personas de todas las naciones, etnias, lenguas y culturas que celebrarán delante de Dios y del Cordero la victoria del amor y la justicia sobre la violencia y la inequidad. Al fin se instaurará el reino del amor y la justicia (Apocalipsis 7:8). A la iglesia cristiana *latu senso* pertenecen cerca de un tercio de toda población humana. Esto es 3,5 mil millones de personas. Ella está presente en todo el mundo, a veces de manera clandestina, y congrega en su seno todas las clases sociales. En ella reside el más grande potencial de solidaridad y ternura que podría transformar el mundo. ¿Será que esta enorme iglesia carece de una práctica consecuente de amor y justicia en su propio seno? ¿Será esta la causa de la debilidad de su testimonio profético, frente a la inequidad de globalización de la ternura?

Es evidente en el Nuevo Testamento que Jesús se comprometió de manera preferencial con el pobre o marginalizado; hecho que se revela en su preocupación por restaurar a la vida plena a todos lo que tenían problemas físicos, mentales o espirituales, a través de sus sanidades milagrosas. Jesús siempre quiso reinsertar al marginalizado a una vida responsable en su comunidad. Sin embargo, la opción de Cristo nunca fue excluyente de los ricos, pues todos necesitan redención. El encuentro personal con Cristo tiene el poder de transformar al mayor egotista en un ser humano solidario y responsable, como lo ilustra el encuentro del rico Zaqueo con Jesús (Lucas 19.1-10). Zaqueo evidencia la búsqueda de una vida más significativa que aquella norteada por el acúmulo de riqueza. Corre como un niño y sube a un árbol para provocar un encuentro con Jesús. Evidencia así la búsqueda seria para un nuevo sentido de vida. Después de su encuentro transformador, el texto presenta a Zaqueo como solidario y feliz.

No así al joven rico, que viene escondido en la noche al encuentro con Jesús (Mateo 19.16-30). Revela que su observancia religiosa no resultó en vida plena. Cuando Cristo lo invita a la conversión y a la solidaridad, sale triste del encuentro, y así pierde la gran oportunidad de su vida. La redención del pecado personal, social y estructural, este último revelado en la brecha de desigualdad entre pocos ricos y muchos pobres, característica de América Latina, va a requerir un encuentro personal y transformacional con Cristo. Un encuentro veraz con Cristo se evidencia en la práctica de la solidaridad concreta. Pues la fe verdadera siempre va acompañada de obras concretas. (Santiago 2.14ss y Efesios 2.8-10)

A simple vista, pareciera que la transformación solidaria y responsable solamente implica en alguna redistribución de la riqueza. Sin embargo, Cristo nos deja con un solo mandamiento con dos dimensiones inseparables: «amar a Dios con todo nuestro ser», que nos libera de todas las idolatrías, incluida la de la posesión, y «amar al prójimo» como nos valoramos a nosotros mismos, que nos libera del egocentrismo. El amor debe ser la motivación para cualquier acto de solidaridad y comprometimiento. Pablo nos recuerda que la distribución equitativa de los bienes la tiene que inspirar el amor, para tener cualquier valor:

> ¿De qué me sirve desprenderme de todos mis bienes, e incluso entregar mi cuerpo a las llamas? Si me falta el amor, de nada me aprovecha. (1 Corintios 13.3)

El mero acceso a más bienes no satisface la búsqueda más profunda del corazón humano, porque donde hay amor concreto ahí está Dios (1 Juan 4.16). La búsqueda de la justicia que no se sostiene en el amor acaba construyendo nuevas injusticias y muerte. La globalización equitativa de la ternura presupone un encuentro honesto, solidario y transformador de clases sociales para la búsqueda conjunta de salidas concretas a las injusticias.

4. La potencialidad para la compasión es el fundamento para la globalización equitativa de la ternura. Cuando la hija del Faraón escuchó el llanto del hermoso niño acunado en el cesto, la invadió la compasión, una de las más bellas dimensiones de la imagen de Dios en la humanidad. Podía haber optado por la indiferencia, o por la dureza de corazón, y asimismo por la violencia, pues la presencia del niño llorón representaba una situación legal. La indiferencia resultaría en no hacer caso a la situación legal. Legal, pero no justa. La dureza de corazón, implicaría cumplir con el decreto a pesar del sufrimiento humano. Y la violencia implicaría asociarse con el poder de turno, a pesar de que promovía la muerte.

La hija de Faraón aparece como una mujer pudiente, sin embargo, de noble corazón. El llanto de los niños llena de compasión el corazón de los que buscan preservar la vida. La palabra compasión se refiere a las entrañas, y significa un sentir visceral de empatía e identificación con alguien en situación de necesidad. Compasión es amor en acción. Hay que prevenir que el amor se quede a nivel sentimentalista, inmovilista y no genere la acción por la justicia.

El encuentro con la realidad hace que nazca la compasión. La historia revela que lo que empieza por un encuentro afectivo se transforma en un gesto de responsabilidad. La hija de Faraón pagó el servicio de lactancia y cuidado que Jocabed le daría a Moisés. La nobleza del corazón de la hija de Faraón empieza con la compasión, pero se expande a la justicia distributiva de sus bienes. El compromiso de la hija de Faraón con el niño no es sentimentalista ni efímero, sino que es sostenido y concretado en la adopción legal de Moisés, que le dio acceso a la mejor formación de su época. Educación valiosa para el rol de Moisés como futuro libertador y líder del pueblo de Dios. No sabía la hija de Faraón que estaba colaborando con la providencia divina, al cuidar y formar a un joven que llegaría a tener un rol tan significativo en la historia de salvación de Dios. Lo que inicia con un gesto noble de caridad y misericordia, acompañado con actos concretos de justicia, culmina más adelante en una historia de liberación.

Una vez más, compasión es amor concreto, es amor en acción. Su medida es dar la vida por los demás, (Juan 15.13). El modelo es la misión encarnada de Jesús de Nazaret. La palabra compasión aparece catorce veces en los evangelios, especialmente relacionada con la práctica de Jesús, quien se mueve por la compasión ante el sufrimiento humano. A partir de la parábola del buen samaritano, Glen H. Stassen propone cuatro dimensiones del amor (Stassen & Gushee, 2003):

- El amor mira con compasión y entra en la situación de las personas oprimidas.
- El amor hace acciones concretas de liberación (que presentan distintas demandas a situaciones específicas).
- El amor invita a vivir en comunidad con libertad, justicia y responsabilidad por el futuro.
- El amor confronta a aquellos que excluyen.

La compasión, que es amor en acción, viene siempre en primer lugar, pero tiene el riesgo de quedarse meramente en lo sentimental. Por esta razón, el amor siempre es seguido por actos de justicia. Para el salmista, el amor y la justicia se besan (Salmos 85.10). De hecho, amor y justicia son las dos normas éticas del reino de Dios que Jesús enseñó e inauguró. A partir de una sólida exégesis bíblica, Glen H. Stassen platea cuatro dimensiones para el significado bíblico de la justicia (Stassen & Gushee, 2003):

- Liberación del pobre y del desempoderado de las injusticias que los oprimen.
- Levantar del cuello del oprimido el yugo del poder dominante.
- Erradicar la violencia y establecer la paz.
- Reintegrar a los excluidos a una vida digna en comunidad.

Seguir a Jesucristo en el continente latinoamericano presenta serios riesgos. Uno de ellos es ignorar la realidad del llanto de los niños sufrientes. Es estar tan ocupados con carreras personales, el consumismo de los centros comerciales, las diversiones electrónicas y televisivas, el fútbol y debates políticos inocuos, que resultan en la práctica de una religión ciega a la realidad latinoamericana. En la historia del buen samaritano, fueron los representantes de la religión quienes no tuvieron la capacidad de mirar con compasión.

Aquí tenemos una dimensión de ironía en la enseñanza de Jesús. Personas religiosas pueden cargar corazones duros e indiferentes al dolor humano. El continente latinoamericano se dice cristiano, pero tiene la más grande brecha entre ricos y pobres, que claman a los cielos. Para demasiados de nosotros, la práctica de nuestra fe es inconsecuente. Hay muchos «cristianos», pero con ojos cerrados, oídos tapados y corazones insensibles. Pero es en esta realidad que el Señor Jesucristo nos invita a seguirlo, lo cual siempre conlleva la práctica del amor y de la justicia, de las dos normas del reino de Dios.

LAS DIMENSIONES

Restauradora

La restauración empieza por un encuentro personal con Cristo, quien sana la dureza y estrechez del corazón y nos invita a la generosidad solidaria con los pobres y oprimidos.

Procurar ese encuentro con Cristo mediado por su amor que lo transforma todo, primero con nuestra propia persona y luego con las personas que nos rodean.

El compromiso con el cuidado que surge de encontrarse con el otro en igualdad como lo vivenció Jesús, con misericordia y solidaridad, que a la vez transformaba no solo su realidad, sino que implicaba una lucha social y política frente un sistema opresor que volvía más vulnerables a las personas.

Ese es uno de los caminos que nos ofrece el texto para iniciar procesos de restauración.

Formativa

Promover en las personas la sensibilidad de un corazón enternecido al convivir con las realidades sufrientes de los niños y las niñas; y junto a ellos identificar las condiciones sociales y políticas que los oprimen, y comprometernos a encarnar como Jesús la lucha por su liberación.

Fortalecer la misericordia y los encuentros compasivos para lograr que los miembros de la iglesia se comprometan a gestionar cambios en las estructuras de la iglesia, sus prácticas y su servicio a la comunidad.

Transformadora

La transformación empieza con una invitación al encuentro de las clases sociales para «sentir con» las realidades sufrientes de la niñez. La transformación desde la ternura se logra a partir de la empatía con los que sufren hambre de pan y de justicia.

La denuncia, la lucha por la justicia y la resistencia son elementos de transformación de las estructuras económicas y políticas.

La iglesia profética tiene el compromiso con el mundo, especialmente con la comunidad donde está inserta, de promover la búsqueda de la equidad mediante la lucha por la justicia y la solidaridad.

V. Recomendaciones prácticas para la vivencia de la globalización equitativa de la ternura

Empezar en *casa*. Hay que abrir los ojos y oídos, y especialmente el corazón para detectar al familiar más carente de ternura. Es necesario sanar las heridas que se expresan como vacíos existenciales en los miembros de nuestra propia familia. La práctica de la misericordia y la justicia empiezan en casa. Al emplear madres migrantes como cuidadoras de los hijos del Norte hay que asegurar la paga justa de su trabajo y el trato digno de su persona. Esta es una oportunidad para que las familias del Norte conozcan las realidades de injusticia y violencia que llevan a la migración, y se comprometan a transformarlas.

La transformación empieza de adentro hacia afuera, desde el propio corazón hasta el país, como apunta el texto. Va desde encarnar una nueva hermandad de la ternura hasta una exigencia clara de derechos de exclusividad de todas las poblaciones, especialmente las más vulnerabilizadas.

Militar en la vida de la *iglesia* es también tener los ojos y oídos abiertos para los olvidados, marginalizados, desvalorados y empobrecidos para abrigarlos en el seno de la comunidad de fe. El Papa Francisco ha solicitado que cada parroquia, comunidad religiosa, monasterio, santuario de Europa acoja a una familia refugiada como un gesto concreto que prepara a la iglesia católica para el Jubileo de la Misericordia.

Un cristiano maduro integra y construye la comunidad. La iglesia es un espacio de convivio de personas que viven en un contexto de desigualdad. Una de las funciones del Espíritu Santo es crear una comunidad cuya vida sea una interpretación viva de la realidad del evangelio. En la iglesia, personas marcadas por la desigualdad forman un solo cuerpo en Cristo. Una de las marcas fundamentales de la realidad del evangelio es el surgimiento de la nueva humanidad, marcada por relaciones de amor y cuidado: *todos sabrán que son mis discípulos, si se aman unos a los otros* (Juan 13.35 NVI).

Nunca se debe olvidar que adoramos a un Dios de amor, que los cristianos interpretamos como trinitario. El Dios trino vive en relaciones amorosas y simétricas entre Padre, Hijo y Espíritu Santo. Adorar al Dios trino es ser constructor de comunidad donde todos pertenecen y tienen su dignidad afirmada. En este sentido la vida de la iglesia se convierte en una interpretación viva del evangelio.

Seguir a Jesucristo en nuestras *ciudades* implica la encarnación de una práctica transformadora dentro de nuestras realidades de sufrimiento. América Latina es la región que tiene el mayor número de personas que residen en grandes ciudades. Casi el 80 % de su población vive en ciudades (Los Andes, 2012). Las desigualdades sociales, económicas y de ternura intersectan el fenómeno de urbanización latinoamericana. La distribución equitativa de la ternura requerirá una planificación urbana que asegure el derecho de los niños al cuidado familiar. Sistemas de transportes eficientes, trabajo con centros de cuidado infantil, plazas públicas donde las familias puedan recrearse con los hijos e hijas, entre muchas otras iniciativas. Soluciones fáciles y románticas nunca son la respuesta, pero la presencia amorosa, solidaria y lúcida que mira y escucha siempre puede encontrar una agenda para la acción acordada con la comunidad. Las personas marginadas reconocerán nuestro compromiso a la medida que se sienten amadas y respetadas, y que nuestra acción solidaria procura la justicia. Lo que demanda el seguimiento a Jesucristo es la misión encarnada que llega junto al que sufre y busca salidas conjuntas de amor y justicia.

Todos somos ciudadanos de algún *país*, donde hay espacios de participación política. Como cristianos podemos unirnos a los procesos políticos que procuran los derechos y la dignidad de la vida de migrantes y refugiados. Tras cincuenta años de conflicto armado, Colombia es el segundo país con el mayor número de personas desplazadas internamente. Son más de seis millones las personas afectadas (Semana, 2015). Dos tercios de ellas viven en situación de pobreza, y un tercio vive en pobreza extrema (Semana, 2015).

El cristiano tiene la responsabilidad de cultivar una postura políticamente lúcida, mediante el discernimiento de las alternativas partidarias concretas que avanzan con el bien común y la calidad de vida para todos los ciudadanos, principalmente para las personas más vulnerables, como migrantes y refugiadas. Implica ir construyendo una nueva visión de un capitalismo social y ecológicamente responsable, que garantice la justicia social y la sostenibilidad de nuestro planeta, mientras se reforma el sistema actual.

Las cadenas globales de cuidado en el actual régimen migratorio acumulan ternura en el Norte y generan un déficit de ternura en el Sur. La transformación de esta realidad requiere el ejercicio de una *ciudadanía global* que no explota el trabajo de la madre migrante y que aboga por el derecho de todos a un trabajo digno. Políticas nacionales no son suficientes para resolver la globalización inequitativa de ternura. Es necesaria la unión internacional de los ciudadanos globales que presionen el desarrollo de políticas supranacionales que garanticen la migración segura, el trabajo digno y el cuidado de la creación, la casa de todos.

VI. Una invitación

En último análisis, la globalización equitativa de la ternura empieza por *uno mismo*. La pregunta es simple: ¿Adónde encontramos la libertad para amar y el comprometimiento sostenido con la búsqueda por la justicia? Recordemos algunos elementos básicos de nuestra fe. El Dios que nos alcanzó en Jesucristo con su gracia se reveló como uno y trino. Este Dios está marcado especialmente por amor, santidad y justicia. Esto implica que nosotros, que adoramos el Dios trino, la comunión simétrica perfecta, y que buscamos vivir dentro de su voluntad, tenemos el reto de que incansablemente construyamos comunidad. Quienes fueron hechos a la imagen de un Dios que es comunidad perfecta siempre tendrá ojos y corazones abiertos para los excluidos.

Si el carácter de Dios es fundamentalmente santidad, amor y justicia, nosotros, hechos a la imagen de él, debemos tener vidas marcadas por justicia, amor y santidad. Esta última es posible comprenderla mejor como una vida semejante a la de Jesús, que es la vocación sublime de la vida cristiana (Romanos 8.29, Gálatas 4.19 y 1 Juan 2:6). La vida de Jesús fue una de amor y justicia por excelencia.

Surge otra pregunta: ¿Cómo nos tornamos más semejantes a Jesucristo?, cuando atendemos su llamado a seguirlo. El evangelio nos indica claramente el camino del seguimiento a Jesús (Mateo 16.24, Marcos 8.34). Hay que escuchar su llamado y venir a él. Hay que negarse a uno mismo. Eso conlleva a la disposición para el arrepentimiento, conversión y cambio de vida. Implica tomar su cruz o estar dispuesto a sufrir para seguirlo. Es permanecer con él y en él. Es dejarse cautivar por su vida. Es observar su práctica e internalizar sus enseñanzas. Y es gradualmente tornarse más semejante a él, viviendo una vida marcada por el amor y la justicia. Esto lo logramos solamente con la vida de Jesucristo dentro de nosotros. Es por esto que Crianza con Ternura, y su globalización, demanda la práctica de una espiritualidad disciplinada, porque la permanencia de los frutos depende de cómo él permanece en nosotros y nosotros permanecemos en él (Juan 15.16).

> **ACTUAR**
>
> Como recomendación final, nos queda el reto de asumir una postura política, reflejar a Dios y dar frutos como cristianos y cristianas, pues la fe en Jesús no asume un papel neutral ante todo lo que le sucede a la niñez y a la adolescencia.

RUTA PARA SENTIR

RETOS PERSONALES (SENTIR Y PENSAR)

Lenguajear con ternura

En el texto se contrasta la crueldad de la jerarquía con la ternura maternal. Resalta el contraste entre sistema antivida, antiniñez, con la vivencia del encuentro solidario y compasivo que genera defensa y resistencia, protección en redes femeninas desde Moisés hasta Jesús.

El sistema que tanto denunció Jesús sigue vigente, por lo que la globalización equitativa de la ternura resulta más urgente que nunca en América Latina.

Recrearnos con ternura en el encuentro equitativo que mueve al compromiso y, a la vez, a la desobediencia a este sistema que genera muerte.

Lenguajear con ternura implica encontrarnos, conocernos para cuidarnos, defendernos y demandar justicia y derechos. Es generar redes y resistencia en la cotidianidad con el lenguaje, las palabras y las acciones.

Sentir... la ausencia de la ternura maternal que la migración genera en los procesos de crianza de generaciones completas de poblaciones de América Latina; sentir el vacío que dejan tras de ella; y, a la vez, sentir las palabras de Jesús que nos llama a ser como niños y niñas, y a recuperar esa inocencia y esperanza por la vida, llevando ternura por dentro primero y luego hacia afuera,

Pensar... en el compromiso que tenemos como personas que caminan con Dios en la búsqueda de la justicia y la solidaridad. En eso enfoquemos las acciones y discursos de la iglesia, a fin de lograr la globalización equitativa de la ternura.

Ponernos en su mirada

Los autores nos describen a una niñez latinoamericana que sufre la ausencia de ternura maternal, por causa de la migración que se la lleva consigo. Así que, esa mirada contiene necesidades de relaciones físicas afectuosas que el encuentro con ternura en la iglesia podría ayudar a restaurar.

Sentir... la vulnerabilización de la migración especialmente por el género y la condición de indefensión de la niñez frente a este sistema antivida.

Pensar... la construcción de una red de cuidado y defensión no solo de mujeres sino también de varones dentro de las estructuras de la iglesia.

Encarnar la ternura

Según el texto, encarnar la ternura tiene que ver con asumir una posición política y propiciar el encuentro compasivo.

Una posición política de participación y lucha por la justicia y un encuentro compasivo que me comprometa con el amor. Un encuentro solidario también que derribe las desigualdades

Sentir... la potencialidad de la compasión que impulsa a la resistencia y al encuentro que motiva al compromiso.

Pensar... en la desobediencia civil que implica encarnar la ternura en este sistema antivida. Exigir el derecho a defender a las personas vulnerabilizadas, encontrarse a uno mismo con misericordia, conocer y comprometerse con otras acciones más que implican resistencia ante este sistema de injusticia y desigualdad.

Seguir al maestro

La compasión como principio relacional de Jesús, Preferencialmente a las personas vulnerabilizadas. En el texto se describen las dimensiones de cómo Jesús encarna la ternura de la siguiente forma:

- Mira con compasión y se incluye en las realidades de las personas oprimidas.
- Actúa con compasión en lo concreto donde se requiere.
- Se integra a la comunidad con un sentido o valor.
- Interpela a aquello que niega la compasión.

Seguir al maestro es no permanecer indiferente frente a la realidad. Es mirar y participar en la lucha, actuar, colaborar y denunciar. Es convertirse en una fuerza de resistencia frente a este sistema que legitima la violencia.

Sentir... la fuerza del mensaje de Jesús y el compromiso que implica irrumpir en el sistema para seguir su mandato de compasión. Sentir en la propia piel la desigualdad de la ternura materna.

Pensar... en todos los insumos afectivos, de fe, sociales y hasta políticos, para impulsar los procesos de restauración necesarios en la iglesia y las comunidades donde haya presencia de labor pastoral.

PROYECTOS PASTORALES (ACTUAR)

Sentir, luego pensar; jugar, luego actuar

Sentir es la primera tarea a la que nos invita la lectura del texto, pues se evidencia una clara opción de las estructuras hegemónicas por lo económico sobre los sentimientos.

Recuperar la capacidad de sentir antes que pensar implica afrontar la realidad no desde las ideas sino desde lo que sentimos. La racionalidad puede distanciarnos mediante conceptos abstractos, mientras que los sentimientos nos tocan de manera directa y nos cambian, nos vinculan a lo que puede comprometernos.

Jugar requiere romper estructuras, implica entrar en contacto emocional y no formal con las personas, incluso con las estructuras. Implica ver el mundo desde otras perspectivas distintas que pueden ser absurdas para las personas adultas pero que combina la fantasía, los sentimientos y las ideas construidas desde el contacto directo con la realidad, sin mediaciones.

Actuar... recuperar la vivencia de los sentimientos, implicarse en las luchas para encarnar el cuidado, identificar las formas en que este sistema contra la vida se ha permeado en el lenguaje y las prácticas de la iglesia; motivar el compromiso y la compasión en la búsqueda de la justicia. Todas son tareas para vivenciar la ternura en la iglesia como expresión de la fe activa.

Referencias

Arriagada, I. y. (2012). *Cadenas globales de cuidado: El papel de las migrantes peruanas en la provisión de los cuidados en Chile*. Obtenido de http://www.cem.cl/pdf/cadenas_Chile.pdf

Canales, A. (2014). *Migración femenina y reproducción social en los Estados Unidos. Inmigrantes latinas en los Estados Unidos*. Sociedad y Equidad. Guadalajara: Universidad de Guadalajara.

de la Vega, N. (22 de Septiembre de 2012). *New America Media*. Recuperado de http://newamericamedia.org/2012/09/madres-migrantes-con-el-corazon-dividido.php

El Comercio Mundo. (12 de 02 de 2016). *El Comercio Mundo*. Obtenido de UNICEF: El 60 % de los refugiados que llegan a Europa son mujeres y niñez: http://elcomercio.pe/mundo/actualidad/unicef-60-refugiados-que-europa-son-mujeres-y-ninos-noticia-1875934

Los Andes. (21 de 08 de 2012). *Los Andes*. Obtenido de América Latina es la región del mundo que tiene más habitantes en grandes ciudades: http://archivo.losandes.com.ar/notas/2012/8/21/america-latina-region-mundo-tiene-habitantes-grandes-ciudades-662130.asp

Marcouiller, D., & Sobrino, J. (2004). *El Sentir con la Iglesia de Monseñor Romero*. San Salvador: UCA.

Martínez, J. (Julio de 2007). *Feminización de las migraciones en América Latina:discursiones y significados para las políticas*. Recuperado de CEPAL: http://www.cepal.org/celade/noticias/documentosde-trabajo/3/36563/JM_2007_FeminizacionMigracionesAL.pdf

Molano, A., & Robert, E. Y. (s.f.). *ONU MUJERES*. Recuperado de Cadenas globales de cuidado: síntesis de resultados de nueve estudios en América Latina y España: http://www2.unwomen.org/~/media/headquarters/attachments/sections/library/publications/2012/sintesis_de_nueve_estudios%20pdf.pdf?v=1&d=20141013T121841

OIT. (2015). *OIT*. Recuperado de Trabajadores domésticos migrantes: http://www.ilo.org/global/topics/labour-migration/policy-areas/migrant-domestic-workers/lang--es/index.htm

OIT. (2015 de Diciembre de 2015). *Organización Internacional del Trabajo*. Recuperado de Resumen de las estimaciones de la OIT sobre los trabajadores y las trabajadoras migrantes: http://www.ilo.org/global/topics/labour-migration/publications/lang--es/index.htm

Orozco, A. (s.f.). *Cadenas globales de cuidado - Serie Género, Migración y Desarrollo*. Recuperado de INSTRAW: http://mueveteporlaigualdad.org/publicaciones/cadenasglobalesdecuidado_orozco.pdf

Pankseep, J., & Biven, L. (2012). *The archeology of the mind. Neuroevolutionary Origins of Human Emotions*. New York: Norton.

Pérez, A. O. (27 de mayo de 2015). *You Tube*. Recuperado de conferencia Los cuidados como parte de la economía, Dra Amaia Pérez Orozco: https://www.youtube.com/watch?v=0vqd_OB-IRk

Pinto, J. M. (09 de 2002). *Repositario CEPAL*. Santiago: CEPAL. Recuperado de Urbanización, redistribución espacial de la población y transformaciones socioeconómicas en América Latina.

Semana. (06 de 05 de 2015). *Semana*. Recuperado de Colombia conversa el deshonroso título del segundo país con más desplazados: http://www.semana.com/nacion/articulo/colombia-es-el-segundo-pais-con-mas-desplazados/426628-3

SISNAM. (2010). *Niños y niñas de 0 a 17 huérfanos en Honduras, 2010*. Tegucigalpa: SISNAM. Recuperado de Sistema de Indicadores Sociales de Niñez, Adolescencia y Mujer en Honduras: http://ultimahora.hn/content/hay-m%C3%A1s-200-mil-ni%C3%B1os-hu%C3%A9rfanos-en-honduras-2

Stassen, G. H., & Gushee, D. P. (2003). *Kingdom Ethics - Following Jesus in Contemporary Context*. Downers Grove, Illinois: InterVarsity Press.

Torrieri, M. (22 de 11 de 2013). *Forbes*. Recuperado de Un paid maternity leave:how to make ir work: http://www.forbes.com/sites/learnvest/2013/11/22/unpaid-maternity-leave-how-to-make-it-work/#59f974ca1b71

UNHCR. (19 de 02 de 2016). *UNHCH/ACNUR*. Recuperado de Cada día mueren en promedio dos niños tratando de alcanzar la seguridad en Europa: http://www.acnur.org/t3/noticias/noticia/cada-dia-mueren-en-promedio-dos-ninos-tratando-de-alcanzar-la-seguridad-en-europa/?platform=hootsuite

UNICEF. (12 de 01 de 2016). *Unicef*. Recuperado de Ayuda refugiados: 10.000 niños desaparecen en Europa: https://www.unicef.es/actualidad-documentacion/blog/ayuda-refugiados-10000-ninos-desaparecen-en-europa

Pistas de las dimensiones de la ternura

FORMATIVA

- La formación bíblica debe promover la conciencia de lucha contra el sistema antivida tal como lo hizo Jesús.
- En los estudios debe de motivarse a tener una postura crítica ante el sistema antivida y el llamado de Jesús al cuidado y a la justicia.
- Vivenciar la fe como acción política en defensa a la vida.
- Procurar desde las acciones pastorales el surgimiento de una nueva hermandad tal como lo proponen los evangelios.

RESTAURADORA

- Reconocer que el sistema hegemónico es cruel y antivida y que la violencia y el maltrato vividos, así como la marginación y la migración, son producto de estas estructuras de desigualdad, y ninguna persona debe asumir responsabilidad por estas condiciones.
- Así como Jesús tiene preferencia por las personas marginadas, la iglesia debe mostrar un compromiso mayor con la niñez de nuestra América Latina.
- La red de cuidado que menciona el texto es evidencia del encuentro con Cristo y la práctica de la solidaridad como apoyo a procesos de construcción de comunidad.
- Promover el potencial de la compasión para encarnar la restauración primero con nuestra propia persona y luego con las demás.

TRANSFORMADORA

- Generar dentro de las estructuras cadenas de cuidado.
- La posición de las personas cristianas en este sistema es la desobediencia civil, ya que proteger a la niñez es parte de hacer justicia en respuesta al mandato de Jesús.
- La restauración va de la mano con la denuncia, derribar desigualdades es parte de la vivencia de la fe.
- Los autores nos señalan que existen dos dimensiones desde la fe: la lucha por la justicia y la participación social, así que la iglesia debe ser un espacio que fomente la participación en ambas dimensiones a partir de la conciencia social y política.
- La transformación debe darse en todo nivel, desde la casa hasta el mundo, en la lucha por asegurar los derechos de la niñez y la adolescencia y la distribución equitativa de la ternura.

CAPÍTULO 10

¿REVOLUCIÓN DE LA TERNURA O LA TERNURA COMO REVOLUCIÓN?

Alejandro Cussiánovich

Jorge Mario Bergoglio (Francisco), actual obispo católico de Roma refirió:

> Durante el Sínodo de 1994, en una reunión de grupo, dije que se debería establecer una revolución de la ternura. Y un Padre Sinodal —un buen hombre a quien respeto y quiero bien—, ya muy anciano, me dijo que no era apropiado utilizar ese lenguaje [...] pero yo sigo diciendo que hoy la revolución es la de la ternura, porque de allí deriva la justicia y todo lo demás [...]. La Revolución de la Ternura es lo que tenemos que cultivar hoy como fruto de este Año de la Misericordia: La ternura de Dios hacia cada uno de nosotros (Bergolio, 2015).

Es lo que veinte años después repetiría al instar a reconocer que «el Hijo de Dios en su encarnación, nos invitó a la revolución de la ternura» (Encíclica 88, 2014; véase Kasper, 2015, p. 136). Posiblemente la literalidad de la expresión *la revolución de la ternura* haya sido acuñada hace menos de cinco lustros. Pero el sentido del contenido del que es portadora data de la milenaria experiencia del pueblo escogido.

No deja de ser significativo que, desde nuestros pueblos del Sur, se haya afirmado la necesaria vinculación entre revolución y ternura. Es

José Martí quien desde la experiencia de su Cuba apasionada y doliente nos recuerda que amor y revolución son inseparables y que *«siendo tiernos, elaboramos la ternura que hemos de gozar nosotros. Y sin pan se vive… sin amor, ¡no!»*[1]. Ya Pablo Neruda decía sobre el poeta Mayacosky que en este se daba una alianza indestructible entre la revolución y la ternura (Agirregabiria, 1016). A inicios de los noventa, desde la sacudida ciudad de Medellín en Colombia y desde el contexto de lucha armada en Perú, aparecen textos que vinculan la urgencia de una revolución social por la justicia y la paz y el derecho a la ternura a una pedagogía de la ternura[2].

> ♥ **SENTIR**
>
> Cómo nos describe el obispo de Roma Francisco a Jesús diciendo que es la encarnación de la ternura de Dios. Y cómo ésta es una revolución en América Latina.

Ciertamente que Boff inscribe, con otras palabras y una década antes, esta misma dinámica cuando define la vida del ejemplar discípulo de Jesús y humilde *pobrecillo de Asís* entre la ternura y el vigor (Boff, 1981)[3].

No se trata de encontrar la paternidad/maternidad de la expresión «la revolución de la ternura». Y el título de este capítulo no pretende contraponer la Ternura como Revolución a la Revolución de la Ternura. Pero consideramos que colocar la ternura, el amor y sus múltiples ricas acepciones, con toda su radical fuerza emancipadora, hace del amor un permanente factor y componente de todo cambio integralmente revolucionario. En este sentido, la ternura como revolución nos luce como directamente referida a lo esencial del mensaje evangélico. Como lo recuerda Rocchetta (2001, pp. 431ss), en este

---

1 Tal como lo cita Turner, 2002. Desde mediados de los cincuenta, ejemplos como los del Che; los años sesenta con Camilo Torres, Néstor Paz, Mujica, Henrique Pereira Neto; en los setenta, con García Laviana, y luego Rutilio Grande, O. Romero, Angelelli, etcétera, etcétera, hicieron de la ternura y la revolución un modo de vida y de entrega total.

2 En 1992 se publica un breve folleto sobre la *Pedagogía de la ternura* de A. Cussiánovich por el IPEDEHP, y en 1994 José Carlos Restrepo, psiquiatra colombiano inicia con su libro *El derecho a la ternura*, una serie de publicaciones en torno al tema.

3 Véanse además las reflexiones de L. Boltansky, (1990, pp. 1885-191) sobre el «estado de agapé» en el ejemplo de los *Fioretti*.

siglo se hace más visible el tema de la ternura, y añadiríamos, como más urgente la necesidad de una alternativa global al modelo civilizatorio de las clases dominantes que hoy se centra en el lucro, en la acumulación, en la ética del mercado, en la razón indolente.

Incluso se hace necesario preguntarse si aquello de la Revolución de la Ternura refiere a una renovada y radical exigencia de retomar la relación entre religión, pobreza y justicia social, toda vez que evoca lo que es central a todas las religiones, el amor, pero sin escamotear los aportes y desafíos de la ciencia social a las religiones[4].

Este ensayo gira en torno a cuatro cuestiones. La primera refiere a la ternura y revolución como significantes expuestos a infinitos significados, lo que nos exige delimitar el alcance conceptual que le daremos. La segunda cuestión intenta mostrar cómo el modelo civilizatorio capitalista y neoliberal hegemónico constituye una negación de la ternura como factor de emancipación de cuanto atente contra la convivialidad y el florecimiento de la vida. Una tercera cuestión se propone cotejar la ternura como revolución y la teología de la liberación. Finalmente, la ternura como revolución cultural constituye un movimiento panecuménico de espiritualidad, santidad y profecía.

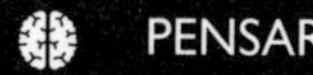

Ciertamente, para poder levantar la bandera de la Revolución de la Ternura, requerimos estar en condiciones de hacerlo desde la acción y el análisis de cómo este componente llamado ternura está presente, es productor de sentido y qué impacto tiene en la búsqueda del Buen Vivir, de la condición humana, y de la dignidad; asimismo, debemos preguntarnos cuánto es la ternura un componente real, activo, público en el quehacer «social» de las instituciones, sea civiles, políticas, culturales, artísticas,

---

4 Véanse las pertinentes reflexiones y análisis sobre esta temática en (Zalpa y Offerdal, 2008, p. 365).

religiosas; cuánto es, también, para las ciencias sociales y la elaboración de pensamiento, un horizonte que estimule su actualización; cuánto, además, en diálogo intertranscultural con la filosofía y cosmovisiones de nuestros pueblos originarios, esta ternura como revolución equivale a reelaborar un humanismo, *otro*, para el siglo XXI.

I. Ternura y revolución: Significantes de infinitos significados

Ambos sustantivos, ternura y revolución, son hijos permanentes de los contextos en los que se les nombra y por ende de lo que pretenden nombrar. De allí que sea siempre necesario hacer lo que los escolásti-

cos llamaron la *explicatio terminorum*, a fin de evitar emplear los mismos vocablos y su sonoridad social y subjetiva atribuyéndoles diferentes y antagónicos significados, vale decir, siendo el lugar de incomunicación, de desencuentro, al pretender estar fundándolos. De allí que un breve ejercicio del campo semántico, en el que cada categoría se inscribe, puede ayudar a ver simultáneamente su amplitud, la porosidad con muchos de sus equivalentes, sus ambigüedades a lo largo del tiempo, la riqueza de sentido y la complejidad de sensibilidades que cada uno arrastra consigo en la subjetividad colectiva y personal.

Ternura(*truferóteta*) refiere a: compasión (*symponia*), delicadeza (*lijundiá*), misericordia (*éleos*), cuidado (*frontída*), cariño (*storgé),* afecto (*storgé*), sentimiento (*sunaístema*), sensibilidad (*enaistesía*), suavidad (*amalóteta*), finura (*leptóteta*), fineza (*leptóteta*), bondad (*kalosune*), caricia (*jadi*), caricias (*jaidema*), conmoción (*anatarajé*), sentir (*aisténomai*), tierno (*prosforá*), corazón (*kardiá*), corazón de carne (*kardiá ton boríoukréatos*), pasión (*pathos*), amorosidad (*estorgiká*), amor (*agapé*).

Definitivamente estamos ante un concepto relacional, englobante y que, en el vocabulario del Primer Testamento, *rahûm, rehem (útero) y rahamin (entrañas del Dios bíblico)* refieren no a cualquier relación, sino a aquella que está marcada por una actitud de sensibilidad, de afectuosidad y gratuidad. Cuando en textos del Segundo Testamento aparece la traducción al griego con el verbo *esplagnísomai, esplagnon,* la categoría ternura adquiere el sentido de lo más profundo e íntimo del ser, lo más denso del amor entrañable, del cariño.

Revolución igualmente refiere a todo cambio significativo y novedoso respecto al punto de partida y hacia dónde implique un avance cualitativo; es decir, la superación de todo aquello que merme la dignidad, que haga de los demás un medio, que se base en una relación con el entorno natural considerado como simple recurso. Generalmente, cuando se adjetiva la categoría revolución, se vuelve comprensible al campo específico al que se aplica. Así se habló de revolución copernicana, revolución industrial, revolución cultural, revolución social, política, revolución informática, revolución tecnológica, revolución científica, revolución teórica, revolución económica, revolución socialista; y hoy en día hay quienes hablan de revolución capitalista neoliberal, etcétera.

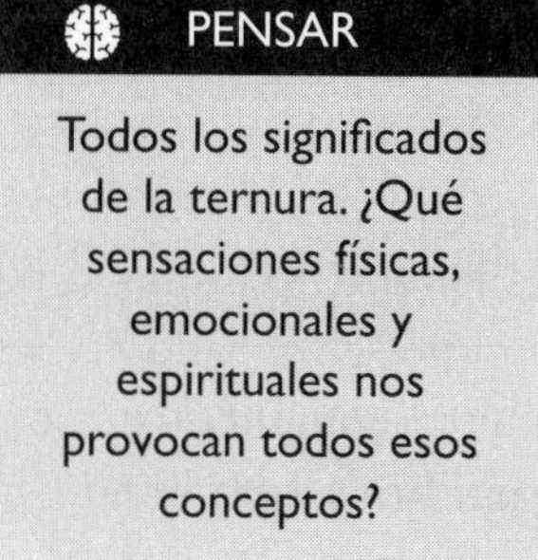

En realidad, al relacionar formalmente ternura y revolución, estamos entrando en un horizonte insoslayablemente ético toda vez que nos remite a la convivialidad armoniosa, respetuosa y gozosa con la vida toda. Y es que ternura y revolución no son en primer lugar ideas, sino remitentes a la acción, al ir siendo, al estar siendo con otros para seguir siendo y estando. Podríamos afirmar que revolución y ternura solo son reales si van siendo sin dejar de seguir siendo; refieren a la calidad de la relacionalidad como criterio de racionalidad (Véase Estermann, 2006, pp. 107-145), pues ¿de qué revolución podemos hablar cuando en vez de actores se tiene súbditos?

No sería desatinado afirmar que ternura sin revolución sería

Las implicaciones de la ternura en el cuerpo y en los sentimientos por encima de lo racional (corazonar).

mero sentimentalismo, emotividad; pero revolución sin ternura sería un actuar autoritario constituyente de subjetividades serviles. La síntesis feliz entre revolución y ternura, sin obviar los dilemas éticos que plantea en el actuar cotidiano, apela a lo que se llamó la razón cordial, la razón cálida (Cortina, 2010; Díaz, 2010). No sin razón en 1989, en la Checoslovaquia de entonces, se llamó Revolución de Terciopelo al movimiento cívico que confrontó al régimen político al que estaban sometidos sus ciudadanos; en Eslovaquia se conoce más como la Revolución Cariñosa o con Ternura (Neznárevolúcia) (Administrador, 2009)

Cuando el obispo católico de Roma reitera aquello de la revolución de la ternura, en el contexto que lo dijo no hacía otra cosa que apelar a una matriz hermenéutica, la del amor, para invitarnos a regresar el fenómeno humano y de la madre tierra que lo arropa. Estamos ante lo que se ha dado en llamar la ontología del lenguaje empleado y que «representa un esfuerzo por ofrecer una nueva interpretación de lo que significa ser humano» (Echeverría, 2006, p. 15) y el cuidado de la vida toda. Estamos, entonces, ante una cuestión social a la que nos remite el lenguaje. Decir la revolución de la ternura o preferir la ternura como componente revolucionario, y más allá de un aparente juego de orden sintáctico, lo que pone en juego es la fuerza, el poder del que es portador el lenguaje. Y nos parece que colocar la ternura como un insoslayable componente de toda acción que pretendamos de efecto revolucionario hace evidente que el amor humano —el que el evangelio de Jesús colocó como condición *sine qua non* para practicar y ser del Reino— expresa el poder generativo de la ternura cuando reconocemos en ella su vital carácter ético. Y es que la ternura como ética de toda revolución no implica un juicio sobre los conocimientos y la verdad «científica» de esta, sino una pregunta por la convivialidad que produce, por cuán hermanos y hermanas vamos siendo entre todos (Resweber, 1990), y con la naturaleza de la que somos parte. Así como hay que aprender todo el tiempo a hacer la revolución, así hay que aprender a amar, incluso al borde del abismo personal, social (Véase Cyrulnyk, 2004). La ternura como revolución no es hija de la ley, de la prescripción; ella puede ir siendo el fruto no solo de que los humanos sean metafísicamente seres sociales, sino van siendo seres emocional y afectivamente en alteridad, en *reliance*[5], fruto de la afectividad, de sentimientos, de subjetividades que expresan entrañas que se conmueven, presencia que permite el florecer de los cuerpos, de la primera y segunda piel. No hay ternura sin cuerpo, no hay revolución que no garantice el florecer (*eudaimonía*) de dichos cuerpos, que no se empeñe en que todas y todos puedan vivir la experiencia de ser amados, de corazonar, de hacer de esta vivencia un componente y factor de su condición ciudadana, de su subjetividad como actor, de su permanente ensanchamiento como persona (Zemelmann, 2007, p. 168). Pero también debe asegurar el tener la oportunidad de restaurar aquello que desde la primera infancia se haya podido dañar.

LAS DIMENSIONES

Restauradora

Restaurarse desde la ternura, por dentro cada quien, y luego procurar esa restauración para las demás personas, se propone como un acto de revolución en un paradigma mercantilista.

El amor y la ternura como elementos fundamentales para la restauración.

Se describe la ternura como emancipadora y liberadora, dos aspectos fundamentales para la restauración. Romper con el paradigma hegemónico de violencia desde adentro y luego apropiarse de la

---

5 El neologismo *Reliance* lo utilizó Clausse en 1963 Lambilliotte en 1968 Bolle de Bal, 2003/2, p. 126.

propia vida y liberarse de las imposiciones racionales, incluso emocionales de este sistema.

Formativa

Los procesos formativos deben contemplar miradas críticas a lo que el autor apunta como modelo civilizatorio capitalista y neoliberal hegemónico, para reconocer dentro de nuestro lenguaje y prácticas personales y colectivas, manifestaciones de este modelo y sus consecuencias en las relaciones personales, especialmente en los contextos más vulnerabilizados como América Latina.

Transformadora

La justicia que implica la ternura, según el texto, es un llamado a denunciar el impacto de ese modelo en la población especialmente en la niñez y adolescencia, a ayudar en la emancipación no solo con formación sino también con acciones concretas. La iglesia está llamada a ser la encarnación de la ternura de Dios mediante la praxis urgente que emancipe y libere de este modelo contrario a la ternura.

II. Un modelo civilizatorio neoliberal dominante y anti la ternura como revolución

Posiblemente esa invitación a hacer realidad la revolución de la ternura, constituya un poderoso llamado a producir un sentido otro de la vida actual posible, así nos parece que aquello de la Revolución de la Ternura, deviene en una concreción de lo que dicho lema entraña en el contexto capitalista neoliberal hoy, mas no sólo como una aspiración, sino como una urgente necesidad: La ternura como revolución.

En sociedades centradas, como la actual, en la producción de sentidos funcionales para la propuesta que emana de la razón mercantil, ¿será que la pedagogía de la ternura intente proponer un contrasentido, un pensamiento crítico y proyectivo? Y es que, sin lugar a dudas, la estrategia del sistema dominante hace de la vida subjetiva, del sentir y del desear el territorio de sus operaciones constantes y silenciosas, pero, sin más, eficaces en el moldear sentimientos, aspiraciones, deseos, identidades. Lo que Quijano llamara la ocupación imperial de las conciencias (ALAI, 2009).

Una pregunta necesaria es la que refiere al contexto en el que hace presencia el discurso de la ternura como componente de todo proceso que quiera ser liberador, emancipador. Este discurso, ya antes y desde José Martí, es portador de una inocultable intención política, preocupada no solo de la cuestión cognitiva, sino, más en profundidad, del mundo de las emociones, de los sentimientos, de la afectividad. Nada de ello equivale a una reducción psicologista de las relaciones comunitarias. Muy por el contrario, desde los discursos de la ternura como necesario factor de cambio, se busca una reivindicación de la relación de esta con las ciencias sociales y las ciencias del espíritu.

> **PENSAR**
>
> Cómo la razón mercantil ha ocupado las subjetividades de las personas. ¿Cómo se refleja esta ocupación en la iglesia?

La ternura como revolución y las barbaries del espíritu

Desde la revolución de la ternura se busca afirmar una mirada positiva, que ponga el acento en las más nobles aspiraciones de toda persona humana. Podríamos decir que la revolución de la ternura se constituye como un contradiscurso frente a las barbaries del espíritu, a las atrocidades de las que la humanidad ha sido capaz de perpetrar. Estas barbaries se han consumado en nombre de la seguridad de todos, bajo el pretexto de garantizar que nadie interrumpa los procesos de desarrollo, más precisamente, de crecimiento por acumulación injusta de riqueza y, actualmente, el modelo civilizatorio del capitalismo neoliberal. El siglo XX es un paradójico ejemplo de los niveles de insania que se ha heredado en el siglo XXI[6]. No menos paradójica resulta la afirmación de un pensamiento antitotalizador divergente como condición para mundializar el pensamiento único y hegemónico en el que se sostiene el capitalismo y su propuesta ética y político-cultural.

Pero la barbarie no solo debe reconocerse en los millones de vidas humanas sacrificadas, sino en el atentado mayor de poner en real peligro el futuro del planeta —de la Pachamama— que habitamos y nos cría. Por ello la ternura como revolución surge como un frontal cuestionamiento a la razón cínica e indolente, a la razón de la violencia sutil, subliminal pero asesina. Es una razón que exhibe la sociedad dominante como un bastión en el que se afirma sin pausa la barbarie que significa el proceso intencional de subjetivación, y que dramáticamente expresara una joven mujer ayacuchana en medio del dolor de haber vivido el desgarro del conflicto armado a finales de los ochenta: «Aún yo no soy» (Cussiánovich, 2004).

Y es que la ternura como revolución es además un proyecto esencialmente antiaceptación naturalizada de la racionalidad que el sistema y el espíritu neoliberal pretende instalar al ocupar las conciencias. Y lo hacen al preconizar el valor del individuo como un camino a la sociedad de individuos por exceso y por defecto, como una estrategia de descolectivización. El efecto es asegurar la flexibilización de todo como expresión de la nueva racionalidad. Este es el nuevo nombre de la explotación capitalista, de la que, de una u otra forma, nadie escapa, y en la que todo se transforma en autocontrol, autosostenimiento, autoexplotación.

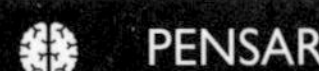

Una de las barbaries del espíritu —con *sentimientos morales* (Smith, como lo cita Castillo, 2001, p. 20) incluidos— es haber creado las con-

---

6 «Combi», movilidades públicas símbolo de informalidad, transgresión impune, prepotencia. Véase (Delpech, 2005, pp. 370) Véase en (Foro Internacional, pp. 449-458).

diciones materiales e inmateriales para la constitución de subjetividades en las nuevas generaciones de jóvenes, adolescentes y niños desde lo precario, lo fragmentado, desde eso que alguien llamara la *cultura combi* que no solo se expresó en las calles, sino que invadió las instituciones, incluida la escuela, y se anidó en los modos de relacionarse, en las intersubjetividades. Estas *nuevas* subjetividades (Véase Pérsico Gutiérrez, 2007, pp. 105-139), hijas de este contexto, son además nuevas formas de sufrimiento; marcadas por interminables carencias materiales y deficiencias inmateriales que traen consigo sufrimiento (Castel, 2009; Bourdieu, 2003).

Otra expresión de las barbaries del espíritu puede reconocerse en la tendencia autoritaria y penalizadora que recorre el mundo, y que se cobija en lo que llamamos familia, escuela, sociedad, estado[7] y de la que las iglesias no están inmunes. Se manifiesta en la manera de entender y responder al fenómeno de violencia infanto-juvenil, en la penalización de los pobres y en la reaparición del espíritu que subyacía a la llamada policía de pobres, a la doctrina de la situación irregular, a la sociedad e instituciones panópticas, a la estrategia de mano dura y tolerancia cero, como si ello fuera estrictamente una cuestión de individuos sin mayor relación con las estructuras excluyentes de la sociedad. Y todo ello refiere inexorablemente a cuatro aspectos que desde la revolución de la ternura se vuelven centrales en toda práctica social, educativa, pastoral: el cuerpo, los lenguajes, los territorios y la ética.

La ternura como revolución, entonces, se inscribe en aquello que, desde un abordaje de la complejidad de la vida, de los acontecimientos, de cada circunstancia, supone hacer que *emerja la humanidad* (Morin, 2012, p. 86) en cada criatura desde su concepción hasta la muerte. Podemos, entonces, reconocer que la ternura es un componente de la última ética[8], es decir, sin la cual no hay ética de la liberación.

---

7 Un punto de quiebre ha sido el 11 de setiembre del 2001 y la imposición de un imaginario y espíritu retributivo globalizado frente a todo lo que atente a la seguridad y dominio de lo que los EE. UU. representan como ícono del sistema capitalista hegemonizante.

8 «Último» no significa lo que está atrás. Al final como cuando decimos «último de la clase»; último se emparenta, entonces, con esa otra expresión «el *último* grito de la moda», lo actualmente mejor y que supera al resto.

a. El cuerpo como biología de la subjetividad. Las barbaries del espíritu se han producido siempre en los cuerpos, en lo que somos. La desnutrición, la anemia, la migración forzada, la orfandad provocada, el abandono, todo ello pasa en el cuerpo espiritual. No hay subjetividad descorporeizada. La subjetividad viene a ser la transparencia-transcendencia de la biología. La acción social, educativa, pastoral es por sí misma una relación de subjetividades en el encuentro de nuestros cuerpos de forma física como virtual.

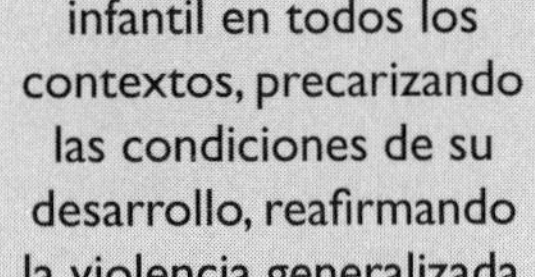

Por ello, desnutrición, anemia, enfermedades curables no atendidas desde la primera edad, habiendo podido hacerlo si hubiera una redistribución justa de las riquezas acumuladas en el mundo. Eso es una barbarie del espíritu de directa y fatal incidencia en los *cuerpos* de millones de seres humanos.

No sin razón «Nietzsche nos exigía, como tarea para los tiempos venideros, pensar el cuerpo y, a partir del cuerpo, tenerlo como hilo conductor del pensamiento» (como lo cita Navarro, 2002; véase Lowe, 1988). Y es que el cuerpo es el territorio vivo en el que se encuentra, se vincula todo lo que conforma la existencia de cada quien. Allí se descarga toda la energía, positiva o negativa. Todo ello conforma nuestra memoria corporal. La mente, el cuerpo y el espíritu son ese bucle en que, si bien se distinguen, no se separan, pues cada componente no existe sin el otro, uno es el otro

y viceversa (Chanona, 2011). Esto es lo que conocemos como transcendencia y en la mirada se sintetiza algo de lo que nombramos como espiritualidad, espiritualización. Aprender la condición humana es aprender los discursos de nuestro cuerpo, escucharlo, comprenderlo y decidir. Aprender la condición humana es, también, aprender el cuerpo y la mirada. Por ello, es teológicamente correcto afirmar que fuimos salvados en las carnes del cuerpo de Jesús, muerto y resucitado.

b. El lenguaje, la palabra y el habla: el diálogo como arma. El lenguaje es acción. Nombrar es dotar de existencia y significación social. El habla es vinculante, establece un tipo de relación, convoca al encuentro o a la ruptura y la distancia; acerca o aleja, amista o enemista, estimula o deprime, promueve o margina, reconoce o humilla, convoca a la conversión y crea *koinonía*. Era lo que Lacan llamaba el *parlêtre*, expresión que junta *ser* (*être*) y *hablar* (*parler*). Pero no hay lenguaje ni palabra sin cuerpo, sin tonalidad, sin gestualidad. Y esto es fruto de la inter-subjetividad y con ello se favorece la constitución de subjetividades emancipadas y emancipadoras. Pero se requiere refundar el diálogo como el arma insoslayable para encarar las barbaries del espíritu. Y en el diálogo se purifican los discursos, se afinan los lenguajes, se enriquece el habla que conduce a superar todo signo de barbarie del espíritu[9]. La proclama *La revolución de la ternura* requiere ser objeto de diálogo, de reflexión, de vigilancia epistémica, de crítica hermenéutica también en nuestras comunidades de fe.

> **PENSAR**
>
> El lenguaje define las relaciones, es intersubjetividad, por eso el modelo civilizatorio actual busca controlar desde lo subjetivo. Por lo cual el diálogo se propone como arma contra la barbarie del espíritu.

c. Los territorios estigmatizados. El territorio es un factor importante en la constitución de la subjetividad, en la percepción de la propia seguridad y de experiencia y sentido de bienestar.

Desde los poderes geopolíticos, hoy en día hay territorios clasificados como peligrosos, como nidos de riesgo y amenaza. Se trata

---

9 Lo recuerdan Luis Villoro y Fernanda Navarro: (2013, p. 14).

de países enteros. A nivel de los procesos urbanísticos y de megas ciudades, se conforman conglomerados habitacionales en precariedad, que con frecuencia se ven como territorios ocupados por bandas, por mafias, por personas de mal vivir, como se solía llamarlas desde una mirada de clases medias y altas. Ciertamente que la tugurización, el hacinamiento, la anulación de espacios reservados a la intimidad, inciden en la identidad, en la permanente situación

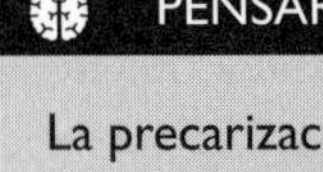

de desencuentro consigo mismo (Cussiánovich, 2011). Desde la revolución de la ternura puede comprenderse el impacto que todo ello acarrea en la vida afectiva, en los sentimientos y formas de relacionarse que corresponden a esas circunstancias de vida, muy en particular para adolescentes y jóvenes. De allí que las diversas formas de organización que adquieren los pobladores, y muy en particular los niños, niñas, adolescentes y jóvenes, tenga una significación muy grande en los procesos de formación y educación así como en la experiencia de nuevas formas de relación entre pares y con el mundo adulto.

d. *La condición ética en entornos de moral selfservice.* La ética tiene, entre sus funciones, el problematizar, el plantearnos cuestionamientos, el exponernos frente a preguntas definitivas para encaminarnos hacia el incesante aprendizaje de la condición humana, hacia la urgencia del rescate de lo humano. Y todo ello en un contexto en el que pareciera que el imperativo kantiano ya no es más el fundamento de la ética (Morin, 2004, p. 22). Aquí se halla parte del origen de las barbaries del espíritu (Morin, 2004, p. 69). Y es el mismo E. Morin que nos recuerda la necesidad de la ética, de aquella que nos convoca personal, comunitaria y socialmente a asumir

…la solidaridad, la amistad, el amor [que] son los cimientos vitales de la complejidad humana [...]. El amor es la *Reliance* (vínculo) antropológica suprema [...]. El amor es la expresión superior de la Ética. Existe una necesidad vital, social y ética de la amistad, del afecto y del amor para el florecimiento (*épanouissement*) de los seres humanos (Morin, 2004, p. 34).

Es en este sentido que la ternura encuentra un referente vital: la memoria genética, aquella que sostiene *«el sentimiento de comunidad es y será fuente de responsabilidad y de solidaridad, ellas mismas fuentes de la ética»* (cursivas en el original) (Morin, 2004, p. 17).

Pero estas reflexiones pueden contrastar con la opinión de Ortiz, quien se mueve entre los fundamentos teóricos de la ética y lo que él llama la necesidad de «avergonzarnos porque somos miembros de una sociedad inmoral, constatar con indignación la inmoralidad de las instituciones y las personas, denunciar los hechos inmorales, por supuesto que no basta para que la inmoralidad sea eliminada. Conocer de memoria los principios y las normas explícitas de los códigos de moral, tampoco es suficiente para evitarla. En términos más prácticos, la forma como se aplican los códigos de moral en la educación de los niños, el cuidado de la salud de la familia y la comunidad, en la atención de las personas que se enferman, en ningún caso ha sido suficiente para superar la inmoralidad dentro de la cual vivimos»[10].

La ternura como revolución, como toda acción social, educativa, pastoral, apunta a contribuir al desarrollo de la condición humana, de la responsabilidad de ser seres sociales, de estar llamados a ser autónomos, a ser protago-

Proponer una ternura como ética que nos indigne lo inmoral pues el capitalismo ha invisibilizado lo sagrado. La iglesia tiene la misión profética de crear esa conciencia ética de resistencia.

---

10 (Ortíz, 2007, pp. 19, 21) Y añade: «Nuestra intención es hacer hincapié en que se requiere ya no tanto de una ética filosófica, ni de éticas específicas para cada campo de la actividad de los hombres, sino de estrategias de moralización basadas en un cambio en el enfoque de la teoría ética, la teoría acerca de la moral...», p. 21.

nistas de nuestra vida y coprotagonistas en el desarrollo humano de nuestras sociedades. En realidades en las que los propios fundamentos de la ética han entrado en crisis, en las que se suele decir que se han perdido los valores, en las que la ética no puede escapar a los problemas de la complejidad, en las que se hace evidente que cada uno lleva en sí la muerte del otro y donde resulta difícil desde allí reconocer que igualmente cada uno lleva en sí el amor del otro (Morin, 2004, pp. , 14-15), la tentación mayor es dejar de lado el imperativo ético y reducir todo a cuestiones de moral, de legalidad, de estar conforme a ley o a la norma aunque no se esté conforme al derecho. Si bien la ética no juzga, sí pregunta por cuán humanizante es la manera de actuar y de vivir, es decir, de los proyectos que se ponen en marcha, pues la ética está llamada a juzgar las morales que pretenden legitimar modos de vida que riñen con la justicia social, la solidaridad y la dignidad, con la condición humana como condición de hermanos y hermanas[11], reñidas con el Reino por el que Jesús dio su vida.

La crisis de los fundamentos de la ética, según Morin, puede reconocerse en cómo el proceso de secularización ha colocado a un Dios ausente y ha desacralizado la ley; además el Súper-Yo social no se impone incondicionalmente y, en ciertos casos, está ausente; la responsabilidad se ha reducido; el sentido de la solidaridad se ha debilitado (Morin, 2004, p. 22).

Pero quizá sea importante para las nuevas generaciones abrir una reflexión, no sobre cómo está ausente la ética, sino sobre cómo el capitalismo neoliberal impone su ética y su moral. En el campo pastoral, se hace imprescindible abrir un espacio para reconocer, comprender y eventualmente criticar y proyectar una ética divergente a la que hoy sutilmente va ocupando el sentir y el pensar de amplios sectores de la sociedad.

---

11 Véase en esta perspectiva Resweber (1998)

LAS DIMENSIONES

Restauradora

Recuperar la subjetividad como paso fundamental de la restauración, también profundizar en la espiritualidad y mirar el cuerpo como parte de esa subjetividad.

Experimentar la fe celebrando y fortaleciendo las subjetividades es un aspecto de la restauración que se puede lograr en la iglesia desde las labores pastorales. Esto es un acto de resistencia ante la barbarie del modelo neoliberal que deshumaniza a las personas.

Formativa

Es necesario sensibilizar desde los procesos de fe una actitud ética que, como afirma el autor, se indigne de lo inmoral, visibilice lo sagrado, y genere una conciencia de resistencia.

Transformativa

La labor profética de la iglesia podría impactar, con el llamado cristiano a la ternura, a las estructuras sociales donde se legitima la violencia, especialmente en forma de punición a la población infantil.

También la iglesia debe denunciar la precarización de las condiciones del desarrollo en la que se encuentra la población infantil y juvenil de América latina.

Las personas que conforman la iglesia deberían ser entes activos en la comunidad y los procesos sociales, con el objetivo de incidir políticamente en la protección de las poblaciones más vulnerabilizadas.

La ternura como revolución: Descolonizar y emancipar

a. La ternura: Sentir y conocer desde el Sur. La cuestión referente a las emociones, a los sentimientos, a la vida afectiva ha sido un pendiente en la sociología como lo recuerda Boltansky. Sentir y conocer desde el Sur, como Santos lo entiende, constituye reelaborar el pensamiento y la producción del conocimiento desde otra matriz vivencial, desde incluso la memoria rebelde de violaciones en nombre de superar la barbarie.

> **PENSAR**
>
> Construir otras epistemologías con otras axiologías, desde otras matrices vivenciales del Sur.

Y es que conocer y producir conocimiento desde el Sur exige un sentido descolonizador y emancipador aún necesario luego de casi doscientos años del fin de las colonias en la mayoría de nuestros pueblos de la Abya Yala.

b. La revolución de la ternura en un sistema capitalista reciclador. Históricamente la simpatía, la cercanía lograda por apelar a los sentimientos y lograr instaurar creencias favorables a la aceptación de lo que se presenta como una oportunidad de ser valorados, tomados en cuenta aunque en condición subordinada, hacerse beneficiarios de lo que se les ofrece, han servido para sutilmente imponer, ocupar, invadir, colonizar. Y se trata de movilizar emociones, sentimientos, afectos que ablandan el terreno para terminar casi naturalizando que es necesario salir de la barbarie y entrar en la civilización, pero al precio de dejar de ser uno mismo. Hoy en día los procesos de colonización no son sólo fuerzas militares, guerras para aplastar y dominar. Hoy el sistema dominante está en permanente acción mundial colonizadora. Esta colonización institucionalizada se expresa a todo nivel. Baste recordar la relación del mundo adulto y las nuevas generaciones, las múltiples formas de justificar las representaciones sociales que sobre infancia aún predominan[12] y por las que niños y niñas son considerados como simple objeto de protección o ven negados sus derechos económicos, culturales, o padecen una moratoria del ejercicio de facultades formalmente reconocidas.

---

12 Véase el interesante libro de Gerard Mendel, (1971)

> **🧠 PENSAR**
>
> Cómo la colonización subjetiva en condiciones de subordinación nos aliena al sistema, por lo tanto descolonizar implica revisar lo ya instaurado en nuestras propias subjetividades.

La propuesta de la ternura, como componente de la revolución, se inscribe a las antípodas de todo intento de instrumentalizar el mundo afectivo, las relaciones y vínculos hechos con base en la confianza y la transparencia como una estrategia de efecto colonizador. Muy por el contrario, el discurso pretende recuperar la relación social marcada por el respeto, el reconocimiento y la valoración como una experiencia que permita que la calidad del encuentro esté preñada de calidez, que la disciplina y el necesario aprendizaje de límites exprese la búsqueda del bienestar de cada uno, indispensable horizonte en el que toda práctica social, educativa y pastoral emancipadora se inscribe para ser tal.

> **🧠 PENSAR**
>
> Cómo el propio sistema de dominación usa los discursos de la ternura para subjetivizar lo social, haciendo privado lo político, y así reduce la fuerza de trasformación social que tienen la ternura.

Pero descolonizar implica igualmente la exigencia de revisar las representaciones sociales instaladas en el imaginario social[13] sobre las nuevas generaciones y que terminan determinando el tipo de relaciones que con ellas se establece. Y es que la colonización está instalada en dichos imaginarios y es parte del poder subjetivo autoritario construido. Baste recordar cómo la estrategia abolicionista de organismos internacionales, nacionales y ahora de empresas frente al llamado trabajo infantil, constituyen una violenta acción colonizadora, aunque de resultados discutibles hasta la fecha en sus metas. Pero con un real impacto en las subjetividades de los propios niños y niñas y de sus familias, con lo que se genera un ocul-

---

13 Véase Manuel Castillo (2001, pp. 192-195), quien además señala el componente de colonialidad y de racismo.

tamiento o clandestinización que vuelve aún más inviable el derecho a la protección de toda forma de explotación.

Pero, más radicalmente, descolonizar exige partir del pensamiento epistémico (en el horizonte de posibilidades) y no del pensamiento teórico (refiere a contenidos y discurso predictivo) como nos lo recuerda Schibotto (Schibotto, s.f.). ¿No será esto igualmente válido para hacer teología con frecuencia más preocupada por un abordaje teórico que justifica cierto autoritarismo doctrinal?

c. La ternura de la revolución y la política semántica imperial. Se recicla lo descartado para recuperarlo con otros fines y se le vacía de su sentido alterativo, cuestionador, incluso antagónico a lo dominante. Los discursos surgidos desde este Sur, que es nuestra Abya Yala, sobre emancipación, liberación, autonomía, revolución, independencia, amor, afectuosidad, cordialidad, calidez, etcétera, aparecen reciclados en lo que se conoce como la nueva política semántica como parte de la lucha antimarxismo y la gradual imposición de categorías funcionales a los intereses del poder dominante a escala internacional. Así, se instituyó lo de sector A, sector B, C, D, E; o calidad total: o trabajo decente; estabilidad del puesto de trabajo no del trabajador; eficiencia; el valor de cambio como ética de la sociedad mercado; flexibilidad como componente de las nuevas servidumbres, etcétera, etcétera.

Los discursos de la revolución de la ternura bien los puede recuperar el sistema haciendo que nos quedemos en la dimensión afectivo-emocional, en modales de buen trato, en preocuparse por reducir los daños en la salud pública mental. Son daños que el sistema global de incertidumbre y de miedos, de estrés, ha producido, y nos ha concentrado en la subjetividad como una forma de circunscribirnos en la práctica social, pastoral o educativa, al ámbito de lo privado. Despojar subliminalmente a la ternura de su potencial político y de su fuerza ética, es decir, terminar domesticándola, es vaciarla del sentido de justicia social, de negación de todo lo que empujara a resignarse a la desigualdad,

> **PENSAR**
>
> Cómo el modelo económico político neoliberal busca flexibilizar las subjetividades creando sociedades líquidas, inestables y provisionales que se amolden a su modo capitalista.

a naturalizar la opresión y discriminación. Es frente a todo esto que se originó el discurso actual de la revolución de la ternura. Ella está llamada a ser parte de una lógica que encara la lógica perversa de la exclusión (Véase De Sousa, 2006, p. 257).

Sin lugar a dudas, es un enunciado, que ni está exento de ambigüedades, ni pretende constituirse en un metarrelato social o pastoral. No se encuadra en un sistema normativo, sino en un espacio hermenéutico de acompañamiento, de cercanía no invasiva sino dialogante y marcada por la escucha. De allí que la revolución de la ternura se asiente sobre la urgencia de un pensamiento crítico (Véase De Sousa, 2009, pp. 15-18), de una búsqueda de producción de sentido. Pero, para esto, debe ser un significante abierto, un discurso en construcción en su fundamento conceptual y práctico. Este discurso está expuesto a ser parte de lo que Santos afirma «hay conceptos que han perdido gran parte de su poder crítico» (De Sousa, 2006, p. 21), entre ellos el amor, la ternura, la revolución.

d. La ternura como revolución: Nuevo territorio de la economía política. Ya se ha señalado cómo el terreno de la subjetividad[14] constituye el objetivo privilegiado de la sociedad dominante en su estrategia mercantil. El nuevo territorio de la economía política se sitúa en el mundo de las subjetividades (Véase Flores y Sobrero, 2011, pp. 315-327), y estas se concretan en nuevos diagramas de poder, de un poder que despoja de poder a los que considera interlocutores no válidos. Es en los contextos histórico-culturales que se constituyen las subjetividades personales y sociales.

---

14 Véase las pertinentes reflexiones de Fernando L González (2007, pp. 35-63); del mismo autor, (1999, pp. 253-275).

El clima de época condiciona la constitución de subjetividades ajustadas a la flexibilidad que exige el sistema capitalista, a la inestabilidad o fluidez y provisionalidad que lo caracteriza. Dicha subjetividad de la época la expresa Baumann en sus escritos cuando utiliza la metáfora explicativa de la sociedad líquida, del amor líquido… Quizá esta metáfora se emparenta con aquello de la razón del vacío, si por esta entendemos también que nada tiene la consistencia suficiente como para fijar definitivamente modos de ser, de sentir, de vivir, de pensar, de relacionarse y además la urgencia de estar sin pausa atentos y vigilantes ante los cambios de paradigma que en las ciencias sociales, y entre ellas en la sociología, en la antropología, psicología, en las ciencias de la religión se dan o se requieren. Tres campos del saber requieren quienes inscriban su labor en el actuar social y pastoral.

e. La acción pastoral como encuentro de subjetividades corporeizadas, de pieles y miradas. La relación pastoral representa un tipo de encuentro, de intención y propósito socializador, de aprendizaje, de conformación de hábitos y formas de comportamiento que favorezcan la convivencia armoniosa, el bienestar y la felicidad como expresión de las promesas del Reino que se van haciendo cumplimiento.

En el fondo se trata de la posibilidad de una *mirada otra*, generativa, productora de sentido, pero, además, como actuación ética toda vez que refiere al otro; y habría que añadir que la referencia a otro es al mismo tiempo una mirada política. Vale decir que instaura un tipo de relación y de apreciación, una forma de entrar en relación. Esta síntesis en la *mirada otra* de ética y política, hace de la mirada la experiencia de una especie de espiritualización, de trascendencia al remitir a lo profundo de quien mira y de quien es mirado. La mirada refiere en el campo pastoral a una fundamental experiencia de comunicación, de encuentro, de desencadenamiento del proceso de *koinonía* como un camino al estado de *agapé*. Es el inicio del encuentro de pieles. De las que vemos y reconocemos y tocamos, como de la que no vemos ni tocamos, pero que es tan real como la que reviste nuestra biología, nuestro cuerpo.

No sin razón Philippe Wallon retoma conceptos trabajados por su padre Henry y que son muy ilustrativos de las pieles sobre las que se desenvuelve eso que vamos llamando la ternura como revolución.

Es en la memoria de la *segunda piel* en la que la acción pastoral desde el enfoque de la pedagogía de la ternura está llamada a jugar un papel tan importante como delicado. Es allí donde se atrincheran temores, inseguridades, resistencias, silencios parlantes, sentimientos enrarecidos, barreras defensivas a todo *apport affectif* (aporte afectivo), y a un posible *contagion affective* (contagio, comunicación afectiva) como lo llama Wallon[15] y que se requieren mutuamente; habría que añadir. Nada de esto es ajeno a la experiencia espiritual, al sentido de trascendencia, a la vivencia de los dones del Espíritu, a la gracia de la oración, a lo que se conoció como la comunión de los santos, es decir de los seguidores de Jesús.

La acción pastoral capaz de desarrollarse en un clima afectivo positivo, en el marco de una cultura emocional y afectiva equilibrada, permite el aprendizaje y maduración en sentimientos, amistad y cariño que impregne la fuerza simbólica del cuerpo y la complejidad de la segunda piel del otro, de los otros. Esta acción pastoral está llamada a jugar no solo un rol importante en la formación de las nuevas generaciones, sino a tener un impacto en los procesos de aprendizaje y de elaboración de los proyectos de vida personal como respuesta al llamado a hacer de la ternura un factor de revolución.

---

15 Véase, Philippe Wallon, (1991, pp. 78, 105-106), quien señala que el *apport affectif* es una herencia familiar no cromosómica que adquiere una cualidad cuasimaterial y su transmisión toma un aire jurídico, como la trasmisión de un patrimonio.

f. La calidad y calidez del vínculo como útero de la ética.
Somos seres en relación; llegamos a ser humanos por estar siendo en relación, nos vamos autoreconociendo por ir siendo con los otros, incluso con lo otro. No hay ni bienestar ni experiencia de felicidad sin la calidad del vínculo vivencial con el _nos-otros_. En esta relación se funda el núcleo embrional de la ética.

Es Marcel Bolle De Bal quien acuña y desarrolla la categoría psico-sociológica _reliance_ (estar relacionados), concepto —aunque más exactamente noción— que tiene un contenido sociológico, antropológico[16], y añadiríamos, bíblico teológico en la medida que evoca la _A-liance_. Se trata de una necesidad psicosocial en respuesta a la sociedad del aislamiento, de la compartimentación y a la paradoja de sociedades aisladas y aislables en medio de la explosión de la conectividad lograda por la tecnología. En el sentido denso la _reliance_ debemos entenderla, en la sociedad aislante que tenemos, como un sustituto de los vínculos primarios, y de la necesidad de pertenencia a una comunidad, incluso a una colectividad, a y entre actores sociales individuales o colectivos.

> **PENSAR**
>
> Comprender la necesidad de vinculación, no solo entre las personas sino también con lo cósmico y lo natural.

Ser seres en estado de relacionamiento, es decir, estar _reliés_ es un hecho, un acto, pero sobre todo es un estado, un modo de vida, podríamos decir. Una insoslayable condición raigal ética. Es «un modo interior de ser [...] (que) permite ir más allá de su soledad» (Bolle, 2003). Pero no se trata de reducir el vínculo a pertenencia, ni a dominancia, pero tampoco a afectividad. El concepto de vínculo implica complementariedad, y en términos de nuestras culturas andino-amazónicas debiéramos hablar de reciprocidad sociológica, de relacionalidad cósmica y de relacionalidad con uno mismo en la relación con el entorno en su totalidad (Véase Estermann,

---

16 El neologismo _reliance_ (vínculo, relación) en realidad lo utilizó Roger Clausse, (1963) y Maurice Lambilliotte (1968).

2006, pp. 123-148). En nuestros pueblos originarios el vínculo está íntimamente ligado a la Naturaleza, al cuerpo, al símbolo, a la creencia, a la ritualidad, a los sentidos construidos y atribuidos con efecto real en la vida cotidiana y reproducción transgeneracional. El Dios de Israel, el Padre de Jesús, es un Dios del vínculo matripaterno, es decir, de amor gratuito y sin vuelta atrás, amor desde las entrañas. No por nada en Jeremías 31.31ss dirá sin más que ese vínculo, esa alianza la escribiría en el corazón, en la segunda piel, para que no haya excusa alguna.

La sociedad urbana y occidental se nutre de procesos de desvinculación como estado de ánimo, como actitud necesaria como mecanismo de defensa y de control de impacto de múltiples amenazantes rupturas. Entre estas, la sociedad de empleo amenazado, inestable, temporal, desterritorializado, o mejor, del desempleo como horizonte y la extensión del empleo aislado, privado, desde una máquina en el propio cuarto de habitación o en una cabina pública. Es lo que nos recuerda Bolle De Bal cuando califica a nuestra sociedad sumida en rupturas múltiples y falsas mediaciones de relación vincular *con los otros*, como la de la televisión que nos hace consumidores y el debilitamiento de la solidaridad; pero también *con nosotros* mismos sin tiempo para pensar en el sentido de nuestra propia vida; *con la tierra*, cuando todo va siendo cemento; ni *con el cielo*, pues los dioses ya ni prestan oídos a nuestras preguntas; y concluye: «la desvinculación es el hijo perverso de la razón científica», que vincula técnicamente, pero volatiliza la vinculación humana (Bolle, 2003, p. 21). Esta es la amenaza mayor al desarrollo de la conciencia ética en nuestra sociedad moderna. Es este el reto que la revolución de la ternura está llamada a superar.

Ciertamente, al hablar de la ternura como revolución, puede haber un fácil reduccionismo a la dimensión emocional, al componente sentimental[17] como una antesala para desdibujar su fuerza social y política y encajonarla en una especie de alcoba para el amor, de recinto del corazón, de pesebre de paz e inocencia. Pero también, al evitar esta excluyente pendiente por la que uno podría deslizarse, la dimensión de afectividad —de sensibilidad, de resonancia emotivo-pasional— puede concretarse en lo que se dio en llamar el poder subjetivo[18] como componente del poder social, ético, político, espiritual; incluso hoy en día tendríamos que reconocerlo como un factor prioritario del poder económico y mercantil del modelo civilizatorio dominante. El discurso de la pedagogía de la ternura nace, en el contexto peruano de mediados de los ochenta, marcado por dos importantes movimientos: el de la teología de la liberación y el de las corrientes de la educación popular. Estos dos movimientos articulan de forma original la dimensión histórico-social y cultural con el de la transcendencia y lo que pensadores como José Carlos Mariátegui llamó el factor religioso[19].

g. El vínculo como reinvención del otro y de sí. La alteridad constitutiva de los seres humanos se concreta en el encuentro, en el desarrollo del sentido de pertenencia, de membresía, de *koinonía,* como la entendían los clásicos griegos; es decir, de comunión y de *agapé* (Jaeger, 1957). Y es que las relaciones con los semejantes son una permanente ocasión de invención y reinvención del otro y de sí mismo (Véase Castro Gómez, 2003, pp. 145-168). La invención

---

17 Lo que acertadamente Carlos Castilla del Pino llama vinculación desiderativa cuya función de expresión, de comunicación y de autoapelación se concreta en la organización axiológica y subjetiva de la realidad, (2001, pp. 55-73).

18 Véase K. Langton, M. Schurrah, C. Franco, (1981, pp. 194ss). Poder subjetivo siempre relacionado a la participación política en sentido amplio.

19 Resultan esclarecedoras las reflexiones de Werner Jaeger, (1957, p.14): «Todo futuro humanismo debe estar esencialmente orientado en el hecho fundamental de toda la educación griega, es decir, en el hecho de que la humanidad, el «ser del hombre» se halla esencialmente vinculado a las características del hombre considerado como un ser político. Síntoma de la íntima conexión entre la vida espiritual creadora y la comunidad, es el hecho de que los hombres más significativos de Grecia se consideraron siempre a su servicio».

En el encuentro nos reinventamos desde la alteridad y así propiciamos la restauración del amor humano.

del otro significó en la historia de nuestros pueblos colonizados la invención del otro como inferior, como objeto de dominación, como dudosamente distinguible del reino animal. Pero, desde una perspectiva emancipadora y desde un sentido de dignidad, la reinvención del otro conduce a reconocerlo no solo como semejante, sino como interlocutor válido para ir siendo uno mismo ser humano.

Y es que la invención del otro tiene un efecto *bumerán*, pues es simultáneamente un camino necesario de reinvención de uno mismo, de autoreconocimiento.

Desde la cosmovivencia de nuestros pueblos originarios, se amplía el espectro de lo que llamamos persona, ser humano. Su concepto de persona o de sujeto en términos occidentales es siempre de carácter relacional, colectivo, comunitario, y de lo que forma parte el entorno todo (Estermann, 2006, pp. 107-112). La proclamada Revolución de la Ternura no podría sino enriquecerse desde esta otra mirada, desde esta otra conciencia de ser seres en vínculo y en vínculo afectivo que se expresa en el respeto, en saberse criados y criadores de todo su entorno como reza el principio ético andino: «*Actúa de tal manera que contribuyas a la conservación y perpetuación del orden cósmico de las relaciones vitales, evitando trastornos del mismo*» (Estermann, 2006, pp. 251-252).

La ternura como revolución aparece como contradiscurso en contextos de violencia, de discriminación, de racismo, de banalización de la vida, de la ética, de la alegría, de la reciprocidad, etcétera; la ternura es incompatible con la sociedad indolente, cínica, salvaje (Díez, 2002). «Porque la ternura es el reverso de la ideología de la guerra y del conquistador», escribe L. C. Restrepo (Díez, 2002, p. 32).

La ternura como revolución aspira a contribuir a que las nuevas subjetividades constituyan un nuevo *orden interior* en cada persona, muy en particular en los jóvenes, adolescentes y niños. Orden interior que está

Cómo la teología de la liberación con sus nociones de la praxis abrió camino a la Ternura como Revolución. ¿Cuáles elementos de la primera impulsan a la segunda?

preñado de afectuosidad, de una mirada que valora al otro, de comunicación acariciante que florezca en el tejido de las relaciones de la vida cotidiana y de la vida en la familia, en la escuela así como en la comunidad de fe.

En el contexto global actual, la Revolución de la Ternura se propone *restaurar* el amor humano como signo de la Fe y la Esperanza de los seguidores del mensaje de Jesús, pero fundamentalmente como un derecho de toda criatura. No obstante, no hay ternura significativa históricamente sin praxis histórica liberadora como acción siempre fragmentaria de un proyecto «en que se cree y se espera» (Gutiérrez, 1971, p. 33).

LAS DIMENSIONES

Restauradora

En el texto se nos menciona cómo, en el encuentro, nos reinventamos desde la alteridad en la restauración del amor humano.

Al encontrarnos con la otra persona nos encontramos a nosotros mismos; lo que hace que nos restauremos mientras estamos ayudando a las demás personas en su propio proceso de restauración

Formativa

Se debería aprovechar la capacidad de la iglesia de impactar a las personas para promover la conciencia sobre la clase de sociedad que está imponiendo el modelo económico y político actual.

> **Transformadora**
> En esta sociedad de la desvinculación, se requiere la ternura como revolución, pero no solo en la parte emocional sino, que la misma es útero de la praxis política y social a la que está llamada la iglesia por su dimensión profética.

III. La ternura como revolución y la teología de la liberación

Esa experiencia espiritual cristiana, que abrió un camino fecundo a la acción emancipadora y a la reflexión crítica desde el compromiso con los sectores empobrecidos del campo y la ciudad de nuestros países, es la que constituye la matriz fundante de lo que, desde el Sur, tomaría el nombre genérico de teología de la liberación. No es «un nuevo tema para la reflexión, cuanto una nueva manera de hacer teología» (Gutiérrez, 1971, p. 33), para releer críticamente nuestra práctica social como ciudadanos del mundo y como seguidores de Jesús. En cuarenta y cinco años transcurridos desde la publicación del libro de Gustavo Gutiérrez, es decir desde ese hecho político y cultural que toda publicación trae consigo, mucha agua fecunda, y turbulenta en ocasiones, ha corrido bajo el puente. Pero es justo dejar constancia de que, en los albores de la reflexión bíblico-teológica que precedieron a la publicación de *Teología de la liberación*, la cuestión del amor, de la caridad y de la justicia fue decisiva para y permanente en el diálogo. Un diálogo que contó con los aportes de las ciencias sociales para comprender a cabalidad los retos que a los cristianos le planteaba el contexto de violencia institucionalizada y lo que el imperativo evangélico del amor a su vez exigía de los complejos como conflictivos procesos emancipadores de nuestra dolida Abya Yala[20]. Aquí creemos encontrar las

---

20 Notorias fueron la reflexiones en torno a lo que significaba la relación entre amor y lucha de clases; véase Michel Delhez, (2002, p. 549); Giulio Girardi,(1971), Ricardo Oliveros, *(1977)*, en particular «Caridad y lucha de clases» de la pp. 230-237.

raíces profundas de lo que hoy empieza a nombrarse como la revolución de la ternura, o quizá mejor, la ternura como revolución.

Nada de ello libera ni a las formulaciones de la teología de la liberación en su verbalización concreta y múltiple, ni a los discursos sobre la ternura como revolución, de las ambigüedades de las que se cargan por los contextos materiales e inmateriales en los que se producen. De allí la premura en añadir calificativos que, con frecuencia, despojan a las formulaciones de su sentido social, de sus eventuales implicancias políticas, de su fuerza subversiva, de su contenido emancipador. A mediados de los setenta, para sectores de la iglesia peruana, había que hablar de teología de la *liberación cristiana,* y Aparecida hablaría de *auténtica liberación cristiana* (146), o el papa Juan Pablo II, en 1986, en Brasil, que afirma que la teología de la liberación correctamente entendida «no solamente es oportuna, sino útil y necesaria» (Müller, 2014, p. 22), expresiones típicas del lenguaje *prudente* eclesiástico.

Los decisivos avances en la exégesis bíblica de los últimos cincuenta años y el desarrollo —con frecuencia sufriente y conflictivo— de la reflexión teológica, desde nuevos campos de la misión pastoral, dan cuenta de su actualidad y de su enriquecimiento. Tres, entre otros, factores han contribuido a hacer de la teología de la liberación una perspectiva que se ha enriquecido irreversiblemente, que ha seguido floreciendo desde su fuerza espiritual hecha permanente memoria de su indeclinable esencia ética[21]. Es todo el aporte de la teología desde la mujer[22] y sus variables; las teologías desde nuestros pueblos originarios, es decir, la irrupción del indígena como una ruptura epistemológica, que ha dina-

---

21 Véase el importante libro de Pablo Richard, 2004, p. 159.

22 Tuvimos el privilegio de participar en México en 1979 en el Primer Encuentro Latinoamericano y del Caribe de Teología de la Mujer como se le llamó entonces. Véase, AAVV, 2015, p. 200.

mizado la teología de la liberación[23]; a ello habría que añadir cuestiones específicas surgidas desde el modelo civilizatorio capitalista neoliberal que ofrecen a la reflexión teológica una consideración focalizada en los desafíos que dicho modelo plantea a la práctica del amor y la lucha por la justicia como imperativo ético y exigencia política[24], cuestiones como la ética, las nuevas formas de colonización, el individuo asocial como componente identitario y garantía de éxito, la constitución de subjetividades flexibles o de servidumbre voluntaria[25], etcétera.

Un punto de encuentro entre la ternura como revolución y la teología de la liberación se da en la estrecha relación entre el amor compasivo y terco de Yahvé y los *anawim*, es decir la ternura de Dios florece con fuerza inusitada cuando de los pobres de su pueblo se trata. Esto representa una profunda conmoción entre quienes consideraban que la pobreza de los pobres era una prueba del abandono de Dios, un signo de pecado, de exclusión de las promesas. La gran revolución es cuando ese Dios se revela él mismo como parte de los pobres, del pequeño resto. «El Dios del AT es más el Dios de la ternura, de la bondad y de la misericordia que el de la fuerza o el temor [...], la ternura como revolución tiene un contenido escatológico, es portadora de la fuerza de la promesa del cumplimiento y del pleno cumplimiento. El Dios de *ternura* [puede considerarse] como dogma fundamental en Israel [...]. Él no es un Dios apático, sino apasionado y comprometido con su pueblo» (Díez, 2002, pp. 11, 15, 18, 31), Las palabras del profeta Oseas 11.8, «Me da un vuelco el corazón, se me conmueven las entrañas», son suficientemente elocuentes al respecto.

Casi podríamos decir que, en la ternura como revolución, ternura evoca la imagen del Dios de la historia de los pobres del pueblo

---

23 Véase por ejemplo Estermann, 2006, p. 348; del mismo autor, 2012, pp. 129-158.

24 Véanse los excelentes trabajos de Manuel Díez Mateos, 2005, p. 277; 2012, 97 pp.; 2002, p. 37.

25 Véase el estimulante artículo de Nadia Martínez, 2015, pp. 171-174. Véase De la Boétie, s. XVI.

escogido: el Dios Padre con entrañas que se conmueven; y revolución vendría a significar la labor de parto de la liberación de todo aquello que niegue el proyecto del Reino como don para todos, como don para todo lo creado. De allí la importancia del vínculo entre teología de la ternura como revolución y la teología de la liberación, ambas como itinerario espiritual y como sabiduría del amor[26].

Función de la ternura como revolución es devolvernos al *porro unum autem necessarium:* al amor hecho bondad, compasión, cuidado, crianza. Al amor que será lo único que permanecerá más allá de la fe y la esperanza que se habrán hecho innecesarias, como recordara Pablo a los de Corinto. O en la rica expresión de Urs Von Balthasar, «*l'amour seul est digne de fo*i», solo el amor es digno de fe (Von Balthasar, 1966). Cabría preguntarse —a riesgo de provocar cierta histéresis producto de esta heresis— si hay que seguir hablando de teología/as, o como lo intuyó la teología de la liberación, de teopatía, de teoagapía, recuperando así la debilidad del Dios de Jesús como signo o sacramento del Dios de *ternura esencial,* como diría Boff.[27]

Sin lugar a dudas, en el profundo malestar en la cultura, parafraseando a Freud (como se cita en Gutiérrez, 1971, pp. 50-51), provocado por el modelo civilizatorio hegemónico, la Revolución de la Ternura se presenta como parte de una voluntad y necesidad de una revolución cultural inspirada en la ternura como componente de todo esfuerzo de humanización. En ese sentido, la ternura como revolución está llamada a pensarse a sí misma en el espíritu de lo señalado por Gutiérrez: «Concebir la historia como un proceso de liberación del hombre [...] implica no sólo mejorar condiciones

---

26 Véase Fernández, 2008, p. 13ss; Parra, 2008, pp. 189ss; Galli, 2008, pp. 143ss.

27 En 2014, Koinonía: «El amor es una dolencia que, en mis palabras, solo se cura con lo que yo llamaría ternura esencial. La ternura es la savia del amor».

de vida, un cambio radical de estructuras, una revolución social, sino mucho más: la creación continua, y siempre inacabada de una nueva manera de ser hombre, una *revolución cultural permanente*» (Gutiérrez, 1971, p. 52) desde el horizonte de lo que se conoce en nuestros pueblos originarios como el Sumak Kawsay (Houtart, 2011, pp. 7-33). Un aspecto central del paradigma que consideramos subyace a la Ternura como Revolución, en cuanto revolución cultural, es el *cuidado* y el *criar* que son inherentes a toda experiencia de ver emerger la ternura en la vida y que son condición para que esta florezca[28]. Desafortunadamente estamos en sociedades que tienden a apurar en el seno familiar el parto emocional, el parto psíquico y «cuando la separación se adelanta a la sustitución, aparece ansiedad y rabia en el niño»[29].

IV. La ternura como revolución: Desafíos para un movimiento panecuménico de espiritualidad, santidad y profecía

Cuando hablamos de movimiento nos referimos tanto a una creciente como diversa corriente de acción, de presencia con identidad religiosa múltiple; es decir, como un fenómeno social llamado a ser panecuménico, o como otros han calificado, macroecuménico (Vigil y Casaldáliga, 2010, p. 232); Es un movimiento en el que puedan tener presencia las diversas *espiritualidades*, formas de entender y vivir la coherencia y fidelidad a los carismas de las distintas religiones y que podríamos llamar *santidad* así como los anuncios y promesas que constituyen su *veta profética*. Dicho de otra manera y en palabras del presidente del Consejo Pontificio para el Diálogo Interreligioso: «*Todas las religiones tienen la misma dignidad e importancia*» (Vigil y Casaldáliga, 2010,

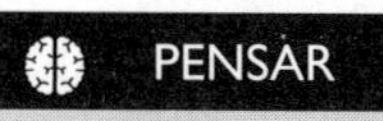

---

28 Véase el excelente texto de Boff, 2002; Cussiánovich, 2015, pp. 144-163.

29 Véanse las pertinentes anotaciones de Suttie, 2013, pp. 1-16.

p. 233). Dicho en palabras de Durkheim: «la religión estructura la sociedad», el hecho religioso es un hecho social de relevancia. ¿Será esto lo que la fórmula «revolución de la ternura» quiere rescatar y que J. C. Mariátegui señaló como el rol del *factor religioso* en la vida de los pueblos? Sería Mackay quien calificaría a Mariátegui como cristófilo y a quien este escribiría:

> Si el protestantismo no consigue penetrar en la América Latina por obra de su poder espiritual y religioso, sino de sus servicios sociales, éste y otros signos indican que sus posibilidades de expansión normal se encuentra agotadas. En los pueblos latinoamericanos los perjudica además el movimiento antiimperialista, cuyos vigías recelan de las misiones protestantes como de tácticas avanzadas del capitalismo anglosajón: británico y norteamericano (AAVV, 1995, p. 155).

Lo podría haber hecho extensivo a las demás religiones, en particular a la católica y sus concordatos.

a. La ternura como revolución no la tiene fácil. El modelo civilizatorio capitalista dominante es, en opinión de Puello-Socarrás, un modelo esencialmente autoritario, no de economía pura ni de programas sociales compensatorios que parecieran una carta biombo de su esencial voluntad de dominación; además es un modelo que aunque se diga que está en crisis tiene una capacidad resiliente encomiable aunque al precio de millones de vidas; y es además eminentemente colonialista, promotor de la tercera edición de la servidumbre (Puella-Socarrás, 2013). Contexto autoritario y amedrentador que abona en favor de religiones rigoristas que persisten en discursos de un Dios más bien cómplice de una cultura retributiva, con su correlato político jurídico penalizador que hoy recorre Latinoamérica. Ciertas corrientes de religiosidad popular han hecho de Dios cómplice de imágenes de castigador. Un Dios que avala la cultura retributiva del diente por diente y ojo por ojo.

El reto mayor en sociedades de fascismo social, como las llama Santos, está en el derecho a llevar al capitalismo histórico a juzgamiento en un tribunal mundial (De Sousa, 2013, pp. 178-179). Quizá este sea el desafío mayor para la mayoría de las religiones, muy en particular para aquellas que han desarrollado una presencia institucional considerable.

***b. El derecho a la ternura como un* unwritten right.** Sin lugar a dudas la cuestión de los derechos humanos significó para las grandes religiones, incluidas las no cristianas, un signo decisivo de su voluntad de inscribir su acción y su prédica en los marcos de la dignidad de la especie humana. Ya Restrepo recordó que se trata de un derecho, no de una dádiva u obra de caridad, del que goza todo ser humano. Pero es Santos quien, desde el campo de la reflexión jurídica, nos amplía este derecho haciéndolo extensivo a la Tierra, superando así el corsé de la concepción estrecha de los derechos humanos ligados a deberes con obligaciones, toda vez que hay entes que tienen derechos aunque no obligaciones.

> ❤ SENTIR
>
> La ternura como derecho equivalente a la dignidad por encima del modelo capitalista y sus valores líquidos.

Sin duda, una vez más, han llegado a ser pertinentes las reflexiones de Santos cuando refiere que en el contexto actual los discursos de derechos humanos resultan de una muy frágil hegemonía en la sociedad global, aun reconociendo que aparece como revitalizando la acción y los discursos de las religiones (De Sousa, 2014m p. 127).

***c. La conciencia crítica es también una cuestión de espíritu.** La conciencia crítica refiere a la capacidad de interrogarse sobre sí mismo y sobre las apreciaciones valorativas que se dan sobre la vida en el contexto en el que cada cual se mueve. Ello suele tomar un lugar central en todas las religiones toda vez que se empeñan, normalmente, en apuntar a la conversión, al cambio de mirada, a la aceptación de una propuesta elaborada portadora de valores y creencias que aseguren el beneplácito del ser superior. La conciencia, al nivel que se refiere al modelo de fe y de institución religiosa, se convierte en una cuestión del espíritu, del hombre interior, es una cuestión de espiritualidad que, además, es una dimensión de todo ser humano que se muestra a través de la capacidad de diálogo que cada persona tiene consigo misma y con su propio corazón, y se traduce, citando a Boff, en amor, sensibilidad, compasión, responsabilidad y compromiso con el otro como actitud fundamental (Véase Ceballos, 2008, pp. 59-62).

d. La ternura entre la sociología de las ausencias. Ya Boltansky había señalado el práctico desinterés de la sociología por el tema del amor, de la afectuosidad[30]. En el contexto de la posmodernidad han surgido investigaciones y análisis que asignan a la subjetividad un lugar indispensable para comprender la complejidad de la vida cotidiana, el impacto de los factores estructurales en la constitución de la personalidad, de la personalidad ciudadana, en lo que en los años sesenta se conocía como las condiciones subjetivas para la emancipación, para las luchas libertarias. La revolución informático-comunicacional no es ajena a este aspecto de la condición humana actual. Guatari sostiene que «las fuerzas sociales que administran el capitalismo han entendido que producir subjetividad tal vez sea más importante que cualquier otro tipo de producción»[31].

A modo de síntesis

El ensayo ha utilizado casi indistintamente la expresión La Revolu-

---

30 Boltansky, 1990, p. 10: «M. Pollac me hizo la observación de la casi ausencia de una reflexión sobre el amor en sociología».

31 Así como lo citan Aquino, 2013, pp. 259-264; González, 2008, pp. 225-243; y González, 2007, pp. 35-63.

ción de la Ternura y la Ternura como Revolución, a fin de resaltar la fuerza que cada una de las expresiones trae consigo y evitar una innecesaria contraposición.

- El proyecto subyacente a la Revolución de la Ternura es lograr una convivialidad global que configure un *modo de vida* planetario, como el modo de estar en convivencialidad, en *koinonía*, en *oikumene*, en Sumak Kawsay. Este es el gran reto para todas las religiones, es el proyecto en el que se puede confluir como movimiento panecuménico.
- La Ternura es un concepto relacional, como se ha señalado antes. En el mundo de las religiosidades ancestrales, la relación es con la vida, en una cosmovivencia en la que todo tiene vida, y se amplía aquello del estado de *agapé* como estado de justicia y de justeza, como estado de paz, como estado fundado en la relacionalidad como criterio de racionalidad (MDM), p.14.
- El narcisismo que subyace a la sociedad mercado es la negación intrínseca de la ternura como liberadora, como hecho que emancipa, como factor que revoluciona y restituye la condición humana como condición en alteridad fraterna con todo el entorno.
- La ternura es expresión y condición de compromiso, de acogimiento. Solo quien aprende a corazonar puede tener una actitud de acogimiento.
- Pero eso se aprende, hay que formar la capacidad de ternura. De allí que se entienda el amor y la justicia social como competencias.
- Todo discurso sobre el amor, la ternura, la compasión, la misericordia, etcétera está siempre expuesto a la ambigüedad, a su privatización. El martirio de hombres y mujeres de las religiones que habitan nuestra Abya Yala es expresión de lo que se ha llamado la Ternura Política de Dios (Mendoza, 2015).
- La espiritualidad como condición para hacer teología. La práctica pastoral matriz del quehacer teológico como *intelectusamoris*

y éste como intelectusfidei nos invita a la «reflexión teológica que nace de esa experiencia compartida en el esfuerzo por la abolición de la actual situación de injusticia» (Gutiérrez, 1971,p. 9). Espiritualidad que nutre las teodiceas de las religiones todas.

- La Revolución de la Ternura requiere una teología planetaria de liberación, una teología pluralista de liberación que vaya más allá del inclusivismo y que permita encarar la complejidad e incertidumbre de toda propuesta de la Ternura como Revolución[32].

- La Revolución de la Ternura está llamada a jugar un papel necesario en relación con la salud pública en contextos de sufrimiento innecesario de importantes sectores de la población relegados a la desprotección social, a la insignificancia y a ser parte de la sociedad hija de la razón del vacío.

- Pero la Revolución de la Ternura igualmente está llamada a contribuir a que las nuevas generaciones sean productoras de sentido de un humanismo para el siglo XXI, que haga de la especie humana cuidadora y criadora del bien común que es la vida y la Tierra como dones del amor del Dios de la Vida.

> **ACTUAR**
>
> La Revolución de la Ternura es una urgencia en los contextos latinoamericanos que llama a las generaciones al cuidado de la persona humana y especialmente al de la vida del planeta.

Posiblemente las palabras del salmista sean igualmente válidas para todas las religiones y un buen referente para que la Ternura como Revolución encuentre en todas ellas un eco liberador:

Como un padre siente ternura por sus hijos, siente el Señor cariño por sus fieles. Salmos 103

---

32 Vigil/*Alternativas*, 2012, pp. 217-230; Teixeira/*Alternativas*, 2012, pp. 111-128; véase Luiz Carlos Susin, entrevista sobre los desafíos para que las religiones logren el objetivo de la paz, el sentido de una teología del pluralismo religioso, y en qué consistiría una actualización epistemológica por parte de las religiones, en *Alternativas*, 2011, p. 195-202; véase además, AAVV, *Alternativas*, 2010, p. 234.

Referencias

AAVV (Rosas, Y., Chávez, J.C., Román López, A., Quesada, L. y Lassak, S. (2015). *Teologías contextuales. Género e interculturalidad* (p. 200). Bolivia: ISEAT, Misión 21, AETE Perú.

AAVV. (1995). *La aventura de Mariátegui: nuevas perspectivas* (p. 155). Perú: PUCP, IEP, DESCO.

AAVV. (2010). Religiones y paz mundial. En: *Alternativas, 17*(40), 234.

Administrador (2 de octubre de 2009).

Agirregabiria, M. (1981). *La revolución de la ternura*. En: Blog del autor. Consultado el 16 de enero 2016.

Aquino Moreschi, A. (2013). La subjetividad a debate. En: *Sociológica, 28*(80) 259-264.

Bergolio, M. (2 de diciembre de 2015). Entrevista publicada en la web del Vaticano para CREDERE.

Boétie, É. de la (1576). *Discours de la servitude volontaire. Manifiesto del siglo XVI.*

Boff, L. (16 de febrero de 2014). La ternura como la savia del amor. En: *Servicios Koinonía*. Recuperado de http://www.servicios-koinonia.org/boff/articulo.php?num=620

Boff, L. (1982). *Sao Francisco de Assis: Ternura e vigor*. Petrópolis, Brasil: Vozes.

Boff, L. (2002). *El cuidado esencial. Ética de lo humano. Compasión por la Tierra* (passim). Madrid: Trotta

Bolle de Bal, M. (2003). Reliance, déliance, liance: émergence de trois notions sociologiques. En: *Publiédans Sociétés, 1*(80), 126.

Boltansky, L. (1990), *L'Amour et la justice comme compétances* (pp. 185-191— p. 10: «M. Pollac me hizo la observación de la casi ausencia de una reflexión sobre el amor en sociología»—.). París: Métailié.

Bourdieu, P. (ed.) (2003). *La misère du monde* (passim). Francia: Seuil.

Castel, R. (2009). *La Monteè des incertitudes, Travail, protections, statut de l'individidu* (passim). Francia: Seuil.

Castilla del Pino, C. (2001). *Teoría de los sentimientos* (pp. 55-73). Barcelona: Tusquets Editores

Castro-Gómez, S. (2003). Ciencias Sociales, violencia epistémica y el problema de la «invención del otro». En: Lande, E. (cp.). *La colonialidad del saber: eurocentrismo y ciencias sociales, perspectivas latinoamericanas* (pp. 145-168). Argentina: CLACSO.

Cevallos, R. M. (2008). Pobreza, desarrollo y espiritualidad en experiencias religiosas pentecostales. En: *¿El reino de Dios es de este mundo?* (pp. 59-62). Argentina: CLACSO.

Chanona, J. A. (17 de junio de 2011). En el blog del autor.

Clausse, R. (1963). *Les nouvelles, synthèse critique.* Centro National d'Éstudes des Techniques de Diffusion Collective, Bruxelles: Édition de l'Institut de Sociologie de l'Université Libre de Bruxelles.

Clausse, R. (1963). *Les Nouvelles.* Francia: Éd. De l'Ìnstitut de Sociologie.

Cortina, A. (2010). *La razón cordial.* Madrid: Tecnos.

Cussiánovich, A. (2004). Aún yo no soy. *En: Hasta sus menorcitos ahora lloran…: 1980-2000, Violencia contra niños, niñas y adolescentes* (passim). Perú Aspem-Aprodeh.

Cussiánovich, A. (2011) Prólogo. En: Arnillas, G. *Factores de riesgo frente a la ocurrencia de abuso sexual de niñas y niños en barrios tugurizados de Lima metropolitana.* Perú: ASPEM.

Cussiánovich, A. (2015). La pedagogía de la ternura componente de la ética y la labor de cuidado. En: *Ensayos sobre Pedagogía de la Ternura* (pp. 144-163). IFEJANT.

Cyrulnyk, B. (2004). *Parler d'amour au bord du gouffre.* Odile Jacob Publie. Edición castellana: (2005). *El amor que cura.* España: Gedisa, passim.

Delhez, M. (2002). Amour et lutte des clases dans les années trente. En: *Revue Philosophique de Louvain* (n. 3), 549.

Delpech, T. (2005). *L'ensauvagement. Le retour de la barbarie au XXIe siècle* (pp. 370). París: Éditions Grasset y Fasquelle. Véase en *Foro International*, *47*(02) 449-458, reseña de Félix Mostajo. El Colegio de México.

Díaz, C. (2010). *La razón cálida. La relación como lógica de los sentimientos.* Madrid: Escolar y Mayo Editores.

Díez Mateos, M. (2002). *¡Grande es tu ternura, Señor!* (p. 11, 15, 17, 18, 31, 32, 37). Perú: UARM, CEP.

Díez Mateos, M. (2005). *Ustedes todos son hermanos,* (p. 277). Perú: UARM, CEP.

Díez Mateos, M. (2012). *La Justicia que brota de la fe.* Perú: UARM, CEP.

Echeverría, R. (2006). *Ontología del lenguaje* (p. 15). Buenos Aires: Granica.

Estermann, J. (2006). *Filosofía Andina. Sabiduría indígena para un mundo nuevo* (pp. 107-145, 123-148, 107-112, 251-252). Bolivia: ISEAT.

Estermann, J. (coord.), (2006). *Teología andina. El tejido diverso de la fe indígena, I* (p. 348, 492). La Paz, Bolivia: ISEAT.

Estermann. J. (2012). La transformación intercultural de la teología de la liberación. Ruptura epistemológica e irrupción de lo indígena. En: *Alternativas, año 19*(n. 44), 129-158.

Fernández, B. G. (2008). La Obligación de hablar de lo que solo se puede callar. La teología como itinerario espiritual. En: Prado, C. del y Hughes, P. (coords.). *Libertad y esperanza. A Gustavo Gutiérrez por sus ochenta años* (p. 13ss). Lima: IBC, CEP.

Flores, L. y Sobrero, V. (2011). Subjetividad y política: consecuencias para el discurso educativo. En: *Estudios Pedagógicos 38*(02), 315-327.

Francisco, (2014). *Evangelii Gaudium, Exhortación Apostólica.* Encíclica n. 88. El Vaticano. Recuperado de http://w2.vatican. va/content/francesco/es/apost_exhortations/documents/ papa-francesco_esortazione-ap_20131124_evangelii-gaudium.html

Galli, C. M. (2008). Inteligencia de la fe, profecía de la esperanza, sabiduría del amor. Un diálogo sobre tres discursos teológicos para mirar lejos. Ensayo En: Prado, C. del; Hughes, P. (coords.). *Libertad y esperanza. A Gustavo Gutiérrez por sus ochenta años* (pp. 143-197). Lima: IBC, CEP.

Girardi, G. (1971). *Amor cristiano y lucha de clases.* Salamanca, España: Ed. Sígueme.

González Rey, F. (1999). Personality, Subject and Human Development: The Subjective Character of Human Activity. En: Chaiklin, S. et alii, ed., *Activity Theory and Social Practice* (pp. 253-275). Oxford, UK: AARHUS, University Press, Oxford.

González Rey, F. (2007). Postmodernidad y subjetividad: distorsiones y mitos. En: *Cuadernos de ciencias sociales* (01), 35-63. Arequipa, Perú: UCSM.

González Rey, F. (2008). Subjetividad social, sujeto y representaciones sociales. En: *Revista Diversitas: Perspectivas en Psicología* (4), 225-243. Disponible en: <http://www.redalyc.org/articulo. oa?id=67940201>

Gutiérrez, A. P. (2007). Crisis social y subjetividad. Rumbos y desafíos en las ciencias sociales. En: *Cuadernos de Ciencias Sociales,* (01), UCSM, 105-139.

Gutiérrez, G. (1971). *Teología de la Liberación. Perspectivas* (p. 9, 33, 50-51 —nota 34—, 52). Perú: CEP.

Houtart, F. (2011). El concepto de Sumak Kawsay (Buen Vivir) y su correspondencia con el bien común de la humanidad. En: *Revista de Filosofía 3*(69), 7-33.

Jaeger, W. (1957) *Paideía: los ideales de la cultura griega* (p. 14). México: Fondo de Cultura Económica México.

Kasper, W. (2015). *El Papa Francisco: Revolución de la ternura y el amor* (p. 136). Bilbao, España: Sal Tarrae

Lambilliotte, M. (1968). *L'Homme relié. L'aventure de la conscience.* Bruselles, Amiens: Sodi- Société Générale d'Édition.

Langton, K., Schurrah, M. y Franco, C. (1981). *Personalidad, poder y participación* (pp. 194ss). Perú: CEDEP.

Lowe, A. (1988). *El Lenguaje del cuerpo* (passim). Barcelona: Herder.

Martínez, N. (2015). «No nos dejes caer en sumisión». En: AAVV, (2015). *Teologías contextuales. Género e interculturalidad* (pp. 171-74). Bolivia: ISEAT, Misión 21, AETE Perú.

Mendel, G. (1971). *La descolonización de los niños.* España: Ediciones Ariel.

Mendoza Gutiérrez, V. M. (2015). *La ternura política de Dios.* Lima: Facultad de Teología y Religión AETE. De próxima publicación.

Morin, E. (2004). *La Méthode 6. Éthique* (pp. 9, 14-15, 17, 22, 34, 69). Francia: Seuil.

Morin, E. (2012). *Où va le monde?* (p. 86). París: Ediciones de L'Herne.

Müller, G. (2014). Palabra de Dios y signos de los tiempos, (p. 22). En: *Iglesia pobre y para los pobres.* Perú: IBC (Instituto Bartolomé de las Casas), CEP (Centro de Estudios y Publicaciones).

Navarro, G. (2002). *El cuerpo y la mirada: Desvelando a Bataille* (passim). España: Rubí y Anthropos.

Oliveros, R. (1977). *Liberación y teología, génesis y crecimiento de una reflexión 1966-1976* pp. 230-237). Perú: CEP.

Ortiz, P. (2007). *Ética Social para el desarrollo moral de las instituciones educacionales y de salud* (p. 19, 21). Lima: UNMSM

Parra, A. (2008). El desplazamiento de la teología hacia la sabiduría. Septuagésimo aniversario de Gustavo Gutiérrez. En: Perú: *ed. Centro de Estudios y Publicaciones Lascasiano* , 5. 189ss

Puello-Socarrás, J. F. (2013). *Ocho tesis sobre el neoliberalismo* (1973-2013). Buenos Aires: Universidad San Martin.

Quijano. A. (2009). Otro horizonte de sentido histórico. En: *Revista América Latina en Movimiento* (n. 441).

Resweber, J. P. (1990) (1998). *Le questionnement éthique* (passim). Paris: Editions Cariscript-«Prosopon».

Richard, P. (2004). *Fuerza ética y espiritual de la teología de la liberación en el contexto actual de la globalización* (pp. 159). San José, Costa Rica: DEI.

Rocchetta, C. (2001). *Teología de la ternura. Un «evangelio» por descubrir* (pp. 431ss). Salamanca: Secretariado Trinitario.

Sassen, S. (2015). *Expulsiones, brutalidad y complejidad en la economía global* (passim). Buenos Aires: Kats Editores.

Schibotto, G. (s. F.). *Niños, niñas y adolescentes trabajadores: modernidad, colonialidad y descolonialidad.* Aún inédito.

Smith, A. como lo cita Castillo O., M. (2001). *La razón del vacío. Epistemología, saber social y globalización* (p. 20. 192-195). Perú: Universidad Ricardo Palma.

Sousa Santos, B. de (2014). *Si Dios fuese un activista de los derechos humanos* (pp. 127). Madrid: Trotta.

Sousa Santos, B. de. (2006). *Conocer desde el Sur. Por una cultura política emancipatoria* (p. 21, 257). Lima: UNMSM.

Sousa Santos, B. de. (2009). Encuesta sobre el pensamiento crítico en América Latina. *Crítica y Emancipación, 1*(02), 12-18.

Sousa Santos, B. de. (2012). Hacia una concepción multicultural de los derechos humanos. En: *Derecho y emancipación* (pp. 178-179). Quito: Corte Constitucional para el Periodo de Transición.

Susin, L. C. (2011). Entrevista sobre los desafíos para que las religiones logren el objetivo de la paz, el sentido de una teología del pluralismo religioso, y en qué consistiría una actualización epistemológica por parte de las religiones. En: *Alternativas, 18*(41), 195-202.

Suttie, I. (2013). El tabú de la ternura (Capítulo VI de *The Origins of Love and Hate*, publicado en 1935). En: *Temas de Psicoanálisis* (6), 1-16. Recuperado de http://www.temasdepsicoanalisis. org/2013/07/03/el-tabu-de-la-ternura-2/

Teixeira, F. En: La teología de la liberación, cuarenta años después: retos y desafío. *Alternativas*, *19*(44), 111-128. Managua: Ed. Lascasiana.

Turner Martí, L. y Pita, B. (2002). *Pedagogía de la ternura*. La Habana: Pueblo y Educación.

Vigil, J. M. (2012). En: La teología de la liberación, cuarenta años después: retos y desafío. *Alternativas*, *19*(44), 217-230. Managua: Ed. Lascasiana.

Vigil, J. M.; Casaldáliga, P. (2010). Agenda latinoamericana 2010. Recensiones. En: *Alternativas*, *17*(40), 232, 233.

Villoro, L. y Navarro, F. (2013). Será la palabra el arma más elocuente y eficaz para desarmar al enemigo: la barbarie y la ignorancia. A manera de prefacio (p. 14). En: Escobar Guerrero, M. L. *Pedagogía erótica, Pablo Freire y el EZLN*. México: UNAM.

Von Balthasar, H. U. (1966). *L'Amour seul estdigne de foi*. París.

Wallon, P. (1991). *La relaton thérapeutique et le développment de l'infant* (pp. 78, 105-106). Francia: Privat.

Zalpa, G. y Offerdal, G. E. (2008). ¿El Reino de Dios es de este mundo? El papel ambiguo de las religiones en la lucha contra la pobreza (p. 365). *Siglo del Hombre*. Bogotá: Siglo del hombre/ CLACSO.

Zemelmann, H. (2007). *El ángel de la historia. Determinación y autonomía de la conciencia humana* (p. 168). España: Anthropos.

RUTA PARA SENTIR

RETOS PERSONALES (SENTIR Y PENSAR)

Lenguajear con ternura

En el texto se nos habla de una barbarie que nos deshumaniza, nos descolectiviza, que hace una especie de ocupación en nuestras subjetividades.

Así que revisar cuánta de esa barbarie tenemos instalada en nuestro interior y en la forma de relacionarnos es un primer paso para lenguajear con ternura. El gran reto es pensar y sentir desde la ternura y manifestarla en lo que somos, hacemos y comunicamos en esta cultura de la barbarie. Es una gran revolución espiritual que también pasa por lo corporal.

Sentir... la barbarie con nuestro espíritu y nuestro cuerpo sensible a esa violencia legitimada, para luego comprender la ruta a la inversa. Sentir con nuestros pensamientos, sensaciones, palabras y acciones, cómo vamos humanizando, espiritualizando y enterneciendo todo eso hasta que nos transformemos mientras transformamos nuestra realidad.

Pensar... en todas las palabras cotidianas que expresan esa barbarie y cómo podemos ir reemplazándolas poco a poco por lenguaje tierno.

Ponernos en su mirada

La mirada de las niñas, niños y jóvenes en nuestros países es la mirada de las personas que en su mayoría han experimentado esa barbarie en algún momento de su vida.

Es una mirada que ha pasado por la desvinculación, la deshumanización, la precarización, y la punición como mencionó el autor.

Sentir... Ponernos en su mirada es sentir indignación, como bien se menciona en el texto, es sentir el dolor ajeno como el propio y participar de acciones liberadoras.

Pensar... en todos los espacios en los que participa un niño o una niña para generar la transformación de las condiciones en las que se desarrolla.

Encarnar la ternura

Retomando el texto, encarnar la ternura es hacerla un *modo de vida*, es asumirla en todo lo que hacemos, pensamos, en nuestra vivencia de la fe, incluso una posición política de praxis social.

Es ayudar desde la fe en este proceso de liberación, primero personal y luego colectivo.

Sentir... la urgencia de procesos liberadores de este modelo mercantil. Recuperar la dignidad y generar formas de lenguaje y comunicación basadas en lo afectivo y lo corporal por igual.

Pensar... en el diálogo como herramienta para la vinculación con la ternura. La escucha, dar la palabra, el lugar, y los derechos sobre las estructuras y razones mercantilistas.

Seguir al maestro

El encuentro, la vinculación como principio es un llamado y no solo para responder a él con las personas, sino también con lo cósmico y lo natural. Este punto tan interesante que nos plantea el autor sobre una relación que es global a todo lo que nos rodea, visibilizar todo lo sagrado aunque es ir contra el capitalismo y su modelo de violencia legitimada.

Sentir... la corporalidad que implica la Revolución de la Ternura que nos ha explicado el autor, como los textos que exhiben a Jesús y su forma de vincularse con las personas.

Pensar... en el compromiso no solo de la inclusión real de todas las personas de la iglesia sino también de aquella a la que nos llama el autor a hacerlo con todas las personas de cualquier religión, tal como Jesús que rompió, con su praxis y su mensaje espiritual, el paradigma excluyente de su época. De esa manera se nos invita a fijarnos en las poblaciones excluidas en la actualidad, y a llevar ese mensaje de ternura y de justicia que leemos en los evangelios.

PROYECTOS PASTORALES (ACTUAR)

Sentir, luego pensar; jugar, luego actuar

Corporizar la espiritualidad, que la ternura no quede en la dimensión emocional sino en muestra físicas claras y en cambios estructurales a nivel político, cultural, incluso económico (corazonar).

Sentir cómo se materializa la ternura primero en nuestra vida y luego pensar en cómo proyectarla en todos los espacios colectivos en los que nos encontramos, especialmente la iglesia, quien está llamada a llevar la ternura a las poblaciones vulnerabilizadas.

Jugar sería una expresión de la vinculación entre iguales, en inclusividad, de forma liberadora, creando nuevos valores, generando una descolonización de nuestras subjetividades. Luego, en el actuar, llevar todos los aprendizajes obtenidos de esas formas de vinculación para alimentar la reflexión teológica.

Actuar... dentro de la labor profética de la iglesia, esta debe hacer conciencia ética de resistencia entre las personas que participan, vivencian la fe desde la praxis social que menciona el texto.

Pistas de las dimensiones de la ternura

FORMATIVA

RESTAURADORA

- Restaurar a las personas como expresión de la ternura que procura la emancipación de este modelo civilizatorio.
- Recuperar las subjetividades que este sistema ha fragilizado en su proceso de colonización y ocupación mercantilista.
- Operar la restauración como encuentro transformador con uno mismo primero y luego con las demás personas.
- Restaurar no pasa solo por lo emocional sino que toca el aspecto físico de las poblaciones vulnerabilizadas, pues la Revolución de la Ternura no es solo espiritual, también es corporal.
- Restaurar como proceso de liberación, que ha sido histórica en la humanidad.
- Restaurar no es solo un hecho sentimental o religioso, sino que también se inscribe como praxis política y social.

- Formar una conciencia ética de resistencia mediante la exposición de la ocupación que hace el modelo civilizatorio en todos los aspectos humanos.
- Enseñar a las personas, como parte de su espiritualidad, a revisar su lenguaje y a reconstruirlo desde la ternura.
- Promover en los procesos formativos una ética que se indigne de lo inmoral, de la barbarie y su violencia legitimada.
- Gestar en la iglesia, desde la ternura y el mensaje cristiano, una nueva ética que oponga resistencia a la barbarie legitimada por el sistema.

TRANSFORMADORA

- Denunciar, desde la dimensión profética de la iglesia, este modelo de dominación que precariza las condiciones de la niñez, y promover la lucha por la justicia social.
- Ayudar a la emancicpación de las personas vulnerabilizadas en la comunidad como praxis social de la iglesia.
- Tomar una posición política, como acción de la iglesia para encarnar la ternura, para impactar las estructuras sociales donde se legitima la violencia contra la niñez y la adolescencia.
- Generar transformación política y social mediante la praxis y discursos de la iglesia, para que la revolución de la ternura no se quede solo en lo afectivo, sino que trascienda a lo corporal, en la protección y el bienestar de la niñez y la adolescencia.

EL ESCENARIO DE LA TERNURA EN LA IGLESIA

Después de recorrer los distintos aportes que se dan en este libro, estamos en la capacidad de dibujar un posible escenario de la ternura dentro de la iglesia. Así que, tomando las ideas clave vinculadas entre sí, logramos tejer una infinidad de posibilidades para la ternura desde la dimensión de la restauración, la formación y la transformación. Para esto, hemos seguido una secuencia marcada por los temas planteados en los capítulos, aunque esporádicamente se han dado algunos saltos de acuerdo a las ideas comunes entre los y las autoras.

Iniciar por la memoria...
El recorrido del escenario de la ternura empieza por la memoria, en la segunda lectura. Esta tiene que ver con volver la mirada al pasado y descubrir las pistas de cómo nos hemos construido. Es ver, desde la forma en que hemos leído y construido nuestra propia historia, el poder que tiene el dolor y la capacidad que podemos desarrollar para la resiliencia. También se debe comprender cómo la espiritualidad puede ser un insumo para reparar y resignificar la vida al ayudar al individuo a autoaceptarse y abrazarse en el proceso de su restauración.

En el tercer texto, como en la segunda lectura, se considera el asunto del pasado pero ahora con énfasis en la idea de las huellas del maltrato; y, para ello, se señalan las frases populares de violencia en nuestra historia de crianza. En contraste con estas frases, se presenta una lectura del evangelio en la que Jesús nos invita a vivir una fe que se basa en la misericordia, que nos provee sanidad de las secuelas que dejan las experiencias adversas, y que genera cambios a nivel de las estructuras.

El cuarto texto da un vistazo a la decisión de Jesús de asumir la condición humana para solidarizarse con nosotros. A partir de ello, la autora nos plantea la preocupación sobre cómo se lleva actualmente la crianza y sobre la violencia contra la niñez. Frente a este planteamiento, exhorta a la Iglesia a que asuma su rol profético de denunciar de manera clara la realidad en la que vive la población infantil en América Latina.

La relación entre cultura y crianza la demarca Machuca para resaltar cómo esta forma de violencia, generalizada en los hogares, responde a una estructura cultural patriarcal kyriarcal. Tal como el texto de Ramírez y el de Boris, señala que para combatir la violencia necesitamos transformar nuestra cultura, sobre todo porque, debido a ella, las personas que resultan totalmente vulnerabilizadas, porque son expulsadas de sus hogares y lanzadas a las calles, son los niños y las niñas.

La propuesta que nos hace la autora del cuarto capítulo es un tema que nos expone la autora del capítulo sobre la memoria, y es la plasticidad de la cultura. Ella explica que la cultura, al igual que el cerebro, tiene la moldeabilidad necesaria para que podamos transformarla mediante procesos educativos.

La ternura como vocación...

En el capítulo seis, Ofelia Ortega describe con mucho detalle a la ternura como vocación, como acto de dignidad, como ofrenda, incluso como parámetro para definir lo humano y la espiritualidad. Para Ortega la memoria también resulta fundamental tanto para no olvidar a las personas que murieron en resistencia al sistema patriarcal kyriarcal como para recordar su dignidad.

En este capítulo es la primera oportunidad en que la ternura se presenta como resistencia, de fuerza y transformación, para la protección y cuidado de las personas vulnerabilizadas e incluso de la naturaleza. En este texto se implica la Iglesia como sacramento de la ternura de Dios. Este es un reto que nos deja a los creyentes en Cristo para que reflejemos su amor y misericordia.

La vulnerabilidad y la empatía que Francisco Mena nos describe desde los textos cristianos en el capítulo siete, muestran el trasfondo de la ternura: el mover de las entrañas, la compasión, el abrazo y el beso. Las enseñanzas de Jesús, que resultaron controvertidas para su contexto histórico y social, nos comprometen de forma tácita por ser sus seguidores.

La contextualización tan rica que hace Mena sobre la parábola del hijo pródigo nos permite ver la fuerza del mensaje de Jesús y la posición de resistencia que implica la ternura para nosotros, quienes vivimos en sociedades en las que el patriarcado legitima la violencia. Como en los capítulos anteriores, Mena también resalta la violencia cultural expresada en la crianza.

Dan González, en su texto de *La fuerza insurgente de la ternura*, muestra a la ternura como vía de dignificación de la persona. Este tema, que se reitera en otros capítulos, implica a la ternura como un derecho humano al nivel de la dignidad. Como Mena, González expone el tema de la vulnerabilidad como requisito para acceder al reino de Dios. En este capítulo se introduce el concepto de la brutalidad para describir el paradigma cultural patriarcal y enmarcar a la ternura como insurgencia.

La ternura para un mundo de crueldad...

Manfred y Anna Grellert inician mostrándonos el mundo desde la mirada de las poblaciones migrantes que han sido vulnerabilizadas en su totalidad. Nos dibujan un mundo cruel, antivida y, en la misma línea de González, brutal, cargado también de maltrato, marginación y desigualdad. Paralelo a esta realidad, los autores nos hablan de Jesús: su compasión y su compromiso en la restauración de las personas vulnerabilizadas.

Desde la brutalidad del sistema, del que migran los afectos, se legitima el maltrato en la crianza mediante la cultura. En las calles mueren niñas y niños expulsados desde un seno familiar que nada más les ofrece dolor y abuso.

La ternura se propone no solo como una alternativa afectiva, circunscrita únicamente al ámbito de las relaciones, sino como una fuerza de transformación global. Esta transformación solo se logra mediante la promoción de una conciencia de lucha contra este sistema desigual; conciencia que Jesús, con su mensaje y su vida, nos enseñó.

En cuanto a la defensa de la vida, la fe se vive como una acción política no solo de denuncia, de resistencia y de protección, sino, sobre todo, de una conciencia despierta ante la realidad de violencia que sufren los niños y niñas. Estos son el grueso de la población con el mayor número de desventajas en este mundo.

Ante la preocupación de la Iglesia por los niños de América Latina, la ternura pasa a ser praxis emancipadora, con el compromiso cristiano de incidencia política en pro de la protección y bienestar de la niñez. Como nos demanda Cussiánovich, debemos revisar nuestro propio lenguaje concreto desde una ética que cambie este mundo, ya que no solo es cruel sino también se deja dominar por la barbarie, como comenta el mismo autor.

Luego de hilar los capítulos anteriores, se presentan unas ideas generales sobre las dimensiones de la ternura, desde los aportes en los que coinciden las lecturas entre sí.

Dios, una gama infinita de ternuras...

Desde una madre que amamanta, un padre preocupado, un esposo deseoso de perdonar y seducir a su amada infiel hasta su Hijo que encarna con rebeldía la ternura en un mundo deshumanizante, como nos menciona Harold Segura en el inicio. Nos ofrece un torrente de imágenes del Dios de ternura, que en definitiva arrasa con los rostros desfigurados que la tradición teológica ha hecho acerca de Dios.

El capítulo es una invitación a que nos reconozcamos como hijos e hijas de un Dios tierno, cuyo hijo encarna su ternura y hace de ella un distintivo de las comunidades cristianas originarias. Así nos señala cómo la ternura es un requerimiento para la instauración del Reino. A esta ternura Jesús, con su vida y su muerte, le dio una dimensión de rebeldía y de triunfo sobre este mundo deshumanizador.

Restauración

En general, los y las autoras muestran la restauración como un encuentro de cada persona, primero, consigo misma, siempre desde la ternura en un acto de dignificación personal, y, luego, con las demás personas. Es decir, para llegar a la restauración, se requiere que cada individuo reconozca su propia historia o las huellas del maltrato en su vida, para que lo acepte y le dé un nuevo sentido, el cual lo impulse a superarlo y a desarrollar la resiliencia.

La violencia en la crianza es fruto de la violencia social, que se perpetúa en los hogares cuando no se reemplaza la cultura antivida por una provida. Sanar no es solo un acto de bienestar personal, también es un acto de transformación de la sociedad, pues así no se sigue reproduciendo el sistema que tanto daño generó en la infancia, y no deja huellas de maltrato en las generaciones

Formación

Jesús, en su mensaje y testimonio, deja en claro que la protección a las personas vulnerabilizadas significa resistirse a este sistema, y que la desobediencia civil resulta de la empatía y solidaridad que se les tiene. La mayoría de los capítulos muestran acciones de Jesús que claramente desafían al orden adultocéntrico de su época.

La formación de discípulos, la lectura de los textos bíblicos y las actividades pastorales tienen la misión de revivir en la celebración de la fe todos estos aspectos: el cuidado, la atención y la ternura de Jesús hacia los niños y las niñas, incluso sus demandas e interpelaciones a las personas de su tiempo que encarnaban el sistema.

La vivencia de la fe no se limita al ambiente espiritual religioso, más bien, el mensaje cristiano debe encarnarse en todos los ambientes, en todos los procesos de formación. Otro aspecto destacado, que se repitió en casi todas las lecturas, es que la fe implica optar por una posición social y política; así que la formación del discípulo debe seguir la línea de crear conciencia para lograr una incidencia política real.

La mayoría de las lecturas demandan alentar a que la fe no se viva solo en la dimensión religiosa, sino que se materialice en lo social, lo corporal, incluso lo político.

Transformación

El paradigma del mundo es antiternura, es crueldad, barbarie, desigualdad, violencia, porque es un sistema patriarcal. La iglesia no puede permanecer indiferente ante este sistema; esta directriz la destacaron casi todos los autores. Así se le demanda a la iglesia a que asuma el compromiso de vivir según el mensaje de Jesús, quien se oponía al sistema al mostrar cuidado maternal, compasivo y empático a las personas vulnerabilizadas.

La ternura es una posición política que implica una praxis revolucionaria, que rompa el esquema de crueldad que impera en nuestros países de América Latina. En muchos de los capítulos se demanda que las personas que participan en la iglesia se comprometan en procesos de organizaciones de impacto en todas las estructuras vinculadas a la niñez.

Quizá una de las ideas más importantes y desafiantes es la de ver la espiritualidad como un recurso urgente para la restauración, insurgencia y emancipación, y ya no solo para la celebración de la fe. La espiritualidad debe verse como mecanismo de transformación en todos los estratos de la sociedad.

La invitación que resta al final del libro es la de empezar a sentir con el cuerpo la fe y llenarse, por eso, de empatía y misericordia ante nuestra propia historia y, luego, ante la de todos esos niños y niñas que viven cotidianamente la violencia.

Y, como creyentes y seguidores de Jesús, debemos asumir el compromiso de encarnar la ternura de Dios, tal como el Hijo nos mostró en detalle, y que, según los evangelios, le costó la vida.

SOBRE LOS AUTORES

Harold Segura

Colombiano. Director de Relaciones Eclesiásticas y Organizaciones Basadas en la Fe de World Vision América Latina. Pastor bautista. Teólogo y administrador de empresas. Realizó estudios doctorales en Teología (Universidad Javeriana, Colombia) y es candidato al doctorado en la Facultad de Filosofía y Letras de la Universidad Nacional de Costa Rica. Fue rector del Seminario Teológico Bautista Internacional de Cali (hoy Fundación Universitaria Bautista). Escritor de *Teología con rostro de niñez* y otros libros sobre niñez, espiritualidad y liderazgo.

Clara Martínez

Colombiana. Directora de la Red de Logoterapia e Infancia «Faros de Sentido». Docente e investigadora de pregrado y postgrado en el área clínica humanista-existencial en varias universidades colombianas. Psicóloga clínica de la Universidad Nacional de Colombia. Psicoterapeuta y logoterapeuta de niños, niñas, adolescentes y adultos. Candidata al doctorado en Psicología Cognitiva-Existencial en la línea de Logoterapia e Infancia de la Universidad de Flores, Argentina. Posgrado en Logoterapia y Análisis Existencial. Especialista en Docencia Universitaria (Universidad del Rosario, Colombia). Conferenciante y docente internacional. Coautora del libro *Logoterapia en acción* de Editorial San Pablo.

Boris Tobar Solano
Ecuatoriano. Docente principal de la Escuela de Trabajo Social y de la Escuela de Teología para Laicos (ESTELA) de la Pontificia Universidad Católica del Ecuador. Académico por 18 años en la Pontificia Universidad Católica del Ecuador. Teólogo, máster en Docencia Universitaria. Acompaña procesos socio-teológicos de comunidades cristianas.

Mónica de las Mercedes Ramírez Pérez de López
Guatemalteca. Gerente de Compromiso Cristiano de World Vision Guatemala. Autora de literatura educativa para escuelas bíblicas de vacaciones. Coautora de *Crianza con ternura: Una perspectiva bíblica* y *Sigamos el modelo de Jesús en familia*. Licenciada en Teología (Seminario Teológico Centroamericano) y máster en Artes Bíblicas (Seminario Teológico Centroamericano). Ha impulsado por más de 12 años la crianza con ternura en escuelas de padres con un alcance de más de 38 mil padres y madres de comunidades rurales en el área de cobertura de World Vision. Socia fundadora de la Sociedad Evangélica de Estudios Socio-Religiosos.

Viviana Carolina Machuca
Colombiana. Coordinadora Nacional de Relacionamiento con Organizaciones Basadas en la Fe de World Vision Colombia en el marco del área de Compromisos Públicos. Teóloga anabautista. Comprometida en procesos formativos e investigativos relacionados con los impactos del conflicto armado especialmente en las mujeres, niñas y niños desde organizaciones gubernamentales y de cooperación internacional. Con estudios en filosofía, construcción de paz y género. Candidata a la maestría en Filosofía Latinoamericana. Esposa, madre, amiga y militante de procesos que puedan aportar a la transformación social.

Ofelia Ortega

Cubana. Pastora de la Iglesia Presbiteriana-Reformada en Cuba. Profesora de Ética Teológica en el Seminario Evangélico de Teología en Matanzas. Directora del Instituto de Estudios de Género (ICEG) del Centro de Estudios del Consejo de Iglesias de Cuba. Exvicepresidenta de la Comunión de Iglesias Reformadas y Expresidenta del Consejo Mundial de Iglesias. Asesora de la Red Global de educación interreligiosa ética para niñas, niños y adolescentes. Vicepresidenta de la Asociación Internacional de Mujeres en el Ministerio (IAWM).

Francisco Mena

Costarricense. Catedrático de la Universidad Nacional de Costa Rica (UNA) y decano de la Facultad de Filosofía y Letras de la misma universidad. Licenciado en Teología (UNA), Máster en Ciencias Bíblicas (Universidad Bíblica Latinoamericana) y doctor en Educación (Universidad La Salle). Fue director de la Escuela Ecuménica de Ciencias de la Religión de la UNA y presidente de la Comisión de Carrera Académica. Autor y conferenciante.

Dan González

Mexicano. Rector de la Comunidad Teológica de México y secretario ejecutivo de la Comunidad de Educación Teológica Ecuménica Latinoamericana y Caribeña. Profesor de Exégesis. Pastor de la Comunión Mexicana de Iglesias Reformadas y Presbiterianas (CMIRP). Licenciado en Teología. Diplomado en Letras Bíblicas (Universidad Pontificia de México). Máster en Ciencias Bíblicas (Comunidad Teológica de México). Doctor en Teología (ISEDET). Fue secretario regional de la Federación Universal de Movimientos Estudiantiles Cristianos (FUMEC-ALC) y secretario ejecutivo de la Red Juvenil Interreligiosa Latinoamericana y el Caribe de Religiones por la Paz.

Manfred Grellert

Brasileño. Exvicepresidente de la Oficina Regional de World Vision América Latina y el Caribe, pastor bautista. Doctor en Teología del Southern Baptist Theological Seminary (Louisville, KY). Profesor de Teología, reside en los Estados Unidos donde sirve como voluntario en programas de trabajo social cristiano. Abuelo de cuatro niñas y tres niños.

Anna Grellert

Brasileña-estadounidense. Asesora de Desarrollo Integral de la Niñez de la Oficina Regional de World Vision América Latina y el Caribe. Médico pediatra del Children's Mercy Hospital (Kansas City). Licenciada en Microbiología (California Polytechnic State University, Pomona). Máster en Salud Pública (University of California, Los Ángeles). Se ha especializado en el enfoque de crianza con ternura. Coordina la investigación interinstitucional con el Hospital Materno Infantil Ana Goítia, la Universidad Nacional de Avellaneda (Provincia de Buenos Aires) y World Vision sobre «Experiencias adversas de la infancia y la ternura como camino de superación». Autora y conferenciante internacional.

Alejandro Cussiánovich

Peruano. Profesor de Maestría en Políticas Sociales y Promoción de Infancia y de Psicología Educativa en la Universidad San Marcos de Lima. Coordinador del Instituto de Formación para Educadores de Jóvenes de Lima. Sacerdote y pedagogo. Realizó estudios en Filosofía y Teología (House for Theological Studies, Inglaterra) y en L'École Supérieure de Théologie (Lyon, Francia). Ha publicado diversos libros: *Historia del pensamiento social sobre la infancia, Ensayo sobre infancia: Sujeto de derechos y protagonista* I y II, *Niños trabajadores y protagonismo de la infancia* y *Jóvenes y niños trabajadores: Sujetos sociales, ser protagonistas.*